DE

QUÉBEC A LIMA

PARIS. — IMPRIMERIE DE CH. LAHURE ET Cie

Rues de Fleurus, 9, et de l'Ouest, 21

DE
QUÉBEC A LIMA

JOURNAL D'UN VOYAGE DANS LES DEUX AMÉRIQUES
EN 1858 ET EN 1859

PAR

LE VICOMTE DE BASTEROT

———❦———

PARIS

LIBRAIRIE DE L. HACHETTE ET Cie

RUE PIERRE-SARRAZIN, N° 14

1860

Droit de traduction réservé

PRÉFACE.

Au delà de l'Atlantique s'étend une vaste région, destinée par sa position même, et par l'énergie de ceux qui l'habitent, à devenir l'une des contrées les plus riches et les plus puissantes de l'univers. Ce pays, je l'ai parcouru en tout sens, depuis les rivages déserts du lac Supérieur, jusqu'aux rivières de l'Alabama; depuis les grandes cités maritimes de l'Est, jusqu'à ses prairies du Kansas, qui s'allongent entre le Missouri et les montagnes Rocheuses. Grâce aux lettres de mes amis de France, qui m'ont ouvert les portes de bien des maisons américaines; grâce à mes liens de famille avec l'Irlande, dont la race ardente et religieuse compte déjà plusieurs millions aux États-Unis, et s'y multiplie chaque jour ; grâce enfin à la connaissance de la langue anglaise, j'ai pu m'initier à la littérature, aux mœurs, à la politique, aussi bien qu'à l'aspect de la nature américaine. C'est le récit de ce voyage, ainsi que celui d'une excursion aux Antilles et le long du littoral Pacifique de l'Amérique du Sud, que j'ose offrir au public aujourd'hui. Ce qui m'a encouragé, c'est que malgré les ouvrages si remarquables de MM. de Tocqueville, Ampère, etc., l'Amérique est encore peu connue en France : et du reste tout y change, tout s'y transforme avec une telle rapidité, que l'Union américaine de 1859 et 1860 n'est plus, à beaucoup près, celle que M. de Beaumont et M. de Tocqueville visitaient il y a vingt-cinq ans.

Assurément, les États-Unis ont progressé matériellement, avec une rapidité que leurs admirateurs les plus enthousiastes pouvaient à peine espérer : mais en a-t-il été de même au point de vue de la politique et de la morale ? Nous ne le croyons pas ; et, quoiqu'il en coûte de formuler nettement un jugement parfois sévère en présence de l'extrême susceptibilité d'un grand peuple, qu'on aime et dont on apprécie les mérites, nous nous imaginons que tout homme qui traverserait en ce moment l'Océan dans l'espoir de trouver là-bas un âge d'or, de liberté et de vertu, serait étrangement désappointé.

Je crois qu'il reculerait avec répugnance et terreur devant cette démocratie frénétique, devant cet oubli des lois de l'honnêteté, devant cet amour insensé de l'égalité, qui aboutiraient fatalement dans l'ancien monde au despotisme, c'est-à-dire à l'abaissement universel des âmes, comme des intelligences !

Malheur, en effet, aux nations envieuses ; aux peuples qui veulent détruire toutes les supériorités, qu'elles proviennent du talent, de la naissance ou de la vertu ! Malheur à ces peuples ! Que de crimes ne commettront-ils pas, pour passer sous le niveau écrasant d'une égalité servile? — Un jour ils se réveilleront peut-être, mais incapables, mais affaiblis; et il faudra alors d'épouvantables cataclysmes, comme l'invasion des barbares pour Rome, afin de régénérer des multitudes corrompues.

Ces tristes résultats de la démocratie, que la philosophie de l'histoire prédirait à nos vieilles sociétés d'Europe, on peut encore espérer qu'ils ne se réaliseront pas dans la jeune et vaillante Amérique.

Car, dans cette race anglo-saxonne qui semble vraiment favorisée du ciel, l'absence de l'envie, le mépris du règlement minutieux, et l'amour sincère de la liberté individuelle, ce droit le plus sacré de l'homme, méconnu également par Octave et par Cromwell, par Dioclétien et par Robespierre, semblent rendre la tyrannie à jamais impossible, et assurer la grandeur des générations futures!

Aussi, ne pouvons-nous trop le répéter, les États-Unis nous inspirent souvent une admiration vive, presque toujours une sympathie réfléchie; et si nos observations sont parfois

sévères, elles ne sont dictées ni par la malveil-
lance, ni par la prévention. Mais comment voir
sans en gémir un grand peuple se fourvoyer
moralement, parce que, en proie aux flatteurs
de la plèbe, il en est venu à ne pouvoir plus
entendre aucune vérité?

Jusqu'à un certain point, je peux comprendre l'irritation des Américains contre les étrangers qui parlent mal de leur pays. Ils sont en
effet si hospitaliers, ils ouvrent leurs maisons
aux voyageurs avec une bonne grâce si parfaite,
qu'ils peuvent s'attendre à la reconnaissance;
mais la reconnaissance ne saurait aller jusqu'à
fermer volontairement les yeux, jusqu'à re-
noncer à toute expression de sa pensée.

Quant à moi, j'ai partout trouvé un accueil
cordial et une poignée de main chaleureuse,
surtout parmi cet admirable clergé catholique,
aussi grand, aussi dévoué, sur ces grèves lointaines, que dans les murailles bénies et immor-
telles de Rome!

J'ai cru devoir laisser ce journal presque
tel qu'il a été écrit, au jour le jour. Le lecteur

verra combien mes espérances, mes impressions premières ont été peu à peu déçues. Si l'élément personnel s'y laisse trop voir, j'espère, d'un autre côté, qu'il animera le récit et qu'il sera aux yeux du lecteur une garantie de sincérité.

De mon voyage à Cuba et dans l'Amérique du Sud, parmi des populations inférieures sous tous les points de vue aux hommes des États-Unis, il m'est resté deux convictions, que je consignerai ici avec plaisir; car elles sont toutes deux à l'avantage de notre vieille Europe.

Rien de tel d'abord que notre nature, nos pelouses fleuries, nos côtes dentelées, nos bruyères, nos rochers arrondis par la chute de nos fleuves et de nos torrents! La nature tropicale est monotone et perfide. Une tristesse profonde, une sorte d'horreur religieuse plane sur ces forêts. On sent que c'est dans ces lieux qu'habitent les Éons que les archanges n'ont pas encore domptés.

Rien de supérieur non plus à nos climats.

Dans les Espagnols abâtardis des tropiques, je n'ai pas reconnu les descendants de Fernand Cortez, de Balboa, de François Pizzarre. Je crois que le Gaulois, et l'Anglo-Saxon lui-même, dégénéreraient promptement dans ces contrées énervantes. — La race blanche est faite pour les climats tempérés. C'est là qu'elle a produit Moïse, Homère, Alexandre, Caton d'Utique, saint Augustin, Théodoric le Grand, Charlemagne, Grégoire VII, saint Louis, le Dante, Shakspeare, Corneille, Bossuet, Montesquieu, Goethe, Byron, tous ces grands hommes, astres étincelants de l'intelligence humaine, et qui montrent clairement à l'univers qu'elle descend, qu'elle émane de Dieu même ! C'est dans ces pays qu'elle progresse, qu'elle oppose la pensée à la force, qu'elle jette un suprême défi au mal triomphant, qu'elle travaille sans cesse à conquérir, malgré despotes et populaces, l'altière possession de la liberté !

Paris, 17 mars 1860.

DE

QUÉBEC A LIMA

JOURNAL D'UN VOYAGE DANS LES DEUX AMÉRIQUES
EN 1858 ET EN 1859.

LE DÉPART — LA TRAVERSÉE.

Duras, 5 août 1858.

Je pars demain d'ici. Ce soir, au coucher du soleil, j'ai été me promener au bord de la mer. L'Occident était en feu; les grandes lames de l'Atlantique venaient expirer sur la grève sablonneuse de Traught. Les montagnes pierreuses se penchaient vers l'un des plus beaux golfes de l'Irlande. Les rudes paysans de ces contrées, à la fois laboureurs et marins, moissonnaient des champs de blé qui s'étendaient jusqu'au rivage. Jamais ces côtes sau-

1

vages ne m'avaient paru plus splendides et plus
étranges ; jamais cette population mâle et religieuse
ne m'avait semblé plus sympathique et plus belle.
Et cependant, je suis impatient de visiter ce monde
occidental , qui m'attire depuis l'enfance. Je crois
qu'au delà des mers je dois trouver des impressions
meilleures, plus nouvelles, plus énergiques, et plus
fières ! Puis, il arrive des moments dans la vie, où
tout homme désire quitter pour un temps des lieux
chers, qui lui rappellent de trop poignants souvenirs !

Sur *l'Arabia*, en mer, 7 août 1858.

A dix heures du matin, le magnifique steamer
de la compagnie Cunard , *l'Arabia,* sortait majestueusement de la rivière Mersey, et traçait un large
sillon sur les eaux paisibles de la mer, si souvent
orageuse, qui sépare l'Angleterre de l'Irlande ; mer
que les galères romaines ne franchirent jamais.
Cependant nous pouvons à peine nous figurer que
nous avons commencé notre voyage d'un monde à
l'autre. En effet, nous avons vu des terres presque
toute la journée ; d'abord, les hautes falaises de
l'île de Man, dont nous avons pour ainsi dire effleuré

la pointe méridionale, puis les côtes du Galloway,
en Écosse; et en Irlande, à notre gauche, les cimes
coniques du Donard, du Bingian, dans ces montagnes granitiques de Mourne, qui dominent les vallées de Rostrevor, en Ulster. Ce soir, à la clarté
d'un long crépuscule, tandis qu'une fumée rouge
monte à l'ouest, nous apercevons les rivages élevés
du comté d'Antrim. Je les suis du regard avec
émotion : tant que je vois les grèves bénies de
l'*île Verte*, je ne me sens pas encore bien loin des
miens.

C'est un moment solennel que celui d'un départ
pour le nouveau continent; un moment bien fait
pour marquer la séparation de l'adolescence et de
la jeunesse.

Qui de nous n'aime l'histoire; les premiers âges
avec leurs mythes grandioses, et leurs héros mystérieux; les siècles romanesques du moyen âge ;
les Hohenstauffen ; la révolution d'Angleterre ; la
Fronde, cette période la plus joyeuse et la plus
spirituelle de l'histoire de France? Qui de nous, en
voyant ce que la ruine de l'aristocratie coûta à la
liberté de notre pays et au salut de nos rois, ne
prend parti pour Montmorency contre Richelieu,
pour Condé contre Mazarin? Mais l'énigme des
temps futurs ne sollicite pas moins l'activité de
notre pensée; aussi les pays d'avenir ont-ils pour
nous un merveilleux attrait.

Quels que soient les hommes, quelle que soit la
nature même, dans ces contrées lointaines vers lesquelles nous nous dirigeons, c'est assurément un
grand spectacle que celui de l'invasion puissante
de cette race anglo-américaine, qui porte partout
avec elle le *self-government*, sinon la liberté. Il est à
l'honneur de l'énergie de l'espèce humaine qu'on
puisse contempler des fabriques, des villages, des
cités, là où s'étendait, il y a cent ans à peine,
l'impénétrable forêt. Et l'on doit éprouver une
singulière émotion, lorsqu'en parcourant des savanes désertes, on peut se dire : ici s'élèveront,
avant peu, les plus grandes métropoles de l'univers !

Sur *l'Arabia*, en mer, 19 août 1858.

Dans la matinée du 8 août, nous perdions de vue
les montagnes du comté de Donegal. Un coup de
vent du nord-ouest nous accueillait à notre entrée
dans l'Atlantique ; pendant deux ou trois jours,
nous avons été victimes de toutes les excentricités
de motion de *l'Arabia*, navire beau et rapide,
mais essentiellement incomfortable. Au bout de ce
temps, nous sommes sortis de la zone des tem-

pêtes, mais pour entrer aussitôt dans celle des brouillards.

Heureusement les passagers sont nombreux et agréables. M. William R..., grand propriétaire australien, d'origine écossaise, et sa fille, Mlle Christine R..., le charme et la joie du navire; l'honorable Alfred S..., l'héritier d'une des plus vieilles pairies catholiques de l'Angleterre; M. Felton, professeur de littérature grecque à l'université d'Harvard, ami intime de Longfellow, de Prescott, d'Ampère, et que je dois retrouver à Boston; sa nièce, fille de l'illustre géologue Louis Agassiz; plusieurs autres Américains, la plupart prévenants et instruits; quelques-uns assez bizarres, surtout un capitaine de commerce, qui, par ses jurons, sa chique, sa grossièrcté, nous donne un avant-goût des jolies manières démocratiques que nous devons rencontrer, nous dit-on, dans certaines parties des États-Unis.

On fait promptement connaissance à bord, en se groupant un peu d'après certaines affinités sympathiques. Malgré la tristesse du ciel et de la mer, le temps passait assez joyeusement, lorsqu'un accident imprévu nous mit en danger de voir se terminer à la fois, et notre voyage, et notre vie, de la manière la plus tragique.

Le 14 août, dans la soirée, nous nous trouvions à la hauteur de Terre-Neuve, au sein de la brume et de l'obscurité. Nous approchions de l'endroit où *l'Arctic* périt, à la suite d'une collision ; où *le Président*, *le Pacific* et *la Cité de Glascow* s'abîmèrent corps et biens, du moins d'après les suppositions générales, car on n'a jamais connu exactement leur sort ! Le matin, à la faveur d'une éclaircie de peu de durée, nous avions aperçu deux montagnes de glace, chose assez rare à ce moment de l'été. Une vague inquiétude nous dominait, et la conversation roulait sur les naufrages, les collisions, les banquises. Comme toujours, par ces temps de brouillards, la mer était paisible ; et rien ne s'opposant à l'impulsion vigoureuse des machines, *l'Arabia* filait avec une rapidité effrayante, dans l'obscurité la plus profonde.

Les dames se couchèrent de bonne heure ; la plupart d'entre nous se rendirent alors dans le fumoir, où des passagers complaisants donnaient une espèce de concert tous les soirs. Au moment où l'un d'eux entonnait la chanson

> Adieu mon beau navire,
> Au grand mât pavoisé....

un choc épouvantable nous renversa pêle-mêle sur le plancher. Nous fûmes bientôt relevés. Les uns se précipitèrent sur le pont, les autres vers les cabines, pour faire monter les dames ; car on pouvait supposer un désastre.

Arrivés sur le pont, un spectacle à ne jamais oublier de la vie, s'offrait à nos yeux, à la lueur d'une mèche soufrée, qui seule pouvait éclairer ces ténèbres. Nous nous étions rencontrés avec un grand steamer, que l'on reconnut pour un autre Cunard, *l'Europa*. Les deux immenses navires s'éloignaient l'un de l'autre, chancelant sur les flots, comme des géants avinés; on entendait les sifflements de la machine, mêlés aux commandements des officiers, qui ordonnaient de mettre les embarcations à la mer.

Nous pouvions nous attendre en effet à couler d'un moment à l'autre, comme *l'Arctic*, comme *le Lyonnais*, etc. Mais tous faisaient leur devoir, officiers, matelots, et à peu d'exceptions près, passagers, — Mlle R... et Mlle Agassiz montraient le plus admirable sang-froid.

Enfin, nos angoisses immédiates eurent un terme; on reconnut que nos machines étaient brisées, mais que nos principales avaries étaient au-dessus de la ligne de flottaison. *L'Europa* était plus endommagée, mais ses machines marchaient encore; son capitaine, après avoir communiqué avec le nôtre, s'éloigna et se dirigea à toute vitesse vers le havre de St-Jean-de-Terre-Neuve.

Le jour était venu; notre position aurait été critique, si la houle s'était élevée; une de nos roues était en pièces; la violence du choc avait désarrimé le charbon et la cargaison ; ils s'étaient portés tout d'un côté, et le navire donnait de la bande d'une façon effrayante.

Heureusement, la mer resta paisible, l'équilibre fut rétabli, la machine réparée ; et, avant la nuit, nous pûmes nous remettre en marche avec une seule roue, non sans songer à la divine protectrice qui quitta la terre en ce même jour (*Assomption*).

Les tristes et dangereux brouillards nous ont suivis tout le long des côtes de la Nouvelle-Écosse, et à travers la baie de Fundy. Ce n'est que depuis ce matin que nous apercevons un beau ciel. Un pilote est venu à bord. On est inquiet de nous à New-York ; car *l'Europa* a annoncé l'accident en arrivant à Terre-Neuve. La nouvelle a dû parvenir aussi à nos familles par le câble atlantique.

Nous formons tous nos plans de voyage. Je dois faire la première partie de la route avec M. R... et sa fille. Plus tard, au Niagara, j'espère retrouver l'honorable Alfred S... En attendant, nous sommes bien heureux de penser que nous verrons l'Amérique demain. Cette traversée de l'Atlantique est bien longue ; et la ligne de vapeurs qui va être établie partant de la baie de Galway en Connaught, côte ouest de l'Irlande, en abrégeant le trajet d'environ deux jours, sera un grand bienfait pour les voyageurs.

Le soir, le coucher du soleil élève à l'occident une porte gigantesque ; il serait beau d'entrer dans le nouveau monde, en passant sous cette arche triomphale, lumineuse et dorée....

Il

NEW-YORK. L'HUDSON. LES CATSKIL. LA CASCADE
DE CATTERSKILL. LES EAUX DE SARATOGA.

New-York, ce 22 août 1858.

Les étoiles commencent à pâlir dans un beau
ciel méridional, au moment où nous entrons dans
la rade magnifique de New-York. Les collines de
Staten-Island, couvertes de maisons de campagne
blanches, sont gracieuses, mais peu élevées. Ce
n'est pas la baie de Naples. Le soleil se lève; la
scène est animée et joyeuse. Le débarcadère des
Cunards est à Jersey-City, de l'autre côté du fleuve
Hudson, nommé plus communément ici North-
River. Les employés de la douane sont remar-

quablement grossiers, les cochers d'une insolence
rare. Seraient-ce des symptômes d'un pays libre?
Enfin je me trouve assis dans l'omnibus de l'hôtel
Saint-Nicolas, grande calèche à six places, qui a quelque ressemblance avec le carrosse du marquis de
Carabas. Il faut passer un bac pour arriver à New-
York. Nous entrons sous une voûte qui me semble
un long passage menant au bac; il y a au moins
douze à quinze voitures à la file. Tout à coup nous
commençons à marcher : j'ai fait connaissance
avec un de ces bacs gigantesques qu'on ne voit
qu'aux États-Unis. Nous sommes bientôt dans
Broadway; il n'y a pas un seul lit vacant au Saint-
Nicolas, plus grand que l'hôtel du Louvre! nous
descendons au Metropolitan, quelques portes plus
loin (quelques blocs, *squares*, comme on dit ici).

Ma première impression, à New-York, est très-
favorable. Je me sens plein de gaieté. Le temps est
radieux. Partout on vend des fleurs et des fruits.
Des pastèques, d'immenses paniers de pêches, annoncent le Midi. Je trouve un certain air de famille
entre New-York et Naples. Les deux villes sont plus
longues que larges. Broadway joue le même rôle
ici, que la rue de Tolède là-bas. Mais, au lieu d'être
resserrée par de hautes collines comme Naples,
New-York est bornée par le fleuve Hudson d'un
côté, de l'autre par le golfe de Long-Island, que
l'on nomme East-River. Entre ces deux rivières,

l'île de Manhattan avance sa forme allongée, qu'on pourrait comparer à une langue, vers le port admirablement abrité que forment l'île de Staten et la Longue-Ile, ancienne résidence des Indiens montauks, dont la pointe Est de cette île porte encore le nom. Cette position est une des plus belles du monde; les plus grands vaisseaux peuvent venir de tous les côtés s'amarrer aux quais. Au delà de la rivière de l'Est, se trouve Brooklyn; au delà de l'Hudson, Jersey-City, qui s'agrandit rapidement. En y comprenant ces deux villes, qui à proprement parler lui appartiennent, New-York a plus de huit cent mille âmes. Sa population s'accroît tous les jours, et elle est destinée à devenir une des plus grandes cités de l'univers.

C'est dès aujourd'hui la troisième ville de la chrétienté. La population de l'État de New-York, où cette ville joue le même rôle que Paris dans le département de la Seine, a augmenté de huit cent soixante mille âmes entre le recensement de 1845 et celui de 1855, et dépasse trois millions et demi; aussi envoie-t-il, à lui seul, trente-trois représentants à Washington!

Broadway part du jardin public de la Batterie, situé à l'extrémité méridionale de l'île de Manhattan : cette admirable rue est tracée jusqu'à l'autre bout de l'île, et a plusieurs lieues de long. Rien ne peut donner une idée de son mouvement à certaines heures du jour, pas même le Strand à Londres.

Je me promène à la Batterie : ce pourrait être une des plus belles promenades du monde, et digne de rivaliser avec la Villa-Reale de Naples, sauf le Vésuve. Mais elle est complétement négligée par les autorités de New-York. Est-ce parce qu'elle se trouve dans le quartier peu *fashionable*, et que ces messieurs, comme tous les démocrates, pensent fort peu aux pauvres? Je compte revenir à New-York, et parler plus tard du singulier gouvernement de cette ville; mais il me semble déjà que la sécurité n'y est pas considérable. Aujourd'hui, des vauriens (*rowdies*) appartenant à l'aimable association des Lapins-Morts (Dead Rabbits) se sont répandus dans Staten-Island, ont insulté les promeneurs paisibles et ont tué un brave père de famille, qui voulait leur résister. La police dormait sans doute; puis les *Rowdies* sont des électeurs si précieux[1]!

Je suis fort content du Metropolitan-hotel. Comme dans tous les principaux hôtels des États-Unis, on paye un prix fixe de deux dollars et demi (12 fr. 50 c.) par jour. Ce prix est assez modéré, lorsqu'on pense qu'on peut déjeuner, dîner, souper, prendre le lunch et le thé, et qu'on n'a rien à donner aux domestiques. Cependant l'on fait bien de glisser une

.Journaux de New-York du 24 août 1858.

gratification au *waiter* qui vous sert au premier repas, si l'on veut manger chaud et avoir de bons morceaux. Ici, l'on est servi par des nègres; ce sont d'excellents domestiques; ils sont vêtus de blanc, et fort propres. Je ne remarque pas leur mauvaise odeur. Je les trouve intelligents et gais; parmi ceux qui ont un peu de sang blanc, il y en a de fort beaux, mais ils sont beaucoup moins honnêtes que les garçons irlandais du Saint-Nicolas.

La cuisine est excellente. Elle est bien supérieure à celle des hôtels anglais. Un hôtel comme celui-ci serait bien agréable à Londres. Mais il faudrait adopter le système d'un prix fixe.

Ce qu'il y a de cher, ce sont les *extra*. Une bouteille de vin ne coûte pas moins de dix fr.; un salon, dix à douze dollars; une voiture, au moins un dollar par heure.

Samedi nous allons, les Robertson et moi, visiter le cimetière de Greenwood, sur la Longue île, à quelques milles derrière Brooklyn. Le cimetière est ravissant : des eaux courantes, bordées de saules; des collines d'où l'on découvre la ville et la mer; des arbres magnifiques, sous lesquels les Indiens campaient, lorsque Hendrick Hudson, dans son troisième voyage, en 1609, découvrit l'embouchure du fleuve qui porte son nom; des vallons écartés, où les malheureux peuvent pleurer en secret!

Un des tombeaux les plus remarquables est consacré à la mémoire de Mlle..., jeune Française qui périt d'une chute de voiture; c'était une fille unique, et ses parents ont consacré à ce tombeau la fortune qu'ils comptaient lui donner en dot. L'architecture en est gracieuse, mais les dentelures sont trop fragiles pour un monument funèbre. J'aime mieux les caveaux massifs de quelques vieilles familles hollandaises. Ils ont, pour ainsi dire, un aspect égyptien. Au moment où nous revenons, le soleil se couche sur la rade, par delà New-York. Même les couchers de soleil de l'ouest de l'Irlande sont surpassés. Le cerise, le violet le plus intense, se disputent le ciel; ces couleurs se reflètent dans les flots. Nous ne regrettons pas d'avoir traversé l'Océan.

Aujourd'hui, je vais prendre un bain de mer à Cooney-Island, sur la Longue-Ile. Il y a un assez bel établissement; mais la plage balayée par la houle est dangereuse; de plus, on assure que les requins y sont fort communs. Cooney-Island est à dix ou douze milles de New-York. La route qui y conduit est ce qu'on nomme plank-road, c'est-à-dire qu'elle est formée de planches jetées l'une près de l'autre : je dois déclarer qu'elle est détestable. Elle traverse un pays boisé et accidenté; c'est en se glissant à la faveur de la nuit, derrière ces collines et ces bois, que les vieilles troupes anglaises du général Howe surprirent les miliciens américains, et leur infligèrent, le 27 août 1776, la défaite que l'on nomme combat de Long-Island. Le cocher qui me conduit est du comté de Tyrone, dans l'Ulster. C'est un spécimen d'Irlandais gâté par l'Amérique. De trop humble, il est devenu arrogant; d'intelligent, trop rusé. Il n'a plus de religion, et n'a gardé de l'Irlande qu'une haine déraisonnable pour ce qui est Anglais. Hélas, il y a un grand laisser-aller dans tout, en Amérique, religion comme politique! Je causais avec un jeune Polonais catholique, établi à New-York : « Mes parents vont à la messe, me disait-il; moi, je vais dans n'importe quelle église, il n'y a pas de différence. »

Je pars demain avec M. et Mlle Robertson pour les Catskill et Saratoga.

Mountain-House. Catskill, lundi, 23 août 1858.

Ce matin, nous prenons *l'Armenia* pour remonter l'Hudson. Nous faisons connaissance avec les bateaux de rivière américains. Je ne peux les comparer qu'à des maisons flottantes. En quittant New-York, nous longeons de hautes falaises basaltiques, qui ressemblent aux colonnes de la chaussée des

Géants, en Irlande. On les nomme les « Palissades de l'Hudson. » Le fleuve est superbe; s'il avait de vieux châteaux, il serait bien supérieur au Rhin. Mais s'il manque de ruines, comme tant d'autres rivières américaines, il ne manque pas pour cela de souvenirs. Tappan-Sea, Harlem, Yonkers, rappellent les jours, si lointains déjà pour ce monde nouveau, où vivaient ici ces vieux Hollandais bizarres, que Washington Irving caricature si spirituellement dans son « *Histoire de New-York,* par Knickerbocker[1]. »

Voici, à moitié cachée par les arbres, Sunnyside, la gentille habitation de cet aimable écrivain. Ici eurent lieu la plupart des scènes de la guerre de l'Indépendance. La Fayette et Washington parcoururent souvent ces bords. Nous passons West-Point, qu'Arnold, gagné à prix d'or, tenta de livrer au général anglais Henry Clinton, en septembre 1780. « Étrange complot, dit M. C. de Witt, qui avait failli compromettre une fois de plus le succès de la cause américaine! » West-Point était à cette époque le fort principal des Américains sur l'Hudson, la clef des communications entre le Canada et New-York, le nœud de la chaîne de postes établis autour de cette ville, et le dépôt de toutes les munitions de siége des Américains; c'était la clef des Hautes-Terres. Ici,

____

1. Un descendant de ces vieux colons hollandais, Herman Knickerbocker, existait encore à Williamsburg en 1855. Il avait été membre du congrès, de 1809 à 1811.

le fleuve se resserre ; les montagnes semblent vouloir se réunir : les Américains avaient barré ce lieu avec des chaînes, afin d'empêcher les vaisseaux anglais de remonter plus loin le fleuve pour en dévaster les rivages, et pour établir leurs communications avec les royalistes du Nord. Ceux-ci étaient en général des Irlandais ou des Écossais catholiques, qui préféraient la domination de la couronne à celle des puritains.

Au sortir de ces défilés, nous apercevons à l'ouest les sommets azurés des Catskill.

A deux heures, nous sommes à Catskill, chef-lieu du comté appelé Greene, du nom d'un des généraux collègues de Washington. C'est une ville de six à sept mille âmes. Nous prenons la voiture de Mountain-House. Nous traversons un pays accidenté ; à chaque pas, quelque chose me prouve que c'est ici un monde nouveau. Rien de la stabilité de l'ancien monde. Tout commence, tout est provisoire ; des maisons en bois, des routes à peine tracées, pas d'enclos, peu de champs cultivés ; des ponts en planches, qui manquent de crouler toutes les fois qu'on passe dessus. J'avais déjà remarqué cet aspect dans la Longue-Ile, aux portes mêmes de New-York.

Au bout de trois heures, nous arrivons au pied de la montagne, sur la crête de laquelle est située Mountain-House : la voiture va si lentement que je prends les devants à pied.

La soirée est splendide : derrière moi, le soleil éclaire encore la vallée de l'Hudson ; mais les hautes cimes boisées qui s'étendent vers l'occident le cachent déjà à mes yeux ; plus près, s'élève la forêt vierge, avec sa verdure touffue et sa mystérieuse beauté. Les essences d'arbres ne sont plus celles de nos bois d'Europe. Ce sont surtout des érables, des platanes, des acacias. En certains endroits, il y a des massifs de grandes fleurs du soleil. Cette nature nouvelle possède un charme pénétrant. Je m'applaudis d'avoir traversé l'Atlantique à l'âge où l'on est le plus sensible à tous les aspects du beau.

Je passe le ravin où l'on raconte que Rap-Van Winkle dormit vingt ans[1] ; et j'arrive enfin à Mountain-House. L'hôte nous reçoit insolemment, c'est la coutume de ce pays libre ; la maison semble déserte. Tout à coup, le gong résonne pour annoncer le souper ; gentlemen et *ladies* sortent de tous les coins, et se précipitent vers la salle à manger, avec une rapidité qui fait honneur à leur appétit.

Le soir, il fait tout à fait froid et le vent hurle dans la forêt.

---

1. Voy. le conte de Washington Irving.

Saratoga, United-States-Hotel. Ce 25 août 1858.

Mountain-House est un fort bel hôtel, quoique construit en bois. Il est inhabité en hiver à cause du froid et des orages. On s'étonne qu'il ne soit pas renversé tous les ans.

De la colonnade qui l'entoure (Piazza est l'expression américaine), l'on découvre à l'orient un paysage immense. Les levers du soleil des Catskill sont célèbres comme ceux du Righi, et comme eux, souvent une déception. Nous n'avons pas à nous plaindre. Les premiers rayons du jour paraissent au-dessus des montagnes arrondies du Connecticut, et embrasent la vaste vallée de l'Hudson. Il règne une fraîcheur ravissante dans l'air. Rien d'alpestre, néanmoins. Nous entrons dans les bois, à la recherche de deux petits lacs qu'ils recèlent. Cette promenade n'est rien moins qu'agréable ; sous les rameaux épais, point de cette herbe touffue, point de ces fleurs de nos forêts d'Europe ; point de ces clairières charmantes de la forêt de Sherwood, près de Newstead-Abbey, en Angleterre : où est le cor de Cedric le Saxon, où sont les pourceaux de Gurth ? Mais, parmi le chaos de broussailles et de troncs d'arbres morts, qui pourrissent sur le sol humide, un tintement tout particulier nous annonce le voisinage d'un serpent à sonnette.... On revient déjeuner.

Aussitôt après, nous allons visiter la cascade de Catterskill, célèbre par la description de Cooper, dans les Pionniers, et par les jolis vers de Bryant.

Je cite ces vers pour ceux de mes lecteurs qui savent l'anglais :

> Midst greens and shades, the Catterskill leaps
> From cliffs where the wood-flower clings ;
> All summer, he moistens his verdant steeps
> With the light spray of the mountain springs ;
> And he shakes the woods on the mountain's side,
> When they drip with the rains of autumn tide.
>
> But when in the forest bare and old
> The blast of December calls,
> He builds in the star-light, clear and cold,
> A palace of ice, where his torrent falls,
> With turret and arch and fretwork fair,
> And pillars clear as the summer air.

En voici la traduction :

Au milieu de clairières et d'ombrages, le Catterskill s'é-lance du haut des murailles de rochers, où se cramponne la fleur des bois ; tout l'été, il arrose ses escarpements verts avec l'écume légère des sources de la montagne ; et il secoue les arbres, épars sur les flancs de ces sommets, lorsqu'ils dégouttent des pluies de l'équinoxe d'automne.

Mais lorsque, dans la forêt vieille et nue, la bise de dé-cembre appelle, il élève, à la lueur douce et froide des étoiles, un palais de glace, où tombe son torrent; avec des tours, des arcades, des ciselures, avec des colonnes aussi transparentes que l'air pur de l'été.

> . . . . :
> C'est en vain que les bois, dans leur rouge parure
> Charment les voyageurs de ce pays nouveau;
> Et que Niagara, la merveille des mondes,
> Entoure les mortels dans ses grottes profondes
> Des feux de l'arc en ciel et des songes du beau!
> En vain que Catterskill dans la gorge boisée
> En décembre revêt sa guirlande glacée,
> Tandis qu'à Pilatka le ciel toujours joyeux
> Chauffe sous les palmiers les couples amoureux! etc.

Le ravin boisé où elle se trouve est ravissant; les cimes vert-bleu du fond me rappellent Killarney. Quant à la cascade en elle-même, l'extrême sécheresse de la saison la rend insignifiante.

Dans l'après-midi, nous quittons Mountain-House; d'autres resteraient plus longtemps, peut-être; mais sauf dans les lieux exceptionnels, comme Rome, où l'on voit en même temps les merveilles de la nature et celles de l'art, je n'aime pas, en voyage, m'attarder trop dans un même endroit; comme je désire visiter la plus grande partie du monde où nous sommes jetés, une seule existence n'y suffirait pas; si les voyages lointains me plaisent, j'aime aussi les joies du foyer, du *home*, ce mot charmant que nous n'avons pas en français. Je veux jeter un coup d'œil rapide sur les plus beaux sites de la terre, saisir le caractère des différents pays, puis m'en retourner plein de souvenirs, et faire halte. De cette façon, la locomotion rapide, la durée assez courte des absences, m'empêcheront de ressentir les amertumes de la distance et la tristesse de l'isolement. Quant à l'analyse minutieuse de la nature sous toutes ses faces et dans ses recoins les plus obscurs, je puis la faire dans le beau pays que j'habite, et sans plus avoir à m'éloigner des miens.

Pendant que je fais ces réflexions, nous descendons rapidement la montagne, et nous voici de retour à Catskill; nous traversons l'Hudson dans un bac, et nous prenons le chemin de fer qui nous conduit à Saratoga, en passant par Albany et Troy.

J'espère qu'on excusera ces détails de route et ma mention fréquente des heures, des distances, etc. Je sais que ceux de mes lecteurs qui ont fait ou qui comptent faire le voyage d'Amérique, m'en sauront bon gré. Les premiers verront les progrès de la rapidité; les seconds pourront s'aider de ces données pour établir leurs plans de voyage.

On a calomnié les chemins de fer américains; les longs chars à bancs nous paraissent très-gais et très-commodes : l'agrément de pouvoir circuler est très-grand. (Je ne parle pas de certaines autres commodités, qui manquent dans nos chemins de fer d'Europe.) — Il n'y a qu'une seule classe pour tout le monde.

Nous remarquons déjà quelques particularités américaines ; mais c'est sans aigreur. Comme partout ailleurs, c'est un mélange de bon et de mauvais. Certainement on nous adresse quelques questions saugrenues : D'où nous venons ? Où nous allons ? si Mademoiselle est ma femme ? si nous sommes parents, etc. ? Mais si nous ripostons par une autre série d'interrogations, on nous répond avec la meilleure humeur du monde. Chose très-agréable pour les voyageurs qui peuvent s'instruire de cette manière. Au fait, il n'y a rien de plus absurde que de voyager comme certains Anglais, sans jamais ouvrir la bouche. Il faut se garder d'arriver aux États-Unis avec des préjugés défavorables, et de ne juger ici les hommes et les choses qu'au point de vue européen. Le nasillement des Américains, leur barbe pointue et malpropre, qui ressemble à celle d'un bouc ; leurs phrases favorites : je devine (*I guess*) ; je calcule (*I calculate*), leurs perpétuelles questions ne nous sont pas sympathiques, je l'avoue. mais n'avons-nous pas en France l'accent alsacien, la parole harmonieuse et distinguée de l'habitant de la Garonne, et en Angleterre, le bredouillement du Dorsetshire, l'empâtement de l'Écosse, etc. ? Les Américains ne peuvent-ils pas trouver fort ridicules nos grands favoris en éventail ? En thèse générale, on peut tout remarquer. Mais il me semble qu'on ne doit critiquer amèrement que certaines

choses qui sont grossières et dégoûtantes partout ;
par exemple, la chique.

Nous arrivons à Saratoga en même temps que lord
Richard Grosvenor, fils du marquis de Westminster,
et que le fils du duc de Devonshire, deux jeunes
gens de mon âge. Leur auguste présence cause une
sensation profonde dans l'hôtel des États-Unis. Je
vois bien que nous sommes parmi des démocrates.

Newport est le Dieppe ou le Brighton, Nahant,
avec sa plage délicieuse, est le Biarritz, et Saratoga
le Bade de l'Amérique du Nord. A cette saison, il
y a un monde énorme. L'hôtel des États-Unis forme
un grand rectangle, avec une cour intérieure,
plantée d'arbres, et entourée de colonnades. Il
peut contenir 600 à 700 personnes. Il y a plusieurs autres établissements, presque aussi vastes.
Ces immenses caravansérails donnent à cette petite
ville une physionomie particulière. A part cela, Saratoga ressemble à tous les endroits de bains. Une
longue rue, avec quelques belles boutiques, beaucoup de bibelots ; des médecins à la douzaine. Au
bout de la grande rue, se trouve un village de Peaux-
Rouges, mais de Peaux-Rouges très-anodins et assez
dévergondés. A quelques milles, un petit lac et un
petit café. C'est un lieu de promenade pour ceux qui
peuvent payer une voiture quinze francs l'heure.
Nous y allons manger une bécasse et des pommes
de terre frites. La bécasse est détestable, les pommes

de terre frites excellentes. Le tout nous coûte quelques dollars. Décidément Saratoga n'est pas bon marché ; mais il faut rendre justice aux Américains : ils jettent l'argent par la fenêtre de fort bonne grâce. Il est vrai qu'ils font leur fortune en un an, la perdent en six mois, et recommencent.

J'allais oublier de parler des sources. L'eau a un petit goût aigrelet. C'est le cas de rappeler les vers d'Alfred de Musset :

> Bien entendu d'ailleurs, que le but du voyage
> Est de prendre les eaux ; c'est un compte réglé ;
> D'eaux, je n'en ai point vu lorsque j'y suis allé ;
> Mais, qu'on n'en puisse voir, je n'en mets rien en gage ;
> Je crois même, en honneur, que l'eau du voisinage
> A, quand on l'examine, un petit goût salé....
>
> *(Une bonne fortune.)*

On m'avait beaucoup parlé de la merveilleuse beauté des femmes aux États-Unis. Je suis assez désappointé. Quoique je préfère de beaucoup la liberté anglaise à l'extrême réserve des jeunes personnes en France, je ne peux me dissimuler que cette liberté est poussée ici beaucoup trop loin. Le beau sexe a un aplomb inouï ; peu de jolies figures ; en revanche, beaucoup de personnes chétives, et comme épuisées par une dissipation précoce. Ce n'est pas sans raison qu'on a créé ici l'expression *fast life :* l'on vit vite aux États-Unis. Peut-être enfin ne faut-il pas chercher à Saratoga la meilleure portion de la société américaine.

Du reste on est affable, le temps est magnifique, la campagne fort curieuse.

Saratoga est plus connu comme endroit de bains que comme lieu historique. Cependant, c'est ici que la capitulation de Burgoyne (17 octobre 1777) consolant Washington de deux échecs récents, le sien à Brandywine et celui de Sullivan à Germantown, inaugura, pour les armées américaines, cette suite de triomphes, que devait clore la capitulation de lord Cornwallis à York-Town (17 octobre 1781).

Burgoyne et le général Clinton devaient quitter simultanément, le premier, le Canada, le second New-York, et s'avancer, l'un par le lac Champlain et le lac Georges, l'autre par les bords de l'Hudson. S'ils faisaient leur jonction, l'insurrection américaine était coupée en deux, le Massachussets ne pouvant plus communiquer avec la Pensylvanie et la Virginie. Les émissaires qu'ils s'envoyèrent, pour s'instruire de leur marche, furent tous faits prisonniers par les Américains. Clinton, privé de nouvelles, regagna New-York, et toutes les forces rebelles se portèrent sur Burgoyne : celui-ci, ébloui par ses premiers succès, plein de mépris pour les troupes américaines et pour leur général, le prudent Gates, qu'il appelait « une vieille sage-femme, » n'avait pu se résoudre à rétrograder ; il fut obligé de

subir une capitulation aussi malheureuse que celle
du général Mack à Ulm, ou de Dupont à Baylen[1].

Mes aimables compagnons de voyage sont partis
cette après-midi pour Niagara ; quant à moi, je vais
gagner Montréal par le lac Georges et le lac Champlain.

1. Horatio Gates était Anglais, il avait servi autrefois avec Burgoyne. Il se montra plein de modération, et n'exigea des soldats
anglais que le serment de ne plus servir contre l'Amérique,
les laissant libres de retourner en Angleterre ; ils sortirent de
leur camp avec les honneurs de la guerre, et obtinrent de ne
déposer leurs armes qu'à un commandement de leurs propres
officiers.

III

LE LAC CHAMPLAIN. MONTRÉAL. QUÉBEC. LE SAINT-LAURENT

ET LE SAGUENAY. TORONTO. LE NIAGARA.

Québec, Clarendon-Hotel, ce 27 août 1858.

Je quitte Saratoga à huit heures du soir, et après une heure de chemin de fer, je me trouve à la station de Moreau. Quatorze milles me séparent de Caldwel. Il faut les faire dans une diligence, c'est-à-dire en enfer. Comme toutes celles des États-Unis se ressemblent, je vais les décrire une fois pour toutes : pas de ressorts; une sorte de Berline appuyée sur des courroies de cuir ; six infortunés entassés en avant et en arrière, cela semblerait suffisant; mais non ! une banquette s'étend entre les deux

portières, et là prennent place trois autres martyrs.
Ce serait fort bien, si l'on n'avait pas de jambes;
mais les Américains en ont, et de fort longues.
Cependant si l'on se plaint, l'on vous répond que
c'est un pays nouveau. Des rideaux de cuir, comme
ceux de la voiture qui conduisait Gil-Blas à Astorga,
interceptent l'air et la vue, mais ne garantissent pas
de la poussière. On attache les bagages par derrière.
Quand il y a beaucoup de monde, on fait monter
les messieurs sur le haut, où ils s'amarrent comme
ils peuvent. Qu'on se figure ce véhicule impayable,
traîné par quatre rosses, sur des routes impossibles,
et l'on aura une faible idée des agréments du trajet.

A droite est la plaine fameuse, où 1500 Anglais
furent massacrés par les Indiens nos alliés, pendant
la guerre de Sept ans; plus loin, la grotte où Cooper
fait cacher ses héroïnes, dans le dernier des Mohicans. Mais nous ne songeons qu'à nos misères;
et, comme toute chose a une fin, nous arrivons
passé minuit à Caldwel, sur le lac Georges, dans le
comté de Warren.

A la pointe du jour, par une matinée radieuse,
nous nous embarquons sur un gentil steamer, *le
Minnehaha*. Ce mot indien, qui signifie le rire des
eaux, est le nom très-expressif d'une cascade où
les eaux du lac Harriet se précipitent de près de
soixante pieds de haut, avant d'arriver au lac
Calhoun; c'est aussi le nom donné par Longfellow,

dans son poëme, à la maîtressse d'Hiawatha. Les vapeurs se détachent lentement des collines boisées, et
vont se fondre dans le ciel bleu ; les îles, couvertes de
verdure, embellissent et divisent les flots. Le lac
Georges n'a pas la majesté des lacs de la Suisse,
dominés par les glaciers ; mais il a quelque chose
de paisible, d'agreste, et son ciel peut rivaliser de
beauté avec celui d'Italie. Ces rives si calmes virent
pourtant les scènes les plus sanglantes de la guerre
de Sept ans en Amérique, encore plus acharnée
qu'en Allemagne ; que ces temps sont loin ! La
guerre peut éclater de nouveau ; mais, plus jamais
ces échos ne répéteront les cris formidables des
hommes rouges !

Au bout du lac, nous prenons un omnibus qui
nous conduit au lac Champlain. En route, nous
visitons, dans le comté d'Essex, les restes du fort
de Ticonderoga, nommé par les Canadiens Fort-
Carillon, à cause de la cascade bruyante qu'il dominait. Bâti d'abord par les Français, il fut pris et
repris plusieurs fois pendant la guerre de Sept ans,
et pendant celle de l'Indépendance ; sa soumission,
le 25 juillet 1759, entraîna pour nous la perte définitive du Canada, car Québec se rendit au mois de
septembre suivant. Ethan Allen s'en empare par
un coup d'audace, dans la nuit du 9 mai 1775, à la
tête de sa bande de volontaires, les Enfants des Montagnes Vertes ; mais le général Saint-Clair s'y laisse

surprendre à son tour, faute d'avoir fortifié Sugar-Hill ; et à la vue des canons anglais qui de là vont battre la place, il juge prudent de l'évacuer dans la nuit du 15 juillet 1777 ; les Américains y rentrèrent dès le mois d'octobre, quand le corps de Burgoyne eut capitulé. Ticonderoga fut démantelé peu de temps après la paix de Versailles, en septembre 1783. Les ruines sont peu considérables, mais les ouvrages en terre devaient être assez étendus.

En attendant le bateau à vapeur, je cause avec un pauvre Irlandais du comté de Kerry. Il regrette amèrement son pays ; pour un qui fait fortune, me dit-il, il y en a dix qui meurent de faim. Quand une fois un peuple est mordu par la tarentule de l'émigration, rien ne l'arrête. Mais, qu'ils sont à plaindre, les pauvres paysans celtes, obligés de vivre parmi ces gens sombres qui les détestent !

Le lac Champlain était associé dans mon esprit avec une description chagrine de Marmier. Cet aimable et intrépide voyageur avait choisi une mauvaise saison pour parcourir le nord des États-Unis ; il avait pris les Yankees en aversion ; je soupçonne qu'il ne parlait pas bien l'anglais. Aussi n'a-t-il vu que des rives humides, un temps noir, des gens grossiers ; et une seule lueur d'idéal, le sommet lointain des montagnes Vertes.

Aujourd'hui, les montagnes Vertes sont voilées par une brume de chaleur ; en revanche, le soleil couchant couvre d'or et de pourpre les cimes coniques de l'Adirondack. Le Champlain nous paraît superbe ; tant le soleil, et une disposition d'esprit différente peuvent donner un tout autre aspect à un même lieu !

A Rouse's-Point, sur le côté ouest du lac, nous prenons le chemin de fer. Nous arrivons par un beau clair de lune sur les bords du Saint-Laurent, en face de Montréal. Nous traversons le fleuve en bac à vapeur. En débarquant, j'ai le plaisir d'entendre le peuple parler français.

Le lendemain matin, je parcours la ville ; hélas ! Montréal n'a pas un air français. Les enseignes sont dans un patois franco-anglais. On fait en voiture le tour de la montagne qui donne son nom à la ville. A peine dans la campagne, l'aspect anglais disparaît : C'est Jean-Pierre, qui loge à pied et à cheval ; ce sont des maisons aux pignons élevés, entourées de vergers comme en Normandie ; même les émigrants ont planté les peupliers et les ormeaux de la vieille France, à côté des pins gigantesques du Canada. Mais voici que le ciel s'est couvert de nuages blancs, un vent aigre siffle dans les bois. Nous passons le village de Coudeneige, nom qui fait songer aux rigueurs de l'hiver ; on admire la résolution des rudes paysans qui, les premiers, vinrent s'établir dans ces forêts.

La cathédrale de Montréal, qu'on a inaugurée le

25 juillet 1829, est un bel édifice gothique. Du
haut de ses tours, l'on a une belle vue du Saint-
Laurent. En ce moment, on construit un pont co-
lossal pour relier Montréal aux États-Unis. Presque
aussi élevé que le pont tubulaire de Menaï, entre le
pays de Galles et l'Angleterre, il est trois fois plus
long. Il faut des piliers d'une force énorme, pour
résister aux masses de glaces qui descendent le
fleuve à l'époque de la débâcle.

A quatre heures, un bateau à vapeur nous conduit
de Montréal à l'embarcadère du Grand-Trunk, de
l'autre côté du Saint-Laurent. Le temps est orageux.
Dans mon char on ne parle que français : l'accent
est décidément normand; l'on emploie beaucoup de
vieilles expressions du temps de Louis XIII. Nous
traversons une belle plaine, infiniment mieux cultivée et plus habitée qu'aucune partie des États-
Unis. A la tombée de la nuit, nous arrivons à Richmond. La culture cesse. De là à Québec s'étendent
d'immenses forêts de pins, çà et là dévastées par les
feux que les colons allument avec une déplorable
imprévoyance. Les forêts ont un aspect septentrional,
et ressemblent bien plus à nos grands bois d'Europe qu'à celle des Catskill. On éprouve un sentiment bizarre à traverser ces déserts, en chemin de
fer, la nuit, avec des étincelles qui volent de tous
côtés, comme des mouches à feu.

Il faut retraverser le Saint-Laurent pour arriver à

Québec. L'hôtel est plein, car le steam-ship *Anglo-saxon* part demain pour Liverpool. Je me couche en ayant bien soin de mettre mon sac de nuit sous l'oreiller ; car les traversins semblent inconnus au Canada.

Québec, mardi 31 août 1858.

Je ne regrette pas les quatre jours que je viens de passer à Québec. Sur ces rivages lointains du Saint-Laurent battent de nobles cœurs ! Le commerce de Québec, une ville fondée par notre Champlain en 1608, est aujourd'hui entre les mains des Anglais ou des Écossais, mais la masse de la population est française[1]. Dans les grandes maisons de la vieille ville survit plus d'un descendant des anciennes familles normandes, des Boucherville, des Montmagny. Une loi récente, qui abolit le droit d'aînesse et dissout ainsi les seigneuries, va faire

---

1. On lit dans un ouvrage récent, la *France aux Colonies*, par M. Rameau, (1859, 8°. Jouby) : « Le Canada, en 1765, deux ans après la cession, ne comptait que soixante-huit mille huit cent cinquante Canadiens parlant français ; en 1859, le Bas-Canada en compte, à lui seul, un million, formant une petite nation, serrée, indestructible, et qui a son importance dans l'économie générale du continent. »

3

disparaître plusieurs de ces restes vénérables de la
féodalité, qui ont un tel charme lorsqu'on sort de
la démocratie effrénée des États-Unis. Mais l'œuvre
de destruction n'est pas encore accomplie.

Ce monde a gardé les vieilles traditions de l'urbanité française, que nos discordes politiques nous
font perdre chaque jour. Toutes ses sympathies
sont restées acquises au pays de ses pères. Dans les
salons, on ne voit que des livres français, depuis les
tragédies de Racine jusqu'aux *Méditations* de Lamar-
tine. Il est à remarquer que ce sont les auteurs du
dix-septième, ou ceux du dix-neuvième siècle,
qu'on choisit de préférence. Les Canadiens n'aiment
pas le dix-huitième siècle, où une débauche d'esprit
devait aboutir à un carnage : temps déplorable où la
royauté, la noblesse, la littérature, n'avaient d'é-
mulation que pour se dégrader. Ils n'ont pas encore
pardonné à Louis XV et à Mme de Pompadour,
qui les abandonnèrent si lâchement ! On a beaucoup
parlé de ce traité de 1763. La France n'était-elle pas
complice ? Le roi Voltaire n'écrivait-il pas, avec une
légèreté assez criminelle : « Dans ce temps-là, l'on
se disputait quelques arpents de neige au Canada. »

Mais, quoique toutes leurs sympathies soient en
France, les Canadiens, à peu d'exceptions près, sont
réconciliés avec la domination anglaise. Ils ne veulent
pas entendre parler d'être incorporés aux États-Unis.

Dans ces dernières années, le système gouvernemen'tal a été fort amélioré, et la comparaison avec la *mobocratie* américaine est certainement à l'avantage des institutions anglaises. Il y a un million de Français au Canada, et ce nombre augmente chaque jour, par la merveilleuse fécondité de cette population religieuse et saine. Ils ont pu se défendre contre l'élément britannique; mais ils seraient absorbés dans le chaos des États-Unis. D'ailleurs, comme tout Français qui n'a pas été gâté par l'incrédulité d'une demi-philosophie, le Canadien est essentiellement monarchique. Chose bizarre! c'est surtout dans le Haut-Canada, colonisé par des Anglais et des Ecossais, que sont les quelques mauvaises têtes qui désirent secouer le joug, bien doux cependant, de la reine Victoria.

Quoi qu'il en soit, quand on contemple ce beau pays, quand on observe cette noble race, l'on ne peut s'empêcher de regretter amèrement la perte du Canada.

Une des belles pages de l'histoire est celle de la colonisation de ces pays, de la découverte de ces solitudes par les missionnaires jésuites. L'historien protestant Bancroft s'échauffe lui-même au récit de ces merveilles! Lorsqu'on songe à ce que ces hommes intrépides eurent à endurer, l'on reconnaît qu'ils devaient être guidés et soutenus par Dieu même. Eux seuls réussirent à amener dans le bassin du Saint-Laurent ces rudes petits-fils des

pirates scandinaves, qui trouvèrent là des régions
aussi âpres que celles que leurs ancêtres avaient
quittées. Bien différents des escrocs et des filles de
joie qui peuplèrent la Louisiane, ils gardèrent in-
tactes les nobles et fières traditions du foyer pater-
nel ; ils les gardent encore, tandis que, hélas ! dans
bien des parties de la France, les chimères philosophiques et les soi-disant réformes philanthro-
piques ont sapé la famille, cette base la plus sacrée
des sociétés humaines. Les efforts d'un clergé éclairé
et courageux n'ont pas été dépensés inutilement.
Une nombreuse population catholique remplit ces
contrées du nord. Mais la France était destinée à ne
garder, de toutes ses colonies américaines, que
Cayenne et quelques îles. Dès l'origine, le gouvernement était tombé dans l'erreur, commune chez
nous, de tout subordonner à l'établissement militaire. Nous perdîmes le Canada. Ce qu'il nous restait encore en 1763 de la Louisiane, vaste région à
l'ouest du Mississipi, bientôt abandonné par un
article secret à l'Espagne, nous ayant été rétrocédé
par cette puissance (traité de Saint-Ildephonse,
1er octobre 1800), l'imminence visible de la guerre
contre l'Angleterre, malgré la paix de 1802, ne
nous permit pas longtemps de le conserver[1]; on le

---

1. Dès le mois de février 1803, un sénateur de la Pensylvanie,
nommé Ross, proposait à ses collègues de mettre cinq mille
hommes et cinq mille dollars à la disposition du président Jeffer-

vendit, avant d'en avoir pris possession ! Maintenant, les États de la Louisiane, de l'Arkansas, du Missouri, de l'Iowa, du Minnesota, de l'Orégon et bientôt du Kansas, fleurissent dans ce pays dédaigné, qui cependant ne fait que de naître.

La position de Québec est très-pittoresque. De l'esplanade, qui borne l'extrémité de la ville haute, on jouit d'une vue admirable. Il y a là un monument élevé à Montcalm et à Wolfe, le vainqueur et le vaincu. Grandes âmes tous les deux ! L'inscription, souvent citée, est belle dans sa simplicité :

Mortem Virtus, communem famam Historia,
monumentum Posteritas dedit.

Leur courage leur donna la mort, l'histoire une gloire commune, la postérité ce monument.

son, et réclamait hautement l'annexion à main armée ; une escadre anglaise bloquait dans les ports de la Hollande l'expédition française qui devait aller prendre possession du pays. Monroë, chargé de la négociation, étant arrivé à Paris le 12 avril, elle fut terminée le 30 du même mois ! R. Livingstone, qui l'avait commencée, s'attendait à recevoir par Monroë la nouvelle de l'occupation de la Nouvelle-Orléans par les Américains. « Cela nous ferait aller plus vite, » lui écrit-il dès le 10 ! « Je ne renonce à la Louisiane, dit alors Napoléon à Barbé-Marbois, qu'avec un vif déplaisir. Si je réglais mes prétentions sur ce que ces vastes territoires vaudront aux États-Unis, les indemnités n'auraient pas de bornes. Je serai modéré en raison même de l'obligation où je suis de vendre. On m'objectera que les Américains deviendront, dans quelques siècles, trop puissants pour l'Europe. Ma prévoyance n'embrasse pas des craintes si éloignées ; d'ailleurs, on peut s'attendre pour l'avenir à des rivalités dans le sein de l'Union. »   (Barbé-Marbois, *Histoire de la Louisiane.*)

Mais la traduction ne rend pas toute la concision du latin, qui semble fait pour le marbre ou pour le bronze.

Un autre monument en l'honneur de Wolfe s'élève sur les plaines d'Abraham ; il est assez insignifiant. Ce sont ces plaines ornées, je ne sais pourquoi, d'un nom patriarchal, qui virent se décider le sort du Canada. Elles sont situées au nord ; c'est le seul point vulnérable de la forteresse. Québec est encore une ville très-forte ; même en ce moment, malgré la guerre de l'Inde, il s'y trouve plusieurs régiments, composés en général d'Irlandais.

La ville basse est humide, les rues sont tortueuses ; mais elles plaisent à mes yeux fatigués par les lignes droites des villes des Etats-Unis. Je remarque le grand nombre de cabriolets de place qui montent et descendent les côtes escarpées avec une rapidité prodigieuse. On les nomme *calash* : corruption de calèche, sans doute ?

Le dimanche, 29, il pleut toute la matinée ; je vais à la cathédrale, où j'entends un fort beau sermon en français. Dans l'après-midi, la pluie cesse, et la température passe subitement d'un froid aigre à une chaleur étouffante.

Je prends une *calash* pour me rendre à la cascade de Montmorency. Que ce vieux nom français sonne agréablement à mon oreille ! Hélas ! pourquoi ne rappelle-t-il que le passé ?

Cette cascade, où se reproduisent, en petit, tous les phénomènes géologiques du Niagara, paraît d'autant plus belle, en ce moment, que les eaux sont abondantes à cause des pluies. Tout auprès, il y a une petite maisonnette, où l'on vend des objets indiens. Elle est habitée par une famille française, qui a déjà parcouru le Brésil et les Antilles sans trouver la fortune, et qui vient de s'établir dans ce pays aussi froid que la Sibérie en hiver. C'est bien le cas de dire « pierre qui roule n'amasse pas mousse. »

En revenant le soir vers Québec, nous remarquons son aspect magnifique. Ses toits couverts de zinc, les clochers aigus de ses nombreuses églises catholiques, resplendissent au soleil couchant. Cela fait songer à la ville de cuivre des *Mille et une Nuits*. Les journées sont déjà assez courtes ; le soleil disparaît rapidement ; les teintes argentées de l'ouest me rappellent les îles Shetland, et m'annoncent que l'automne va bientôt commencer ici.

Aujourd'hui, visite au village huron de Lorette. Les descendants dégénérés de cette puissante nation sont des fainéants ; les Huronnes sont des luronnes. Cependant ils sont convertis au catholicisme ; ils ont un digne prêtre parmi eux, mais il faut semer longtemps dans ces âmes ingrates, avant de recueillir. Il y a une cascade près de Lorette. Un jeune Huron m'y conduit le long d'un ravin, creusé par un torrent rapide qui bouillonne au - dessous de

nous ; les parois de ce ravin , perpétuellement hu-
mectées par une poussière d'eau , sont couvertes
d'une végétation luxuriante, qu'on admire plus que
la cascade en elle-même. Mon petit guide me cueille
des framboises ; il est prévenant et gentil, presque
blond ; comment cela se fait-il ? Il est vrai que le
village de Lorette est la promenade favorite des officiers anglais en garnison à Québec.

Entre Lorette et le lac Saint-Charles, où nous
nous rendons ensuite, il faut traverser de hautes
collines couvertes de bois. Des petits pois sauvages,
des framboises, des arbustes couverts de baies de
toutes couleurs, une flore riche et brillante, donnent une grande beauté à leurs nombreuses clairières. Je ne m'en étonne pas moins de la persévérance et du courage de ceux qui les premiers
viennent s'établir dans ces forêts, qui s'y construi-
sent leur maisonnette de planches, et se mettent à
défricher un sol noir et humide.

Autour du lac sont établies quelques familles ca-
nadiennes, qui mènent cette existence patriarcale,
si rare de nos jours ; au delà, de grandes montagnes s'élèvent, et le désert commence. Il s'étend
jusqu'à la baie d'Hudson.

Ce soir, le gouverneur général, sir Edmond Head,
fait son entrée à Québec. Il est accueilli par des
sifflets, des pommes cuites et des œufs pourris.
Dans un banquet que lui offraient les Anglais du

Haut-Canada, il a eu la maladresse d'appeler les Français du Bas-Canada « une race.inférieure. » On peut juger de son impopularité. Une telle erreur n'aurait jamais été commise par lord Elgin, son habile prédécesseur, dont j'entends la louange dans toutes les bouches. Puisse-t-il réussir en Chine aussi bien qu'au Canada !

Je pars demain pour le Saguenay. Il faut dire adieu à mes aimables compagnons de voyage, les Robertson, que j'avais retrouvés ici. Puissé-je les revoir un jour en Australie! C'est mon espoir ; et nous causons longuement ce soir des rivages lointains de l'autre hémisphère, des savanes, des déserts, et de ces flots que sillonna, pour la première fois, en 1642, le navire de l'intrépide Abel Tasman.

Sur le *Saint-Laurent*, jeudi soir, 2 septembre 1858.

Nous partons de Québec, le 1ᵉʳ septembre, de bonne heure, au bruit de vingt et un coups de canon que l'on tire en l'honneur de la réussite du télégraphe atlantique. C'est un jour de *jubilé* universel. L'on nomme cela ainsi en Amérique. Il me semble qu'on aurait pu attendre un peu plus long-

temps, pour s'assurer du succès définitif. Mais, dans
ce pays de l'électricité, l'on ne peut pas rester longtemps sur le même sujet; on se dépêche de passer
à un autre. Aujourd'hui l'on ne parle à New-York
que du câble sous-marin et de l'alliance anglaise;
demain il ne sera plus question que de M. Felix
Belly et de la guerre avec les puissances occidentales; et après-demain, que d'un aimable jeune
homme qui aura tué père, mère et cinq ou six
frères et sœurs, tout exprès pour donner quelque
nouveau stimulant aux conversations de la cité
impériale.

Parmi mes compagnons de voyage sur le bateau
à vapeur, se trouvent des voyageurs canadiens, des
prêtres qui retournent à leurs paroisses lointaines;
M. Price, membre du parlement canadien pour les
districts sauvages de Saguenay et Chikatoumï; tous
français d'esprit et de cœur, prévenants, aimables,
et parmi lesquels on se trouve bien plus à l'aise
qu'avec les yankees moroses. Je conseille à tous les
voyageurs de faire cette excursion du Saguenay.
Elle ne dure que trois jours; et pendant les mois
d'été, le bateau à vapeur qui porte ce même nom
part tous les mercredis matins de Québec.

Nous n'avons qu'un Américain à bord, mais il
fait autant de questions que vingt Européens.
Encore si c'était pour s'instruire! Il s'approche
d'un monsieur anglais manchot, et lui demande où

il va? d'où il vient? son âge? et d'autres choses
aussi saugrenues; enfin « permettez-moi de vous
demander comment vous avez perdu votre bras? lui
dit-il. — Je vous le dirai, mais à condition que
vous ne me ferez plus une seule question. — Vous
ai-je offensé? dit le yankee. — Non, mais promet-
tez-moi de ne plus me faire une seule question.
— Eh bien, oui! je promets. — Mon bras a été
dévoré. — Par Dieu! et comment a-t-il été dévoré? s'écrie notre Américain, avec une vivacité de
curieux. — Ah! mais vous m'avez promis de ne
plus me faire de questions, » reprend l'Anglais;
et il lui tourne le dos, avec un flegme tout britannique.

Un peu confus de sa mésaventure, notre yankee
monte sur le pont, mais il n'est pas guéri de sa
manie. Il s'approche du capitaine, qui est la courtoisie personnifiée; il lui demande le nom du rocher que nous passons. « C'est l'île Blanche, »
répond celui-ci. Un instant après, il revient à la
charge. « Et ces deux îles-là? lui demande-t-il. —
L'île Rouge et l'île Verte. » Par le diable, crie l'Américain furieux, vous allez bientôt me montrer l'île
Jaune?

Le fait est qu'il y a beaucoup d'îles Vertes et
d'îles Blanches sur le Saint-Laurent. Elles sont
en général basses et inhabitées. Sur l'une d'elles,
nous voyons les débris du grand bateau à vapeur

transatlantique le *Canada*, qui s'y échoua la nuit, pendant un de ces brouillards si fréquents dans cette latitude. Néanmoins la navigation du Saint-Laurent est peu dangereuse, et ce noble fleuve est un port magnifique formé pour l'homme par la nature.

A mesure que nous descendons, les rivages deviennent plus élevés. La rivière s'élargit, et ressemble à un bras de mer. Des troupes de marsouins suivent le navire; ils sont blancs, et l'on m'assure que c'est le seul endroit où l'on rencontre cette espèce particulière. Le soir arrive, et avec lui un coucher de soleil si merveilleux, que je ne peux m'empêcher de le décrire, pour essayer de donner une faible idée de la splendeur de la lumière, à cette saison, dans l'Amérique du Nord.

Le soleil se penche vers les sombres montagnes de Murray-Bay; son globe, entouré de nuées, ressemble à du plomb en fusion; peu à peu, ces nuées se brisent, et se teignent de couleurs diverses, mais toutes vaporeuses et comme imprégnées d'argent. A l'orient, des reflets d'un rose pâle envahissent le ciel. Un calme profond règne sur la nature; les grands vaisseaux restent à l'ancre, en attendant la brise. Nous seuls, nous marchons sur le fleuve, en traçant un sillage blanc, qui rompt l'uniformité des ondes ardoisées. Puis, la nuit arrive, des vapeurs blanches s'élèvent du Saint-

Laurent, et l'obscurité devient telle, que nous sommes obligés de jeter l'ancre, à notre tour, pour quelques heures.

Au point du jour, nous entrons dans le Saguenay, dont les ondes noires contrastent avec les eaux limpides du Saint-Laurent. Au confluent des deux fleuves se trouve Tadousac, poste de la Compagnie de la baie d'Hudson. La tradition assure que c'est là que Jacques Cartier foula pour la première fois le sol du Canada.

Le Saguenay prend sa source dans les solitudes inexplorées du Labrador, sur le même plateau que le lac Mistissini, qui envoie le fleuve Rupert à la baie d'Hudson. Il traverse ensuite le lac Saint-Jean, et se grossit de plusieurs rivières, avant de venir se jeter dans le Saint-Laurent. Le bateau à vapeur le remonte jusqu'à Haha-Bay, à soixante milles environ de son embouchure. Haha est un assez gros village, où M. Price a établi une scierie. A quelques milles plus loin se trouve Chikaloumi, le dernier endroit peuplé; au delà de Chikatoumi, il n'y a plus que quelques tribus nomades d'Indiens Montagnèz. Ces régions ne sont parcourues que par des chasseurs et des missionnaires. J'ai eu la bonne fortune de faire connaissance avec un de ces dignes prêtres, qui réside l'hiver à Chikatoumi, et parcourt en été les campements des peuplades. Un grand nombre de ces Indiens sont catholiques, et le désert même

porte des traces de leur conversion. A quatre journées de marche vers le nord-est, se trouve le lac
Pipmagon (en indien : où l'on s'est tiré des flèches).
Entre de hautes montagnes et ses rivages, est un
défilé par lequel les Esquimaux, d'origine laponne
ou sibérienne[1], descendaient des côtes glacées du
Labrador pour venir chasser sur les terres des
Montagnèz. Les peuples ennemis s'y livrèrent jadis
une grande bataille, dont la tradition lointaine s'est
conservée. L'endroit où les cadavres furent jetés
forme un tertre, qui était regardé jadis avec une
terreur superstitieuse : aujourd'hui, les Montagnèz
y ont élevé une croix gigantesque, qui charme
et qui console le chrétien aventuré dans ces solitudes.

Ce pays était infiniment plus peuplé autrefois : il
était aussi plus tempéré. Le climat devient de plus
en plus âpre chaque année. Le même phénomène
se remarque au Groenland, d'où les Danois sont
chassés par le froid : c'était autrefois une belle
contrée, couverte de verdure, ainsi que son nom
l'indique (green land, verte terre). Je constate ce
fait si curieux, qui donne tant à réfléchir, et laisse
à de plus savants le soin d'en découvrir les causes.

----

1. « Les Esquimaux ne sont que l'expansion la plus orientale
des populations sibériennes; on trouve sur la côte nord-est de la
Sibérie, et dans les îles Aléoutiennes, des tribus qui parlent un
dialecte de la langue des Esquimaux. » (A. Maury, *la Terre et
l'Homme*, p. 384.)

Pendant la première partie de son cours, le Saguenay coule entre deux immenses murailles de granit rose. Les palissades de l'Hudson, les défilés du Rhin près de Bingen sont surpassés. Peu d'arbres sur ces durs rivages; mais, dans les anfractuosités des rochers, mille arbustes couverts de fleurs et de baies. Des aigles, des faucons planent tranquillement dans l'air, tandis que sur les ondes noires du fleuve de grands phoques montrent par moments leurs têtes. Quelquefois on les voit, endormis sur de grands troncs d'arbres, qui descendent à la dérive. A moitié chemin de Haha-Bay, un rocher isolé s'avance sur le fleuve, qu'il domine perpendiculairement de plus de 1000 pieds. Les missionnaires, qui explorèrent les premiers ces pays, ont donné à ce promontoire le nom majestueux de cap Éternité. Immédiatement sous le cap, le Saguenay a 600 pieds de profondeur. Les plus grands navires peuvent venir s'amarrer aux chaînes de fer que M. Price a fait sceller dans le roc.

Ce n'est qu'en approchant de Haha-Bay que les rivages s'abaissent, et que l'on aperçoit les grandes forêts de pins, qui font la richesse et le seul commerce du pays. Dans ces bois, on trouve encore des rennes, que l'on nomme ici *caribous*; mais ils diminuent rapidement, depuis que les Indiens possèdent des fusils.

Nous restons quelques heures à Haha, puis nous

redescendons le fleuve par une soirée magnifique, qui augmente encore la beauté des paysages. Heureux instants de la vie, pourquoi êtes-vous si rapides ? ou plutôt pourquoi même dans ces heureux instants, l'âme toujours inquiète se tourne-t-elle vers les malheurs passés, ou vers l'avenir menaçant ?.

Nous sommes maintenant à l'ancre devant la rivière du Loup ; demain nous serons de retour à Québec. De là je compte retourner à Montréal et gagner le Niagara en passant par Toronto. Je n'ai pas de temps à perdre ; car je veux arriver sur le lac Supérieur et traverser les prairies avant la mauvaise saison, qui commence souvent de bonne heure dans ces contrées septentrionales.

Palais épiscopal de Toronto, dimanche 5 septembre 1858.

J'ai repris le grand Trunk-railway, entre Québec et Montréal ; de Montréal, je me suis rendu encore par chemin de fer à Brockville, où j'ai pris le bateau à vapeur dans lequel on remonte le Saint-Laurent, puis le lac Ontario.

En prenant le chemin de fer jusqu'à Brockville,

on évite une journée peu intéressante sur le canal qui longe le Saint-Laurent, trop rapide pour pouvoir être remonté dans cette partie de son cours.

Après Brockville, on arrive bientôt à l'endroit nommé les Mille-Iles. Le fleuve se divise à l'infini entre d'innombrables îlots ; on vogue pour ainsi dire à travers un jardin flottant. Du reste, un ciel élevé et pur et la richesse de la végétation contribuent à la beauté du paysage beaucoup plus que les îles, qui sont basses et sans rochers. Pendant que je contemple ces sites trop vantés, un yankee s'approche de moi et pose ses mains crasseuses sur mon gilet ; je me recule croyant qu'il en veut à ma montre. « Déboutonnez votre gilet, pour que je puisse voir votre chaîne, » me dit-il. Je m'exécute en me disant : « Faisons à Rome ce qu'on fait à Rome. » « Elle doit valoir cinquante dollars ? Vous venez de France, je devine ? (you hail from France, I guess ?) » Puis il appelle un de ses amis pour lui faire voir ma chaîne. Après qu'ils l'ont bien examinée : « Ne sommes-nous pas un grand peuple ? — Oui, un peuple très-libre, » dis-je en m'éloignant à la hâte de ces aimables démocrates.

A la nuit tombante, nous entrons dans le lac Ontario ; les rivages s'effacent ; nous sommes comme en pleine mer ; ce n'est que le lendemain matin que nous revoyons les côtes, au moment d'entrer dans la rade spacieuse de Toronto.

Je suis logé ici sous le toit hospitalier de l'évêque catholique, digne. Français qui, en 1830, quitta une position heureuse et un avenir brillant, pour devenir missionnaire dans les régions lointaines de l'Amérique du Nord. Mais Dieu a béni ses efforts, et lui a donné le bonheur, réservé à bien peu de ces hommes héroïques, de voir les beaux résultats de ses travaux. Monseigneur de Charbonnel est le bienfaiteur de Toronto ; même les protestants lui rendent justice, et il jouit d'une popularité bien méritée : une grande cathédrale, plusieurs églises, un orphelinat, des écoles, un magnifique hospice pour les vieillards, embellissent la ville en même temps qu'ils la moralisent.

J'admire surtout l'orphelinat, où sont recueillis les enfants des pauvres émigrants Irlandais qui ont trouvé en Amérique la mort, au lieu d'y rencontrer la fortune. Ces enfants sont soignés par d'admirables sœurs de Charité, dont un grand nombre sont Irlandaises. Aux États-Unis, ils auraient été physiquement et moralement perdus. C'est surtout dans ses bonnes œuvres qu'on s'aperçoit de l'impuissance du protestantisme. Loin de moi la pensée de mal parler de miss Nightingale et de ses compagnes ; mais qu'elles sont inférieures à la moindre sœur de Charité ! Quelle différence entre le pasteur, qui ne s'approche seulement pas du lit d'un malade, de peur (supposons l'hypothèse la plus favorable) de rapporter l'infection à sa femme et à ses enfants, et le prêtre catholique, qui se penche sur l'humble grabat, pour recevoir la dernière confession et la dernière prière de l'agonisant! Qu'il y a loin aussi de l'exaltation d'un moment, qui portait ces nobles jeunes Anglaises à aller panser les soldats blessés, sur les champs de bataille de Crimée, à l'abnégation constante, à la patience, aux efforts continuels de nos missionnaires et de nos religieuses!

C'est dimanche. A la messe, j'entends une allocution qui roule tout entière sur la question de l'éducation. Comme partout ailleurs, le clergé, animé des motifs les plus louables, voudrait s'emparer entièrement de la direction de la jeunesse, et condamner les parents qui envoient leurs enfants dans des établissements dirigés par des laïques. N'y a-t-il pas en cela une certaine exagération? Les sentiments religieux naissent dans la première enfance; ils viennent des premières leçons des parents; les maîtres, les professeurs ont-ils vraiment une assez grande influence pour affaiblir ces impressions, ou pour les combattre?

Si la question de l'éducation occupe beaucoup la population cléricale de Toronto, elle n'est pas entièrement indifférente aux questions politiques qui se débattent en ce moment.

Jusqu'ici le siége du gouvernement canadien

était alternativement quatre ans à Montréal, quatre
ans à Toronto, et quatre ans à Québec. Ces dépla-
cements répétés coûtaient fort cher; ils étaient très-
incommodes pour les législateurs : on résolut d'a-
bolir cet usage; et l'automne dernier, sur la
proposition du premier ministre, M. Macdonald,
un vote du parlement canadien déféra à la reine
Victoria le choix d'une capitale. Les villes ri-
vales essayèrent de leur mieux d'influencer leur
souveraine; Québec fit valoir sa forte position, à
l'abri de toutes les attaques; Montréal, sa situation centrale; Toronto, son activité, ses progrès,
son bon port; mais le choix de Sa Majesté se porta
sur Ottawa, situé sur la rivière du même nom, qui
vient se jeter dans le Saint-Laurent, auprès de
Montréal.

Cette décision paraissait devoir concilier tout le
monde. Ottawa est une jeune ville, entourée d'un
pays admirable, qui ne demande qu'un peu d'en-
couragement pour se coloniser rapidement. Par
l'Ottawa, elle communique facilement avec le Saint-
Laurent; un chemin de fer et un canal déjà ache-
vés la relient au lac Ontario; elle est trop loin
des frontières des États-Unis pour être facilement
attaquée; enfin, située sur les limites du Haut et
du Bas-Canada, les Anglo-Saxons et les Français
s'y trouvent en nombre à peu près égal.

Mais les autres villes, Montréal et Toronto surtout, qui se croyaient sûres d'être choisies, ne purent se résigner à leur défaite ; le parti radical profita de la division des conservateurs, et, dans le courant du mois dernier, un nouveau vote rétablit l'ancienne organisation. En présence de ce vote, également déraisonnable, et inconvenant envers la reine, le ministère Macdonald-Cartier se retira ; et, suivant l'habitude des gouvernements constitutionnels, les chefs de l'opposition, M. Brown, député de Toronto, et M. Dorion, député de Montréal, furent appelés au pouvoir[1]. Mais, le surlendemain, ils furent renversés par un vote de manque de confiance. Ils demandèrent au gouverneur-général de dissoudre les chambres et d'en appeler aux électeurs ; celui-ci s'y refusa, et rappelant le ministère Macdonald-Cartier, il prorogea le parlement à l'année suivante. Cette conduite a eu l'inconvénient de permettre à MM. Brown et Dorion de se poser en martyrs, d'autant plus que les membres du cabinet Macdonald ont repris leurs portefeuilles sans se soumettre à la réélection : ce qui est si peu constitutionnel, qu'ils ne s'en justifient qu'en soutenant qu'étant déjà ministres auparavant, rien n'est changé à leur position. Brown et Dorion, au contraire, en devenant ministres, s'étaient mis dans la nécessité de se présenter de nouveau devant les électeurs. Ils

---

1. Les deux ministres dirigeants sont toujours l'un français, l'autre anglais, depuis le bill du 3 juillet 1840.

viennent d'être réélus malgré une opposition très-
vive. Brown a dû son succès aux catholiques ; il
est cependant le directeur d'un journal très-mal
pensant : malheureusement le candidat qui lui était
opposé, homme d'opinions beaucoup plus modérées,
appartenait à la société protestante des Orangemen,
nommée ainsi en l'honneur de Guillaume d'Orange,
et, comme tel, il était particulièrement odieux aux
Irlandais.

Les affaires en sont là en ce moment ; on ne peut
trop prévoir comment elles se termineront ; mais
une chose me frappe, c'est la difficulté de gouverner
de la même manière deux races qui diffèrent de religion, de coutumes. Aussi est-on séduit par un plan
de fédération entre les diverses provinces de l'Amérique anglaise : Terre-Neuve, la Nouvelle-Écosse,
le Bas-Canada, le Haut-Canada, l'Hudsonie et le
pays si riche de la Colombie anglaise et de l'île de
Vancouver. Le projet occupe, dit-on, le ministre actuel
des colonies, sir Edward Bulwer Lytton, qui, après
avoir été un grand écrivain, semble destiné à devenir un grand orateur et un homme d'État éminent.

Toronto est une de ces villes nouvelles qui éton-
nent tant les Européens. C'est un immense échiquier,
qui pourrait contenir 30 000 âmes, s'il était complétement habité. Mais il n'y a qu'une rue bâtie
presque en entier. Partout ailleurs les maisons sont
disséminées ; les vaches paissent sur les trottoirs, et

les serpents à sonnettes errent dans les places. Les distances sont énormes, et un Torontonien peut très-bien se vanter de faire une lieue pour aller voir un ami de l'autre côté de la ville.

Je me souviendrai longtemps de l'aimable hospitalité du palais de Toronto ; il est doux de retrouver une petite France sur le lac Ontario. Mais demain les devoirs de son ministère obligent l'évêque à quitter la ville; et je compte de mon côté partir pour le Niagara. Je repasserai par Toronto, pour aller m'embarquer vendredi soir à Collingwood, sur le lac Huron.

Clifton-House Hotel. Chutes du Niagara,
Mercredi, 8 septembre 1858.

Il y a cinquante ans, la rade de Toronto n'abritait que le canot d'écorce de l'Indien Ottawa. Aujourd'hui, cinq bateaux à vapeur en partent à la même heure. Je monte sur le *Zimmermann*, qui va à Lewiston, où l'on prend le chemin de fer qui conduit aux chutes du Niagara.

Ce n'est pas sans émotion qu'on se dirige vers un de ces lieux sacrés, où l'homme vient admirer dans la nature la puissance et la bonté du Créateur. Nous n'allons plus consulter les chênes prophétiques de Dodone, ou immoler des victimes ornées de bandelettes sur les autels sanglants de Saïs; nous ne montons plus aux temples de Babylone, pour apporter notre offrande à Mylitta, Vénus céleste. Mais qui de nous n'a pas, au moins une fois dans sa vie, erré sur des plages rocheuses que blanchissaient les fureurs de la mer, rêvé dans les bois d'orangers d'Amalfi, foulé la neige éternelle des hauts sommets alpestres, ou baigné son front dans la poussière étincelante du Niagara! L'Océan, la forêt, la montagne, le fleuve, l'immensité, le calme de la création! Spectacles sublimes, où se peint la course rapide de notre vie, et devant lesquels l'âme recueillie, émue, s'abandonne à toutes ses aspirations vers le ciel et l'éternité.

Les temps anciens ne nous présentent rien de semblable. On allait bien à Athènes, mais c'était pour étudier les subtilités des faux sages, et se faire initier aux mystères infâmes d'Eleusis, non pour observer les teintes violettes du soir sur les pics prochains de Salamine; Hérodote se rendit à Suse pour demander leurs secrets aux vieux prêtres chaldéens, et non pour contempler les palmiers, les déserts, et l'aride sublimité des montagnes de la Médie et de la Cappadoce. De même que le respect pour la femme, l'amour de la nature n'est entré dans le monde qu'à la suite du christianisme; lorsqu'on le rencontre chez les poëtes de la décadence latine, dans l'*Ane d'or* d'Apulée, déjà Néron avait exilé saint Jean à Patmos ; déjà saint Paul, dans Athènes, avait annoncé le Dieu inconnu.

Toute onde paraît belle sous un beau ciel bleu. Mais le lac Ontario, entouré de grèves marécageuses, sans promontoires, sans îles, n'a de poétique que son nom et les associations d'idées qui s'y rattachent.

De Lewiston au Niagara, le chemin de fer traverse une forêt primitive , dont les rayons ardents du soleil couchant illuminent étrangement les clairières.

Il fait nuit quand nous arrivons aux chutes ; la lune n'est pas encore levée ; la terre tremble, on entend le bruit formidable de la cataracte. Mais on ne distingue dans l'obscurité qu'un grand fantôme blanc. J'ai la bonne chance de retrouver ici l'honorable Alfred S., mon compagnon de traversée sur l'*Arabia*.

Nous nous levons à la pointe du jour ; les premières lueurs du matin scintillent dans le nuage éternel de vapeur qui domine les chutes. L'hôtel que l'on nomme Clifton-House est situé sur la rive canadienne, et la meilleure vue d'ensemble du Niagara s'aperçoit de la piazza ou colonnade qui l'entoure. L'île de la Chèvre (Goat-Island) sépare la cataracte en deux parties inégales ; à droite du fleuve se trouve la cascade américaine ; à gauche, la chute anglaise ou canadienne, que l'on nomme aussi *fer à cheval*, à cause du demi-cercle qu'elle décrit. La sublimité inouïe de cette merveille défie toute description.

C'est un océan qui tombe, selon Ampère; c'est une colonne d'eau du déluge, d'après Chateaubriand ; ou plutôt, c'est le Niagara! La hauteur de la chute varie de 150 à 160 pieds ; cette hauteur en elle-même n'est rien ; ce qui en fait la splendeur, c'est la masse d'eau incroyable ; plus on y réfléchit, plus on la contemple, et plus on s'étonne ; et après plusieurs semaines, le Niagara doit paraître encore plus étonnant que le premier jour.

Après déjeuner, nous nous rendons sur la rive américaine ; nous traversons dans une petite barque le fleuve rapide, écumeux, encore agité, assez effrayant, s'il faut dire le mot. De l'autre côté, nous trouvons le bateau à vapeur *The Maid of the Mist* (la fille du brouillard), qui dans son excursion de toutes les heures rase, pour ainsi dire, le bord de la chute. Pendant cette courte navigation, il faut s'envelopper de toiles cirées; encore est-on bien mouillé ; et pour ma part, j'avoue qu'étourdi par le bruit et par l'eau, je n'ai pas vu grand chose. En débarquant, nous sommes hissés jusqu'au haut de la falaise sur un plan incliné; c'est une espèce de montagne russe : si la corde cassait, on serait perdu.

Décidément le Niagara ne serait pas un lieu agréable pour un homme nerveux.

On a construit un pont suspendu entre la rive américaine et Goat-Island. Rien de plus beau que cette île. Des arbres gigantesques, des fleurs sauvages, des rochers, et à chaque pas quelque nouveau point de vue sur les chutes ou les rapides. Le fleuve, dans l'espace d'un mille, descend déjà une pente de cinquante pieds avant de se précipiter dans le gouffre.

L'aspect de ces rapides est presque aussi merveilleux que celui de la cataracte. De l'extrémité de l'île opposée aux chutes, si l'on s'étend sur l'herbe sous les grands hêtres, on n'aperçoit plus les rives peu élevées ; et ces eaux qui bouillonnent, semblent, pour ainsi dire, sortir du ciel bleu.

C'est dans une petite baraque, située dans l'île, qu'ont à se déshabiller ceux qui veulent pénétrer sous la chute américaine, dans la grotte nommée la Caverne des Vents. Un guide est indispensable pour cette singulière promenade, où en tous cas on reçoit un bain de pluie, fort agréable par ces grandes chaleurs. Nous descendons d'abord des marches glissantes ; nous pénétrons sous la cataracte, retenant notre haleine, et nous cramponnant de notre mieux à une corde placée le long des rochers ; puis, nous arrivons sur une sorte d'esplanade entourée de tous côtés par les ondes mugissantes. Il n'y a aucun danger réel pour quelqu'un qui ne perd pas la tête, et quant à moi, il me semble que l'esprit, maîtrisé par la sublimité de ce spectacle, ne peut pas y concevoir des craintes chimériques.

C'est une scène du chaos, sauf l'obscurité; car le soleil brille à travers ces ondes; et, par un effet de lumière bizarre, nos fronts sont ceints d'un arc-en-ciel circulaire, comme les saints et les enchanteurs d'autrefois.

Beaucoup d'autres choses dignes d'attention se rencontrent dans le voisinage des chutes du Niagara : le monument élevé en l'honneur du général anglais sir Isaac Brock; le fameux pont suspendu, sur lequel passent à la fois le chemin de fer et la grande route; les sources d'une eau bitumineuse, qui s'enflamme quand on en approche une lumière. Mais c'est à Goat-Island que nous revenons sans cesse, pour jouir de la vue des eaux courantes pendant les chaleurs du jour. Rien ne peut égaler la splendeur de cet automne : il n'a plu qu'une seule fois depuis notre arrivée en Amérique, et cette sérénité de la nature contribue à l'impression favorable que nous recevons. Pourquoi faut-il quitter si tôt ce lieu où nous venons de passer deux journées si heureuses ?

IV

LE LAC HURON. LE LAC SUPÉRIEUR. LA POINTE.
AMÉRICAINS ET INDIENS.

Vendredi, 10 septembre 1858.

Je me sépare de nouveau de mon compagnon de voyage, qui se dirige vers Montréal et Québec.

Comme Toronto est la dernière ville que je doive rencontrer de longtemps, je fais mes provisions de poudre, de plomb, de balles, et j'achète un fusil à deux coups, dont l'un des canons est carabiné, arme très-commode et très-utile, quand on veut tout tirer sans s'embarrasser d'un arsenal. Je sors de ma malle mon revolver, tout en espérant ne pas avoir l'occasion de m'en servir ni contre les Indiens, ni contre messieurs les yankees.

La seconde et la plus intéressante partie de mon voyage commence; et quoique je doive trouver la vapeur pour des centaines de milles encore, c'est un pays moins connu, plus aventureux, plus nouveau que je vais parcourir. Adieu pour plusieurs mois à l'existence des villes, aux coutumes européennes, aux champs bien cultivés, aux pays trop peuplés! Salut à ces terres sauvages du Nord-Ouest, qui ont pour l'entreprise et pour la jeunesse un attrait fascinateur! Salut aux mille contrastes qui égayent et qui animent la vie!

J'ai eu le plaisir de faire la connaissance de M. Eugène Taché, fils d'un ancien premier ministre canadien du temps de lord Elgin ; nous devons faire route ensemble jusqu'au Sault-Sainte-Marie, où il va rejoindre des ingénieurs qui explorent la partie britannique des rivages du lac Supérieur. Jeune homme rempli d'ardeur et de franchise, affectueux pour la France sans être hostile à l'Angleterre, c'est un digne représentant de cette noble jeunesse canadienne, que l'avenir appelle à de belles destinées.

Nous quittons Toronto à quatre heures du soir ; à ce qu'il paraît, c'est ici la mode de tout faire partir à la fois : trois trains s'éloignent au même instant de la même gare ; c'est une confusion incroyable. On se demande comment font les malheureux émigrants, qui ne savent pas voyager.

Nos compagnons de char (c'est ainsi qu'on nomme

invariablement en Amérique les longs wagons de chemin de fer) sont de forts gaillards, à longue barbe, avec de grandes bottes, des chemises de flanelle rouge, et des carabines. L'un d'eux raconte un voyage qu'il a fait à travers les montagnes Rocheuses, vivant du produit de sa chasse, des combats à bras le corps avec les ours, etc. Mais, à certain sourire que je vois sur la figure de plusieurs, je soupçonne qu'il vise plus à la couleur locale qu'à la véracité.

Au sortir de Toronto, le pays est plat et assez bien défriché; peu à peu le chemin de fer gagne le haut d'une chaîne de collines, d'où nous dominons d'immenses bois de pins. Le ciel est orageux et sombre; à l'horizon, nous apercevons une fumée rouge, puis nous croyons distinguer au loin un lac éclairé par le soleil couchant. Mais c'est une illusion d'optique. Cette nappe d'eau idéale se lève graduellement, comme un rideau; elle se colore de toutes les teintes diverses de l'orangé et de l'or, tandis que le reste du firmament s'est couvert d'un immense nuage noir. De ce seul point éclairé une lumière étrange se répand sur les bois, une *obscurité lumineuse*, quelque chose comme ce que l'on voit en regardant le soir à travers une vitre jaune. Le globe du soleil descend lentement; soudain, les nues se déchirent, elles se dispersent dans le ciel, les unes roses, les autres violettes; mais ce dernier effort du jour dure peu, et bientôt les voiles de la nuit enveloppent le paysage immense.

Plus tard, nous voyons de nouvelles lueurs ; cette fois, c'est une forêt qui brûle ; nous passons assez près pour entendre les sinistres craquements des branches qui tombent dans la fournaise. Ce sont les colons eux-mêmes qui allument ces vastes feux, pour se débarrasser des lianes, et pour préparer la voie à leurs défrichements.

Nous arrivons à dix heures à Collingwood, et nous montons, par une nuit obscure, sur le bateau à vapeur le *Plough-Boy* (le garçon laboureur). C'est un moment solennel pour un Européen que celui où il sillonne pour la première fois le lac Huron. Le *Plough-Boy* est petit, sale, et il a une odeur de poisson qui vous poursuit dans tous les pays ichthyophages du Nord. Il me fait songer au *Comte d'Aberdeen*, sur lequel je m'embarquai l'an dernier pour visiter les Orcades et les Shetland. Mais que ce jour est déjà loin, et que d'événements depuis !

Samedi, 11 septembre 1858.

Quand nous nous levons, le bateau à vapeur est arrêté devant Owen-Sound, à cinquante milles ouest

sur la côte du Canada ; la baie est étroite et profonde,
mais le mouillage est exposé aux vents du nord. Des
maisons en bois, des bateaux de pêche, une pauvre
église, quelque chose qui rappelle les petits ports
des Shetland. Pas de culture. Immédiatement derrière le village, sur des collines peu élevées, l'éternelle forêt américaine....

Au sortir d'Owen-Sound, nous naviguons dans un
dédale d'îles, toutes désertes, toutes couvertes de
taillis ; les arbres sont bas, c'est ce qui se nomme
en anglais « copse-wood. » Sur la côte, quelques
bouquets de plènes très-élevés (*larix microcarpa*)
dominent tous les autres arbres.

A midi, nous passons la haute falaise que l'on
nomme la Tête-de-Cabot. Sous cette falaise se
trouve une nappe d'eau, qui communique au lac
par un étroit chenal. Paisible, bleue, avec sa
ceinture de sable doré, elle semble un asile délicieux aux voyageurs secoués en dehors par un
coup de vent.

Le soir, nous longeons l'île Solitaire : les hauts
rivages de la Grande-Manitoulin paraissent vers le
nord, tandis que sur la terre ferme les montagnes
de la Cloche dressent leurs cimes coniques. Les
trois autres îles Manitoulin, plus petites, s'appellent
Drummond, Cockburn et Fitzwilliam. Pas d'hommes blancs sur ces grèves, qui sont encore les
domaines de l'Indien. Seulement, quelques jé-

suites dans la Grande-Manitoulin. C'est dans cette
île que se réfugièrent les débris des Ottawas, poursuivis par la haine implacable des Sept-Nations. Les
missionnaires, qui ne pouvaient malheureusement
protéger ces premiers prosélytes, partagèrent leurs
dangers, et les suivirent dans leur fuite. Depuis ce
temps jusqu'à nos jours, une mission jésuite a été
maintenue dans ces solitudes. Le gouvernement
anglais a eu la sagesse de l'encourager, et au dire
de tous les voyageurs, les Indiens de cette région
sont infiniment meilleurs et plus heureux que ceux
des États-Unis.

Comment exprimer la beauté de ces côtes, par
une belle soirée d'automne? C'est le désert, mais le
désert fertile, qui, loin de le repousser, semble
attendre l'homme civilisé.

Oh oui! la terre est jeune, et vigoureuse encore;
la grande famille humaine n'a pas encore accompli
sa tâche. Que de pays déserts, que de forêts à défricher; que d'espaces immenses, qui n'ont été
troublés encore que par les pas des bêtes fauves;
que de tribus sauvages et misérables à conquérir à
la foi! que d'efforts à joindre aux efforts de tant
d'apôtres et de martyrs! Parce que la décadence est
en Europe, parce que les mauvaises passions triom-
phent, parce que nous, les rêveurs, les chercheurs
d'idéal, nous restons pâles et la lèvre frémissante
en présence des foules avilies, qui rappellent les

derniers jours de Rome! Parce que les beaux temps du vieux monde paraissent passés, devons-nous désespérer et nous retirer sous la tente? Non, non; après la chute de Rome sont venus les siècles de foi et d'espoir, où saint Colomban évangélisa la Germanie, où saint Patrick convertit l'Irlande. Après le moment terrible de l'an mil, l'univers, comme un renouveau, a vu fleurir l'âge de Philippe-Auguste et de saint Louis, l'âge glorieux de la féodalité. Après les massacres de Charles IX, après Catherine de Médicis, sont arrivés les temps des Bossuet et des Condé, des Turenne et des Racine. Restons actifs, espérons de meilleurs jours. Jetons nos regards plus loin; et si le sort nous le permet, venons dans ces pays nouveaux, admirons cette nature, et remercions Dieu qui a donné un si vaste champ à l'entreprise de l'homme.

Dimanche, 12 septembre 1858.

Nous naviguons toute la journée entre la terre ferme, les îles Manitoulin et Saint-Joseph. De tous côtés, des rochers couverts de fleurs et d'arbres s'élèvent du sein des vagues; on assure que le lac

Huron contient plus de cent mille de ces îlots. Mais quel est celui qui les a comptés? De temps en temps, nous voyons sur les grèves les wigwams des Indiens; nous apercevons les hommes rouges qui glissent silencieusement sous les pins, dans leurs canots d'écorce; c'est la saison de pêche, et ils viennent faire leurs provisions d'hiver.

Plus loin, nous abordons aux mines de cuivre de Bruce. Les mineurs, qui sont presque tous de la Cornouailles, se précipitent à bord pour acheter des pommes. En effet, les fruits ne peuvent mûrir à cette latitude, et les Européens en sentent vivement la privation.

Nous arrivons au coucher du soleil au port de Sault-Sainte-Marie, ainsi nommé à cause des rapides voisins qui séparent le lac Supérieur du lac Huron[1]. Un canal de quelques milles a été construit pour les éviter. Le bateau à vapeur du lac Supérieur, l'*Étoile du Nord*, s'y est déjà engagé; je n'ai que le temps de dire adieu à mon compagnon, et de partir à la hâte. Bientôt le canal est franchi, et nous entrons dans le lac Supérieur par une nuit obscure et venteuse.

---

1. En 1632, les missionnaires jésuites plantaient la croix à Sault-Sainte-Marie. Le 14 juin 1671, M. de Lussan, envoyé par Talon, intendant du Canada, prenait possession de ce poste au nom de la France. Aujourd'hui Sainte-Marie est le chef-lieu du comté de Chippewah, dans l'État de Michigan....

Au milieu du salon, des méthodistes braillent frénétiquement leurs cantiques; autour du poêle, des gens au visage sombre chiquent silencieusement, les jambes entortillées au tuyau. Que je regrette le *Plough-boy* et les figures ouvertes et joyeuses de mes bons Canadiens !

Lundi, 13 septembre 1858.

De bon matin, nous passons devant ces falaises élevées, que l'on nomme les *Rochers peints* du lac Supérieur. Lorsqu'on s'en approche de fort près, on voit des espèces de dessins gigantesques sur le grès rouge dont elles sont formées ; et les premiers explorateurs, avides en général du merveilleux, plus charmés des incidents curieux que des grands spectacles de la nature, ont fait de longues descriptions de ces rochers. Quant à nous, ne les apercevant que de loin, ils ne nous paraissent différer des autres dunes de ces belles côtes septentrionales que par leur hauteur et leurs dentelures bizarres, qui les font ressembler aux tours crénelées d'un château gothique.

Vers dix heures, nous nous arrêtons à Marquette,

ainsi nommé en l'honneur de l'intrépide jésuite qui eut la gloire, en 1673, de découvrir le Mississipi, en prêchant l'Évangile aux Indiens Renards[1]. C'est une jolie petite ville construite en bois; son port, qui est excellent, sauf pendant les vents d'est, pourrait être facilement amélioré. Marquette, débouché de la région de fer du lac Supérieur, est destinée sans doute à une grande prospérité.

Quelle contrée riche en minéraux! C'est autour d'ici que s'étend la région du fer, ce métal si précieux dans notre âge de railways; plus loin, nous rencontrerons la région du cuivre, dont le port est Outanagon. Ces mines sont à peine exploitées, ce pays à peine peuplé; mais l'émigration le préférera bientôt, sans doute, aux plaines fiévreuses de l'Arkansas et du Missouri. Ses forêts sont pleines de bois de construc-

1. J'apprends qu'on lui conteste l'honneur de cette priorité, pour l'attribuer à Cavelier de La Salle, qui aurait exploré dès 1671 le Mississipi, nommé alors le fleuve Colbert. Ce fait serait, si je suis bien informé, établi d'après des documents authentiques, dans un mémoire que publie M. Pierre Margry, conservateur des Archives historiques au ministère de l'Algérie et des colonies.

Il y a une autre ville de Marquette, chef-lieu du comté de même nom, en Michigan, placée sur la rive sud de la Neenah ou rivière des Renards, entre le petit lac Puckawa et le lac Winnebago, qui communiquent ensemble et avec la baie Verte du grand lac Michigan. C'est par cette Neenah, canalisée en 1852 jusqu'au Wisconsin, que les vapeurs passent du lac Michigan dans le Mississipi.

Enfin, le nom de Marquette a été donné aussi à un petit lac qui reçoit du sud les eaux des lacs Bowditch et Lasalle, et se jette dans le lac Pemidji, tout à côté du Mississipi.

tion; ce lac magnifique, vraie mer intérieure, lui donne les communications par eau, les plus certaines et les plus économiques de toutes. Son sol est fertile, et propre aux plantes du nord de l'Europe. Son climat, assez âpre, il est vrai, en hiver, est magnifique pendant les mois d'été, et toujours sain; et l'expérience prouve que ce n'est pas le froid, mais la chaleur qui énerve et dégrade les races humaines.

Après Marquette, nous suivons de près la côte; ce sont des rivages hauts et dentelés; des dunes de grès, dont la teinte rouge tranche sur la verdure qui les entoure et sur les flots sombres qu'elles dominent; des anses profondes; pas de montagnes; partout des forêts; une seule île, rocher isolé, qui ressemble de loin à un navire. Pas d'oiseaux, ni ici ni sur le lac Huron.

Le soir, nous tournons autour du promontoire de Keveenaw, qui s'avance à soixante milles dans le lac. C'est ici que le père Ménard, vétéran de la mission des Hurons, vint planter la croix, en 1660. Le ciel est élevé, mais le soleil est pâle; un vent glacial entraîne rapidement de petits nuages perlés. Nous sommes bien dans le Nord.

A Marquette, est venu à bord l'évêque du Sault-Sainte-Marie, monseigneur J. Frédéric Baraga, un des prélats les plus aimés des Indiens, et un de ceux dont les aventures dans les forêts du *Gitche-*

Gummie ou la grande eau (nom indien du lac Supérieur) pourraient le mieux revêtir la couleur légendaire et héroïque des vies de saints dans les premiers âges du christianisme.

Mercredi, 15 septembre.

Hier, nous avons failli échouer, en voulant entrer dans le port de l'Aigle (Eagle Harbour), au milieu de l'obscurité ; le jour venu (mardi 14), nous voyons les restes de deux bateaux à vapeur, qui ont péri sur les rochers, près d'Outanagon. Ces côtes, couvertes d'écueils, et encore privées de phares, sont assurément fort dangereuses ; mais ce qui augmente beaucoup le péril, c'est l'audace et le laisser-aller des capitaines américains, bien dignes d'appartenir à cette nation de *go-a-head*. Notez comment la différence du caractère des nations se fait sentir même dans les locutions les plus usuelles : en France, pays de la politesse, et où le despotisme même a presque toujours eu des formes, un conducteur de chemin de fer ou de diligence, pour donner le signal du départ, dit : « Quand vous voudrez ? » ; en Angleterre, pays d'ordre et de liberté

sérieuse, il dit : « All right (tout est bien); » en Amérique : « go a-head (va de l'avant)! » Ce mot seul peint
l'homme des États-Unis, cet élan perpétuel, cette
insouciance du danger, ce dévergondage d'activité,
si j'ose ainsi m'exprimer. Mais, d'autre part, ces qualités et même ces défauts ne sont-ils pas bien né-
cessaires dans ces pays nouveaux? Le voyageur qui
en souffre s'en plaint et s'en irrite; ne doit-on pas les
admirer cependant? Ayant à coloniser un territoire
aussi vaste que l'Europe, où en seraient-ils sans cette
initiative? où en seraient-ils, s'ils s'étaient *reposés* sur
le gouvernement, s'ils n'avaient osé s'avancer sans
lui, comme un enfant qui se tient accroché au
tablier de sa nourrice? Moquons-nous des ridicules
des Américains, attaquons les abus qui grossissent
chaque jour, mais ne méprisons pas un peuple qui
a tant fait, et en si peu d'années. Vraiment, il faut
avouer que s'ils se précipitent tête baissée dans le
nouveau, nous restons cloués, nous autres, pour bien
des choses, dans l'ancien et dans la routine! Pourquoi
n'avons-nous pas sur nos rivières, et surtout sur nos
lacs d'Europe, des bateaux à vapeur comme ceux de
l'Amérique? Pourquoi nous en tenir à ces affreuses
petites coquilles de noix, construites sur le plan des
steamers pour mer, et où l'on ne s'enferme qu'à son
corps défendant? Beaucoup d'accidents, il est vrai,
arrivent aux bateaux américains; mais ils sont dus
à l'imprudence des mécaniciens et des capitaines,

aux dangers de la navigation sur le Missouri et le Mississipi, nullement à la construction en elle-même. On m'objectera que de pareils bateaux seraient impropres pour la navigation de nos rivières traversées de ponts; mais ils feraient merveille sur nos lacs, et sur nos grands fleuves comme le Danube et le Rhin; quant à leur tirant d'eau, il n'est pas plus considérable que celui du plus misérable petit vapeur faisant le service entre Paris et Saint-Cloud.

Puisque j'ai parlé des vapeurs américains, j'espère que mes lecteurs me permettront de leur donner une description de l'*Étoile du Nord*, fort beau spécimen du genre. La seule différence qui existe entre ce steamer et ceux des grandes rivières de l'Ouest, c'est que leur tirant est encore moins considérable, et qu'ils sont encore plus élevés hors de l'eau. Pour le reste, c'est la même chose.

Sa coque est assez plate, très-large et peu enfoncée dans l'eau; sur cette coque, sont élevés deux ponts, en bois léger, qui font ressembler le bâtiment à une maison à deux étages. Il n'y a pas de cale : sur le premier étage sont les fournaises, les passagers pauvres, les gens de l'équipage, les marchandises; une longue galerie occupe le milieu du second étage, sauf deux endroits ouverts à l'avant et à l'arrière, où l'on va prendre l'air et jouir du paysage. A droite et à gauche, sont les cabines, dont chacune contient deux excellents lits, surtout celles de l'arrière, qui sont en général réservées aux dames. Cette galerie est séparée en deux parties par les balanciers des machines, à haute pression, qui occupent le centre du vaisseau, et sont entourées d'une cloison. A l'avant, on dîne et on déjeune : à l'arrière, il y a un piano, des meubles magnifiques, des glaces, des tapis. On voit que l'*Étoile du Nord* mérite bien le nom de « palais flottant » qui lui est donné dans les annonces.

Malheureusement, certaines règles, que je vois affichées dans tous les coins, ne me donnent pas une très-haute opinion de la propreté et des manières des gens qui ont coutume de l'occuper. Je traduis textuellement quelques paragraphes :

« § 2. On ne permettra à aucun passager de se mettre au lit avec ses souliers ou ses bottes, sans une amende de 5 dollars (25 francs).

« § 5. On ne souffrira aucun terme obscène de la part des passagers.

« § 6. Il n'est pas permis de chiquer dans le salon d'arrière ; les passagers sont obligés de payer les meubles qu'ils abîment de .cette manière (en crachant dessus).

« § 7. On ne permettra aux messieurs qui voyagent sans dames, de prendre leurs places à table que lorsque les dames seront assises. »

Je remarque que l'on fait beaucoup de règlements

pour protéger les femmes. L'exquise galanterie des
Américains en est-elle cause? ou cela ne provient-
il pas de ce que les habitudes sont si rudes, que
sans les règlements les dames auraient à pâtir?

Mais ne nous plaignons pas ; les jeunes Anglais
qui sont à bord m'assurent que ce n'est que le
commencement, et que j'en verrai bien d'autres sur
le Missouri.

N. B. Sur tous ces bateaux à vapeur il y a une
boutique de barbier et une buvette « bar-room »,
où messieurs les yankees vont faire de fréquentes
libations.

Nous restons toujours près de la côte : des forêts
dévastées par le feu, dont les troncs noirs sont encore debout, lui donnent un aspect triste et sauvage. Nous nous arrêtons à La Pointe, dite du Saint-
Esprit dans les vieilles relations des pères récolets,
mission catholique et village d'Indiens, où je compte
revenir demain, et même séjourner quelque temps.
Cette nuit, nous approchons du fond du lac, où s'é-
lève, depuis deux ans, la nouvelle ville de Supérieur,
entre l'embouchure du Saint-Louis et celle de la
Rivière-Noire, et dans l'angle nord-ouest du comté
de Douglas, en Wisconsin.

Les propriétaires de la cité de Supérieur croient,
ou du moins disent, qu'elle est destinée à devenir
une des plus grandes métropoles de commerce de
l'univers. En attendant, c'est une petite ville

boueuse, misérable, peuplée d'affreux métis et de
ces gens sans aveu, qui fourmillent dans l'Ouest, se
tenant prudemment sur les confins de la civilisation,
qu'ils ont des raisons pour craindre. Lorsque (et il
semble que cela ne doit pas tarder à avoir lieu)
l'Angleterre aura ouvert une communication par
les lacs de la Pluie et Winnipeg, le Saskatchewan et
la rivière Fraser, entre le lac Supérieur et l'océan
Pacifique, le Haut-Canada et l'île de Vancouver, une
grande ville existera probablement dans ces parages; mais il se peut qu'elle se pose plutôt sur le
territoire anglais, près de l'embouchure du fleuve
Arrow ou Pigeon, qui sort du lac de la Pluie; car
Supérieur a dès à présent contre elle deux choses,
bien nuisibles à son accroissement, le manque
d'eau potable, et un mauvais port; la rade, il est
vrai, est abritée, mais étroite et peu profonde; et
l'eau y est si bourbeuse, que les habitants en vont
chercher à plus d'un mille. Toutefois, dans les
plans tracés par le gouverneur Stevens et le capitaine Mac-Clelan, du corps des ingénieurs de
l'Union, et publiés en 1855 avec le rapport de
J. Davis, ministre de la guerre, c'est de Supérieur
même que partiraient deux embranchements venant rejoindre le Northern Pacific rail-road, qui
de Chicago doit aller atteindre Chenook-city, à
l'embouchure de la Columbia dans le Pacifique, et
la ville de Seatle, sur le détroit de Puget; le pre-

mier, dirigé du nord au sud, se relierait au grand rail-road, un peu à l'est de Saint-Paul, à l'endroit où la rivière Willow se jette dans le lac Sainte-Croix ; le second, dirigé du nord au sud-ouest, le rencontrerait à Lightning's-Nest (le Nid des Éclairs), plateau élevé de deux mille pieds, d'où descend le Minnesota. La dépense du tout est évaluée, sans marchander, à 171 246 000 dollars.

On m'avait dit à Toronto qu'il y avait une route à travers les prairies, de Supérieur à Saint-Paul. Il n'en est rien. De profonds marais rendent ce parcours difficile, même pour des piétons. En revanche, on me propose de remonter la rivière Saint-Louis en canot d'écorce, de traverser Sandy-Lake, pour arriver sur le haut Mississipi, et le descendre ensuite jusqu'aux chutes de Saint-Antoine. — Quinze jours d'immobilité, dans un canot d'écorce, sans compagnon, et ainsi, complétement à la merci des Indiens ! Je recule devant toutes ces considérations et je me décide à retourner à La Pointe, où j'ai des amis irlandais, qui sont venus s'établir parmi les Chippewas ; de là j'espère gagner Saint-Paul par une contrée à peine connue, mais probablement moins dangereuse. L'on me dit bien ici que c'est chose entièrement impossible ; mais ce sont des métis qui veulent me vendre des canots, et des Indiens qui veulent me conduire.

Nous restons plusieurs heures à Supérieur. L'ar-

rivée de *l'Étoile du Nord*, deux fois par mois, y
cause toujours un certain mouvement; car c'est le
seul bateau à vapeur qui remonte le lac jusqu'ici;
sur toutes ces côtes, il a autant d'importance et il
est aussi connu que le *Prince Gustave* sur celles de
la Norwége.

Nous venons de repartir pour La Pointe. Nous revoyons les falaises de grès rouge; nous glissons
paisiblement sur les ondes de ce grand lac du Nord,
qui paraît mystérieux et presque fantastique à l'i-
magination de l'enfance : l'enfance, période joyeuse,
qui semble déjà bien éloignée, lorsque c'est dans ces
solitudes qu'on entend sonner sa vingt-deuxième année.... Mais, pendant que la jeunesse dure encore,
qui n'aimerait à chasser dans ces bois avec les trappeurs canadiens, à errer sous ces falaises, dans les
canots des Chippewas ?

Je suis depuis plusieurs jours à La Pointe, dans
cette famille irlandaise dont j'ai parlé, et qui, forcée
par des revers de fortune de s'expatrier, est venue
s'établir dans ce pays lointain. Sauf cette famille,
un missionnaire belge, et quelques juifs allemands, il n'y a pas d'hommes blancs à La Pointe.
Dans le voisinage, on rencontre quelques colons
américains et irlandais; un autre petit noyau de
cette population d'aventuriers de l'ouest se trouve
à Bayfield, ville nouvelle, qui a été commencée

à quelques milles d'ici sur la terre ferme. Le village de La Pointe est situé dans l'île Madeleine, l'une de ces îles que l'on appelle les douze apôtres, quoiqu'il y en ait une vingtaine. Il ne s'élève pas sur une pointe de terre, comme son nom semblerait l'indiquer, mais au fond d'une baie spacieuse, qui forme un excellent port. Les bois et les marais d'alentour sont remplis de bécassines, de pluviers, de pigeons ramiers, de canards sauvages, d'écureuils ; les rivages de l'île Madeleine sont extrêmement poissonneux. Les habitants cultivent peu la terre ; ils vivent de chasse et surtout de pêche. Ce sont des métis, qui descendent en général de femmes Chippewas et de chasseurs Canadiens, employés par une compagnie de fourrures qui avait un poste ici, il y a quelques années. Ils sont la proie des juifs qui, malgré la loi, leur vendent de l'eau-de-vie, les appauvrissent, les abrutissent, et sont les fléaux de la race. L'un d'eux s'appelle M. Autrichien (*Austrian*), l'autre M. Prussien (*Prussian*). L'ivrognerie est le principal défaut de tous ces métis ; même les efforts des missionnaires restent impuissants à le combattre. Cependant ils sont tous catholiques assez observants. Il n'en est pas de même des Indiens nomades, qui composent la population flottante de La Pointe. Ceux-là sont en général idolâtres. Ils se distinguent des chrétiens par la peinture dont ils couvrent leurs joues ; il y a la peinture de guerre, qui est rouge, et la peinture de chasse, qui est bleue. Ils portent des chaussures de peau de daim, nommées mocassins, et sont drapés dans une couverture de laine, souvent rouge; ils n'ont aucun vêtement par dessous, et ne se font aucun scrupule de se découvrir d'une façon peu modeste. Dans les grandes occasions, ils mettent des guêtres, et une espèce de robe de peau de daim, tandis qu'une bandelette de la même matière, ornée de plumes, leur entoure la tête. Dans le nombre, on rencontre de fort beaux hommes; mais ils sont en général petits, gros, disgracieux, et fort peu vigoureux. Les femmes sont souvent gentilles dans leur première jeunesse; leur peau cuivrée est très-douce, leurs yeux noirs très-vifs; mais passé vingt ans, elles sont déjà flétries, et ressemblent à de vieilles sorcières. Ces Indiens viennent quelquefois à La Pointe en grand nombre; ces jours-ci, il y en a beaucoup; car, outre que c'est la saison de la pêche, le moment du payement approche. Il est nécessaire d'expliquer ce que c'est que ce payement, qui a lieu à la Pointe cette année.

Les États-Unis avaient jadis assuré aux hommes rouges la possession paisible d'un territoire très-étendu dans les États de Michigan, d'Illinois, etc; peu à peu les colons empiétèrent, et en prirent possession: de là des indemnités aux Indiens; mais la principale cause de ces payements annuels, ce

sont les marchés que le gouvernement de l'Union a
conclus depuis 1784 avec les chefs indigènes, pour
obtenir d'eux la vente régulière du sol qu'ils occupaient (déjà des transactions du même genre avaient
plus d'une fois terminé leurs luttes avec les premiers colons anglais). En 1784, l'Union acheta aux
Iroquois le sol de la Pensylvanie; d'autres cessions
suivirent, qui en 1840 avaient déjà coûté 460 millions de francs, tant en argent comptant qu'en
goods, c'est-à-dire en vivres et provisions de toute
espèce, bestiaux, outils et instruments d'agriculture. Il fut décidé, en 1826, que tous les Indiens
des États de l'Est et du Sud seraient transportés à
l'ouest du Mississipi; « au delà des États actuels, »
disait le bill. On ne prévoyait pas avec quelle rapidité la race blanche allait s'étendre elle-même jusqu'au Pacifique, en cernant de tous côtés ces en-
claves indiennes, qui la gênent. L'Union s'engagea
à payer annuellement une certaine somme à chacun
des Indiens transportés, les femmes et les enfants
compris. Le secrétaire de la Trésorerie constatait,
en 1856, qu'il restait à leur payer encore vingt et
un millions soixante-six mille dollars. Ces annuités
varient selon les tribus. Le payement s'opère au
mois de septembre; il est fait par un fonctionnaire, nommé *agent indien*. Il y en a vingt-cinq
pour toute l'Union.

L'agent ne payant ici que ceux qui sont présents,

les familles viennent au grand complet; malheureusement, au lieu de s'acheter alors des objets
utiles, les sauvages jouent, s'enivrent, s'en retournent pauvres comme ils sont venus; et leur voyage,
souvent long et pénible, est fatal aux vieillards et
aux enfants. Des lois formelles (9 juillet 1832,
30 juin 1834, 3 mars 1847), citées par M. Benton
dans sa réponse à M. de Tocqueville, défendent de
leur vendre des liqueurs fortes, sous peine de con-
fiscation et d'expulsion; elles ont été renforcées
par celle du 12 juin de cette année, qui donne à
l'agent le pouvoir d'éloigner des Réserves toute
personne dont la présence peut nuire (*may injure*
aux Indiens, et par conséquent ces bandes de marchands rapaces qui viennent s'abattre près du lieu
du payement. Mais je m'aperçois que l'on respecte
bien peu les lois de ce genre aux États-Unis. Ce qui
est grave aussi, c'est que les agents indiens, quoique bien payés, passent pour ne pas se contenter
tous de leur salaire; souvent, en quatre ou cinq
ans, leur fortune est faite.

A La Pointe, les habitants parlent entre eux le
chippewa; avec les étrangers, un mélange franco-
anglo-indien, où le français domine; ainsi, à mon
grand étonnement, c'est ma langue maternelle qui
me sert à me faire comprendre des sauvages de
l'île Madeleine; leurs noms, quand ils ne sont pas
barbares, sont de vieux noms qui sentent leur gar-

des-françaises. L'autre jour, je rencontre un gamin de jolie figure, très-éveillé, qui, un arc et des flèches à la main, tue des oiseaux avec une étonnante adresse ; je lui demande son nom. « Hilaire Généreux, » me répond-il. Les oiseaux que les enfants de la Pointe abattent ainsi avec des flèches, sont nommés *Robins* (rouges-gorges), mais ils ne ressemblent pas aux rouges-gorges d'Europe. Ce sont des oiseaux de la grosseur des grives, excellents à manger.

Presque tous les soirs, nous allons nous promener du côté de l'ouest, vers une langue de terre sablonneuse, où sont établies plusieurs familles Chippewas.

Les enfants s'enfuient à notre approche, comme si nous étions des croquemitaines; les femmes se retirent, en nous jetant furtivement des regards beaucoup plus gracieux; les grands chiens indiens, qui ressemblent à des loups, aboient, et nous montrent leurs crocs, mais sans nous attaquer jamais; je l'ai déjà remarqué, les chiens ont meilleur caractère en Amérique qu'en Europe. Quant aux hommes, ils nous contemplent silencieusement : il n'y a que nos armes à feu qui semblent les intéresser, et qui les fassent sortir un peu de leur torpeur. Nous entrons quelquefois dans leurs wigwams d'écorce de hêtre ou de bouleau. Que cette écorce est utile à l'Indien! c'est avec elle qu'il couvre sa cabane, qu'il construit son canot, et qu'il fabrique presque tous ses ustensiles

de ménage ; elle sert enfin de linceuil à ses morts....[1]
Au centre du wigwam se trouve le foyer ; la fumée
s'échappe par une ouverture pratiquée au sommet ;
le sol est couvert de fourrures et de nattes épaisses ;
et sans la malpropreté des gens qui l'habitent, ce
serait une demeure assez agréable. Les Indiens nous
laissent asseoir, et ne nous adressent pas la parole ;
mais si nous faisons mine de vouloir leur acheter quelque chose, alors ils deviennent aussi bavards qu'une
marchande à la halle ; en réalité, leur silence tant
vanté ne provient que de leur stupidité. Comme tous
les gens qui mènent la vie aventureuse des bois, ils
ont un certain stoïcisme, mais rien de plus. Ils ont
été dépeints d'une manière peu véridique dans les
romans de Cooper, qui, par parenthèse, sont infiniment plus connus en France qu'aux États-Unis.
Cooper n'avait jamais voyagé parmi eux, et n'avait
en vue que les tribus du Sud, qui sont supérieures,
dit-on, à celles-ci : une chose me le ferait croire :
lorsque des Sioux ou des Chippewas prennent des
femmes à la guerre, ils les torturent et les massa-

1. C'est aussi le papier des Indiens. En janvier 1849, des tribus
du lac Supérieur adressèrent une pétition au président, tracée
en dessins au poinçon sur cinq carrés d'écorce de bouleau : on y
voyait les armoiries (*totems*) de quarante-quatre chefs de tribus,
puis la configuration des terres qu'ils occupaient aux sources du
Wisconsin, et de celles qu'ils voulaient qu'on leur assignât, avec
l'indication des lacs et des cours d'eau ; un petit groupe de maisons exprimait symboliquement leur résolution de quitter la
vie nomade.

crent, sans être touchés de leurs charmes; les Comanches et les Choctaws, au contraire, les soignent,
les consolent et en font leurs maîtresses. En somme,
sauf quelques exceptions, cette race est peu sympathique. C'est une erreur que de croire qu'elle soit
sur le point de disparaître. Quoiqu'il y ait rarement
plus de deux ou trois enfants dans une famille,
les hordes sauvages sont les seules qui diminuent,
parce que le gibier leur fait de plus en plus défaut;
les tribus agricoles prospèrent et multiplient, surtout
quand la propriété y devient individuelle, comme
les Indiens Stockbridges en ont les premiers donné
l'exemple, en Wisconsin. (Loi du 6 août 1846 [1].)
Il faut se rappeler, néanmoins, que les unes et les
autres, mais les premières surtout, sont à peu près
sans défense contre les ravages terribles de la petite
vérole, et, en général, contre l'invasion de toute
maladie épidémique; comme, par exemple, celle
qui enleva en 1801 la plus grande partie des Oma-
haws, avec son chef l'Oiseau-Noir; ou comme celle
qui avait fait disparaître les Pawkumakutts, voisins
des Massachussets, dans l'État de ce nom, en 1612,
dix ans avant que les non-conformistes, réfugiés
d'abord en Hollande, vinssent de là, en 1621, fonder
le Nouveau-Plymouth. « La divine Providence, dit

1. « The lands in the Indian district are to be held in common;
those in the citizen-district shall be divided, and each citizen shall
receive his ratable proportion thereof. »

un historien puritain de ce temps-là, se servit de
cette maladie pestilentielle pour faciliter notre établissement dans le pays[1]. » Il est donc probable que
plus d'une tribu finira encore de la même manière ;
et partout où la fumée des wigwams s'éteindra, le
territoire, en déshérence de par la mort, fera retour, comme tout fief vacant sous le régime féodal,
au domaine public de l'Union, propriétaire suze-
rain, par droit de découverte.

Les anciens recensements n'avaient donné que
des résultats assez vagues (*Guess-work*), à cause
de la défiance des Indiens ; celui de 1853 en accuse 400 764.

Dans l'État de New-York, où sont fixés les débris
des Six-Nations, le dénombrement de l'une des Réserves a été fait par un Indien Seneca civilisé, *sir*
Nathaniel Strong. Je citerai quelques lignes de ce
rapport[2], qui confirment ce que je disais plus haut
des fonds indiens, et empruntent d'ailleurs un sur-
croît d'intérêt de la personne et de la position de
l'auteur :

1. Daniel Gookin, *Historical collections of the Indians of New-
England*. Gookin fut nommé en 1656 magistrat ou directeur des
Indiens, que le célèbre John Elliot avait convertis au christianisme depuis dix ans ; et, en 1662, censeur des publications de
cette imprimerie de Cambridge, la première établie en Amérique
par le gouverneur Winthrop. Ce livre de Gookin est oublié dans
le *Bibliographical guide*, si complet pourtant, de Trübner, 1859.

2. Daté du 10 novembre 1855, et inséré parmi les pièces du
Census de New-York, in-4, Albany, 1857.

« Il y a quatre mille enfants des Cinq-Nations dans l'État de New-York. La nécessité les a forcés de quitter la flèche et l'épieu pour la charrue. L'orgueil héréditaire, peut-être le souvenir d'anciennes injustices, avaient empêché jusqu'ici le guerrier de se dessaisir des coutumes et des traditions de ses ancêtres (*from relaxing his grasp on the customs*, etc.) et de s'initier à une vie meilleure; mais un changement s'est opéré.... Puisqu'il y a un rayon de lumière dans le sentier de l'homme rouge, l'État voudra-t-il bien faire plus qu'il n'a jamais fait pour sauver les restes de cette noble race? Dans la révolution, quand quatre des Cinq-Nations prirent le tomahawk en faveur du roi anglais, les Oneidas seuls restèrent fidèles à la colonie de New-York! leurs os sont mêlés à ceux de vos pères sur plus d'un champ de bataille....

« L'État de New-York a dépensé de grandes sommes pour aider les Indiens à se civiliser; mais cet argent a été confié à des hommes qui connaissent à peine notre race, et qui ne sont jamais entrés dans une école d'enfants indiens; ils ont été choisis pour surveiller ces écoles et l'emploi des fonds, sans qu'on se soit demandé s'ils étaient propres à cette tâche, et s'ils y prenaient intérêt autrement qu'à cause du salaire attaché à la fonction.

« C'est au missionnaire que l'homme rouge est redevable de tout le bien qui a été fait à lui et à ses enfants, en ce qui concerne l'éducation et la connaissance de la religion chrétienne ; le fidèle et désintéressé missionnaire ! Je demande donc respectueusement au secrétaire d'État que les allocations qui seraient accordées plus tard, on en confie le dépôt sacré aux missionnaires, qui sauront bien en faire l'usage le plus judicieux pour améliorer la condition des Indiens de l'État de New-York. »

Samedi, 25 septembre 1858.

Je profite de mon long séjour à La Pointe pour réfléchir sur le gouvernement des États-Unis et sur le caractère des Américains. En examinant les institutions d'un pays, il faut se garder d'idées politiques trop arrêtées, et apprécier les différences de position, de temps et de race.

Assurément le gouvernement démocratique, dont les États-Unis nous offrent l'expression la plus exacte et la plus complète, ne manque ni de grandeur, ni d'attrait, surtout quand il fonctionne dans toute sa force, sans être entravé par des institutions contraires, qui en font un système hybride, et qui altèrent alors ses qualités, sans lui ôter ses défauts. On ne peut trop y admirer cette liberté de l'individu, de la mu-

nicipalité, de la commune (qui se nomme ici Town-
ship); elle me paraît un des droits les plus néces-
saires et les plus sacrés de l'homme, et il serait de la
plus grande injustice de nier les avantages qu'elle
procure à ce grand pays. Pas de bureaucratie; pas
de rouages savants, mais incommodes pour les par-
ticuliers; pas de grands centres privilégiés, qui
s'enrichissent aux dépens des petites villes et des
campagnes; partout une activité mâle; partout des
entreprises; quelquefois elles sont désordonnées :
mais ne doit-on pas préférer l'agitation avec la vie
et le grand jour, à la quiétude dans les ténèbres,
dans la torpeur et la mort?

La faute de ce gouvernement est de trop s'en
tenir à des notions de justice et d'égalité abstrai-
tes, et de ne pas assez se rendre compte de la per-
versité humaine. Il suppose tous les citoyens, ou
du moins l'immense majorité d'entre eux, également
ment vertueux, instruits et modérés; ce qui est une
véritable utopie. En adoptant le suffrage universel,
cet enfant des philosophes matérialistes du dix-huitième siècle, il ne le retient par aucune barrière; il
lui confie même la nomination des juges, qui ne
sont pas révocables, il est vrai, mais dont les fonctions cessent au bout de quelques années. Qu'en
est-il résulté? Dans les États de l'Ouest, où la population est peu agglomérée, où la naturalisation s'ob-
tient plus difficilement, où la plupart des électeurs,

possédant de la terre, sont plus intéressés à la tranquillité, plus promptement éclairés sur les moyens
de la préserver, l'on nomme juges des fermiers, des
marchands, des cochers, etc. Il y a là plutôt du ridicule qu'un danger sérieux; ces magistrats impro-
visés sont parfois un peu burlesques, un peu ivro-
gnes; mais ils s'acquittent généralement assez bien
de leurs devoirs, en s'aidant plus de leur bon sens que
de textes de lois compliquées. Mais il n'en est pas de
même dans l'Est et dans le Sud. Là l'état des choses
est déplorable, dans les grandes villes surtout. Les
magistrats, nommés par la partie la plus vicieuse
de la population, sont souvent des cabaretiers ou
des maîtres de mauvais lieux. Ils font une excellente affaire, car on s'enrichit promptement dans
un tribunal; en revanche, les vauriens (rowdies)
leurs amis, qui les ont nommés, s'assurent par là
l'impunité. Ne faut-il pas leur passer bien des choses? ce sont des électeurs précieux, et tellement
amoureux de la liberté, qu'ils chassent les gens
honnêtes de l'endroit où l'on vote. Aussi les crimes
se multiplient d'une façon effrayante. New-York,
Baltimore, la Nouvelle-Orléans sont sous la domination d'associations de malfaiteurs. Le 1er juin 1857,
l'élection municipale à Washington est ensanglantée
par la Société des *Plug-Uglies*. Le 1er et le 2 septembre 1858, à Staten-Island, près de New-York,
une foule incendiaire, sous prétexte d'insalubrité, et

pour couper court à tout danger d'infection ou de contagion, brûle les bâtiments de la quarantaine, dont on prend à peine le temps de faire sortir les malades. Les pouvoirs organisés restent sans vigueur ; au lieu de pendre ces coquins, on leur donne raison. Le *New-York Herald*, journal habile et important cependant, assure que l'esprit de la constitution est de se soumettre au vœu du plus grand nombre. Et si le vœu du plus grand nombre était de piller les marchands de New-York, et de détruire les ateliers de son journal, que dirait-il, M. James Gordon Bennett ?

A la Nouvelle-Orléans, la classe aisée et honorable, fatiguée du désordre continuel, des crimes impunis, de l'indolence et de la corruption d'un maire rowdy nommé par d'autres rowdies, a dû constituer un comité de vigilance, et une vraie guerre civile a eu lieu. Les comités de vigilance sont fréquents; ils prouvent deux choses, que la justice est déplorable et impuissante, mais qu'il y a de l'énergie et de la vitalité dans la population. Il faut de la vertu et du courage pour les organiser, ils commettent parfois des excès qui répugnent à nos idées européennes; mais ils sont trop souvent d'une nécessité absolue, et souvent aussi ils obtiennent de grands résultats. Ce sont des comités de vigilance qui ont chassé de la Californie des bandes de voleurs et d'assassins ; c'est à eux que San-Francisco doit sa prospérité et sa sécurité actuelles.

Quant à la vénalité de la justice, elle est pour
ainsi dire générale; c'est en vain que quelques
fonctionnaires honorables luttent contre cette ten-
dance; les jurés sont complices. Lorsque l'argent
ne peut servir, on met en usage l'intimidation; ou
bien les avocats, comme en Europe, font appel aux
passions politiques. C'est un dire universel qu'avec
de l'argent et des amis l'on est presque sûr de l'impunité aux États-Unis. Un exemple entre mille. Il y
a, à quelque distance d'ici, dans les bois, un colon irlandais, nommé Bennet. En 1850, il habitait, avec
tout un clan d'Irlandais du comté de Limerick, dans
l'île de Beaver, sur le lac Michigan, près de Macki-
nac. Des Mormons vinrent s'y établir. Une nuit, sans
aucune provocation, ils attaquèrent les Gentils (c'est
ainsi qu'ils nomment les chrétiens). Ils tuèrent trois
hommes et en blessèrent d'autres, ainsi que des
femmes et des enfants. Les malheureux Irlandais
ne furent sauvés que par l'arrivée d'un bateau à vapeur, sur lequel ils se réfugièrent. Plusieurs de ces
monstres furent arrêtés, et conduits à Détroit (chef-
lieu du comté de Wayne en Michigan[1]), pour être
jugés; mais ils étaient riches et puissants; plusieurs
appartenaient aux francs-maçons, qui sont très-
influents dans cette ville; leurs victimes étaient

---

1. Détroit était la capitale de l'État de Michigan jusqu'en
décembre 1847; le siége du gouvernement fut alors transféré à
Lansing, chef-lieu du comté d'Ingham.

6

pauvres et inconnues; le jury fut insensible, et les assassins furent acquittés.

Mais il y a bien d'autres choses bizarres dans les lois des États-Unis. A La Pointe, j'ai pu voir de près deux institutions du pays (style américain) : 1° les banques ; 2° les villes nouvelles.

Dans plusieurs des États de l'Union, tout commerçant peut établir une banque et émettre des billets. Quelques spéculateurs se réunissent, adoptent un nom pompeux, et font faire des billets extrêmement jolis : ils sont scandalisés (j'ai souvent entendu tenir ce propos) de l'extrême laideur de l'impression des bank-notes de la banque d'Angleterre. Ils placent facilement leur papier-monnaie, pourvu que ce ne soit pas dans le voisinage de leur établissement ; car, après la dextérité des Américains pour tromper, ce qui étonne le plus, c'est la facilité avec laquelle ils se laissent voler. Bientôt survient une crise commerciale, c'est une fièvre intermittente des États-Unis ; alors ces billets, si bien gravés, ne sont plus que des chiffons. Mais qu'importe à ces honnêtes industriels? ils sont prêts à recommencer. Seulement, ils changent de localité; ils avaient une banque dans le Wisconsin, ils vont s'installer dans l'Arkansas. Il y a une banque de La Pointe qui a pour 30 000 dollars (150 000 fr.) de billets en circulation dans l'Est. Mais, conformément au proverbe, les banques ne sont pas prophètes dans leur pays.

On n'a jamais vu un de ces billets à La Pointe!
Il ne serait certainement pas reçu. Il est vrai
qu'il y a là une maison en bois, qui porte le nom
de Banque; le caissier est une vieille indienne,
un peu sourde, qui ne vient que si l'on frappe fort
et longtemps; elle ne parle que le chippewa le
plus pur.

On croirait qu'après la crise ces billets si bien
gravés dont j'ai parlé ne seront bons, tout au plus,
qu'à des usages domestiques. Il n'en est rien : un
jeune homme du Sud veut faire un voyage d'agrément
dans le Nord, ou *vice versa*; il se présente chez un
commerçant auquel il en est beaucoup resté : «Don-
nez-moi 100 dollars de papier pour 5 d'argent, lui
dit-il, je tâcherai de les passer.» Cet ingénieux touriste
payera ainsi des voitures la nuit, donnera des pour-
boires généreux à de pauvres irlandais ignorants,
ou à des nègres qui n'oseront rien dire. Il revient,
son père est enchanté de lui : il fera son chemin;
c'est un gaillard très-éveillé (*very smart*).

Assurément, je ne veux pas prêter à tous les
Américains de pareils sentiments; j'ai déjà rencon-
tré parmi eux bien des hommes probes et honorables. Mais ce que je soutiens, c'est que dans aucun
pays d'Europe ce manque de probité n'est aussi
commun. Les citoyens éclairés le reconnaissent, ils
le déplorent: mais l'habitude de la glorification de
leur pays est si invétérée ici, leur patriotisme est

tellement sur ses gardes, qu'il ne veulent jamais en convenir avec les étrangers.

De même que tout négociant peut établir une banque, tout propriétaire peut fonder une ville nouvelle. Il lui suffit pour cela de faire un plan magnifique sur le papier, de le faire enregistrer, de diviser le terrain en lots, et de donner au projet une grande publicité : chose facile dans un pays qui a inventé toutes les excentricités de la réclame. Il choisit un nom plus ou moins prétentieux, et tâche de placer ces lots ; mais, comme les banquiers pour les billets, il s'adresse aussi loin que possible de la cité en question. Ces villes n'existent la plupart du temps que dans l'imagination fertile de leur inventeur. Néanmoins, le nombre de gens qui se laissent prendre à cette fraude assez grossière est vraiment inouï. On assure même qu'un des plus grands capitalistes d'Europe fut dupé de cette manière, et acheta la plus grande partie de la ville de Cairo, située dans une position qui serait magnifique, si elle n'était pas couverte d'eau pendant huit mois de l'année. On peut ne pas s'apitoyer beaucoup sur le sort de MM. de R...., mais on est indigné quand on songe que, trop souvent, parmi les victimes il y a de pauvres émigrants qui mettent dans ces achats leurs épargnes, font des voyages coûteux, et ne trouvent au bout que la déception, la pauvreté et la maladie. Charles Dickens, dans son roman de *Martin Chuzz-*

lewit, développe une situation de ce genre, et expose ces tromperies avec son énergie accoutumée.

L'autre jour, chassant dans les bois de la terre ferme, près de la ville nouvelle de Bayfield, j'entre dans un fourré, pour ramasser un ramier que je venais d'abattre. Quelque chose de dur me heurte à la jambe ; je me penche, et à mon grand étonnement, je découvre une fiche de bois blanc, sur laquelle étaient écrits ces mots :

WASHINGTON AVENUE.

Hélas ! le malheureux Anglais qui aura acheté quelque superbe lot, dans l'avenue fashionable de la ville florissante de Bayfield, aura peut-être à en disputer la possession avec un bel ours brun !

Pour remédier à ces inconvénients, les États de l'Ouest ont exigé récemment que tout propriétaire d'une ville fît d'abord bâtir et entretenir un hôtel, et construire une route ou un port. La cité ne se compose donc souvent que de cette unique maison, et l'on s'étonne de voir un grand hôtel s'élever solitaire au milieu de la forêt.

Quant au caractère des Américains, il est difficile à connaître et plus encore à juger. Pris en masse, ils sont rarement sympathiques. Ils ont contre eux la dureté de leur visage anguleux et sombre, leur tenue négligée, leur insupportable prétention d'être les premiers en tout. Plusieurs de leurs manies, comme la chique, l'eau-de-vie, la gloutonnerie, la curiosité indiscrète, etc., impatientent les Européens, au point de les rendre injustes. Les Américains sont hospitaliers, et braves jusqu'à la témérité; ce sont deux grandes qualités dans un peuple. — Quoique rudes et même grossiers, ils sont généralement serviables. — Ils sont intelligents, et toujours prêts à donner mille renseignements utiles à un voyageur. Aux États-Unis, on trouve facilement à qui parler pour s'instruire. Ce serait aussi une erreur de les croire tristes et moroses, parce qu'ils ont l'air de l'être. Leur défaut le plus sérieux est d'ignorer ou de méconnaître les principes de l'honnêteté; les observateurs en sont effrayés avec raison. La jeune génération actuelle, quoiqu'elle ait été mieux élevée que celle qui la précède, est encore moins scrupuleuse. Tel Américain vous recevrait à merveille et se mettrait en quatre pour vous, qui vous tromperait sans vergogne, si vous aviez quelque affaire d'intérêt avec lui.

Dans l'Est, il y a un étalage d'égalité, mais rien de plus; au contraire, une aristocratie d'argent, bien inférieure de toutes façons à la noblesse européenne; un engouement insensé pour les lords anglais, un grand respect pour la fashion, et une recherche souvent malheureuse du bon ton.

Dans les pays de l'Ouest, il n'en est pas de même; il y règne une égalité absolue, unie à une rigueur de formes qui n'en est que plus bizarre.

L'Américain est volontiers formaliste ; on est présenté à un cocher, à un batelier ; il faut donner des poignées de mains (shake-hands) à des bûcherons, à des aubergistes, etc.; ceux-ci vous présentent à leur tour à leurs amis. Mais il y a dans tout cela de la franchise, de la bonhomie ; et quoique un dandy bien gourmé, quelque *snob* (gandin) puisse s'indigner d'être traité d'égal à égal par un bûcheron (*lumberman*), on trouve curieux et vraiment nouveau de ne jamais rencontrer ici l'obséquiosité quelquefois abjecte des basses classes de l'Europe. Combien je préfère cette égalité à celle qu'affectent en Amérique certains Irlandais qui, aristocrates par leur nature et par leur éducation, sortent maladroitement de leur caractère en voulant faire les démocrates, et deviennent par là aussi désagréables que ridicules.

Mais, qu'on soit aristocrate ou démocrate, historien ou poëte, un séjour à la Pointe ne peut manquer d'intérêt ; et la vue de cette race indienne, dont nul ne sait historiquement l'origine, plonge l'esprit dans des rêveries profondes.

D'abord, quel fait prodigieux, affirmé par G. de Humboldt et Duponceau, que ce procédé uniforme, dans les langues de tous les peuples des deux Amériques, depuis la mer Polaire jusqu'à la Terre-de-Feu, et qui consiste à réunir, par une sorte d'agglutination, en un seul mot indivisible, quelquefois de

treize à quatorze syllabes, les divers sons adoptés
pour exprimer les divers éléments d'une phrase!
Les langues primitives [1] de ces deux immenses conti-
nents ne diffèrent ainsi que par leurs vocabulaires;
encore cette diversité n'est-elle pas telle, que
M. Buschmann [2], « qui a fait de cette étude l'œuvre
de sa vie, » n'ait retrouvé un certain nombre de
sons exprimant les mêmes idées et désignant les
mêmes objets, chez des tribus disséminées du
30° au 68° de latitude nord, depuis les Indiens
Mauvais-Monde du grand lac de l'Ours, depuis les
Kolosches et les Kodiaks de l'Amérique Russe, jusqu'aux Navajos et Ticorillas du nord du Mexique.

Mais d'où sont venues primitivement ces tribus
aujourd'hui sauvages? du nord-ouest de l'Europe,
par l'Islande et le Labrador? ou bien plutôt, de
l'extrémité nord-est de l'Asie, par le détroit de
Behring ou les îles Aléoutiennes? Les peuples qui
habitent en Sibérie les bords de la Kolyma et de
l'Anadir, les Kamtschadales qui disparaissent graduellement, appartiennent à la même race que les
Esquimaux, et parlent des dialectes de leur langue.
La syllabe *atl* (eau), qui joue un rôle dominant dans
la langue nahuatl ou mexicaine, se trouve fréquemment aussi dans les idiomes du Kamtschatka

1. D'après Pott et Balbi, il y en a 423; d'après Vater, 500.
2. Dans son discours de réception à l'Académie des sciences
de Berlin, le 3 juillet 1851.

et chez les Tartares; Atl-Kuzu n'est-il pas le vieux nom du Volga? D'après les traditions mexicaines, Quetzalcoatl, envoyé céleste, aurait fait sortir leurs pères de la Terre de Glace, le mystérieux *aztlan*, pour les amener, par mer, à un point jusqu'ici nou déterminé du rivage américain, d'où ils vinrent, par une suite de stations plus ou moins longues, fonder au Mexique un puissant empire. Or, c'est précisément cet exode dont M. de Humboldt ne croit pas l'époque postérieure de beaucoup aux agitations occasionnées en Chine au cinquième siècle par la chute des Tsin[1]; c'est cette émigration qui serait représentée sur un des papyrus en fibres d'aloès ou d'agave, de la collection si patiemment formée au milieu des tribus du Mexique (1735 à 1745), par le chevalier milanais Boturini Benaducci[2]. Toutefois, dit le prince de Wied-Neuwied

1. M. de Humboldt remarque que nombre de mots mexicains se terminent par la syllabe *tsin* (Vues des Cordillères, p. 308).

2. Boturini, que son ardeur à recueillir toutes les antiquités indiennes avait rendu suspect, fut envoyé en 1745 à Madrid, pour y être interrogé. Sa collection fut confisquée à Mexico et jetée à l'abandon ; reconnu innocent à Madrid, mais séparé, dit-il timidement, de ses chers trésors (*me hallaba apartado de mi archivo!*), il se contente d'en donner une liste, de mémoire, à la suite de son *Idée* (esquisse) *d'une nouvelle histoire de l'Amérique du Nord*, où il fait remonter l'émigration mexicaine jusqu'à l'époque de la tour de Babel! (Madrid, 1746, in-4) Le papyrus cité plus haut vint, on ne sait comment, entre les mains de M. Bullock, de Londres, fixé depuis à Cincinnati; il en fit faire une copie, publiée par M. Delafield dans son *Inquiry upon the antiquities*, etc. Cinc., 1839, in-4. Elle a trois mètres de long

(IIIe volume de son Voyage), c'est en vain qu'on chercherait des Mongols dans l'Amérique septentrionale! Sans doute, répond M. A. de Gobineau, dans son *Essai sur les races* (1855), il y a une opposition apparente entre les types indien et mongol; mais on trouve des familles intermédiaires, qui permettent d'établir un lien entre les deux races; sans doute, les belles formes des Iroquois et des Algonquins se rapprochent plus du type caucasique que du type mongol; mais, sous la carnation cuivrée des Dacotahs et des Chenooks, on trouve un fond évidemment jaune; la couleur noire de leurs cheveux, leur peau sèche et roide, leurs yeux légèrement obliques, rappellent les caractères distinctifs de la race mongole. Ces traits du visage mongol, le major Pike dit aussi les avoir reconnus chez les Dacotahs et chez les Pawnees.

Le peintre Smibert, qui accompagna d'Italie en Amérique le célèbre docteur Berkeley (plus tard évêque de Cloyne), avait fait à Florence le portrait de quelques tartares sibériens, présentés au grand-duc par le czar. Quand Smibert descendit à la baie de

---

sur vingt centimètres de hauteur; M. Schoolcraft, chargé en 1849 d'une enquête sur l'origine et l'état actuel de la race rouge (et marié lui-même à une Indienne parfaitement élevée à Philadelphie), a reproduit ce dessin dans le premier des grands in-folios qu'il a publiés de 1851 à 1855. M. de Humboldt, dans ses Vues des Cordillères, a publié aussi d'autres papyrus de Boturini, achetés à Mexico à la vente de M. Gama.

Narragansets, aux premiers Indiens qu'il aperçut,
il s'écria : « Voilà mes Sibériens ! »

Enfin, voici le docteur Macgowan, qui, connais-
sant le Japon et sa langue, se fait fort d'établir, par
des preuves philologiques, par des rapprochements
de toute sorte, que les naturels de l'Amérique du
Nord sont de la même race (*the same stock*) que le
peuple Japonais! Avant lui, M. Silas Burrows avait
signalé chez les habitants de l'île de la reine Char-
lotte des figures sculptées, toutes semblables à celles
qu'on exécute au Japon, au point d'être prises par
des Japonais pour un ouvrage de leur pays.

L'histoire de Java, de Sumatra, de la Nouvelle-
Guinée, et l'étude des langues de leurs indigènes,
comparées aux langues américaines, n'amèneront-
elles pas aussi des révélations ?

D'autre part, les indigènes de l'Amérique du Nord
appartiennent-ils à la même famille que ceux de
l'Amérique du Sud? Le prince de Wied-Neuwied
se trouvant, le 25 mars 1833, au milieu d'Indiens
Sacs et Renards, est frappé de leur ressemblance
avec les Indiens du Brésil; « je les tiens, dit-il,
pour être absolument de la même race! » Il remarque aussi que les momies péruviennes présentent le même type que certaines tribus du Nord.
Le grand nez aquilin de plusieurs tribus du nord
de l'Amérique, celui aussi des Indiens Sacs du
Bas-Missouri, ressemble au nez de bélier qu'on voit

dominer dans les sculptures mexicaines, aussi bien que chez les Quichuas du Pérou, qui avaient atteint sous les Incas, lors de l'arrivée des Espagnols, un si haut degré de civilisation. Nos pauvres Indiens d'aujourd'hui appartiennent-ils donc au même sang que les conquérants Aztèques, ou que leurs sujets les Zapotecs, subjugués par le prédécesseur de Montézuma, et dont M. Brantz-Mayer vient de dessiner les ouvrages[1], dans la belle vallée d'Oaxaca, ce marquisat de Fernand Cortès, leur protecteur? Mais alors, pourquoi n'ont-ils pas élevé partout des monuments, comme ceux de Palenqué, de Mitla, de Copan au Mexique, ou comme ceux de Trujillo, au Pérou? Faudrait-il donc attribuer uniquement à des différences de latitude, à une plus grande sécurité, enfin à toutes sortes de circonstances extérieures plus favorables, la supériorité éclatante de ces peuples artistes, astronomes, et architectes, sur leurs tristes congénères de ce temps-là et du nôtre?

Que de conjectures! que de lueurs incertaines, trompeuses! ou plutôt, que d'obscurités! Aussi ne doit-on pas s'étonner que, fatigués de la variété et de l'inconsistance de tant d'hypothèses sur la filiation et les migrations des races, des esprits rigoureux aient porté toute leur attention sur les restes mêmes des Indiens d'autrefois, pour les comparer à la constitution anatomique et physique des Indiens

1. Smithsonian Contrib., t. IX, 1857.

d'aujourd'hui. Telle a été surtout la marche suivie par feu Georges Morton, président de l'Académie des sciences de Philadelphie. Dès 1839, il publiait le résultat de ses recherches, dans les *Crania americana;* puis, dans l'Étude sur les Aborigènes [1], il nia que la race caucasique fût pour rien dans le peuplement (*peopling*) du nouveau continent, et rejeta au contraire, comme peu fondé, tout ce qui avait été allégué par divers savants, depuis Boturini jusqu'à G. Drake et Delafield, en faveur de l'origine asiatique des Indiens de l'Amérique. C'est une race, dit-il, essentiellement distincte de toutes les autres ; les crânes, anciens et modernes, des naturels du nouveau monde présentent une différence notable et tranchée avec ceux des habitants de l'ancien. G. Morton admet, comme les linguistes, l'unité de cette race américaine, persistant au milieu de la variété infinie de ses tribus ; toutefois, il signale un fait curieux, c'est que chez les tribus civilisées, Quichuas et Toltéques, l'espace occupé par le cerveau est plus petit que chez les tribus barbares [2] !

1. *Inquiry into the distinctive characteristics of the aboriginal races of America* (Philadelphie, 1844, 2ᵉ édit., p. 35 et 36). G. Morton est mort le 15 mai 1851 ; il venait de publier deux lettres, en réponse à celles de J. Bachmann, sur l'hybridité chez les animaux, dans ses rapports avec la race humaine.

2. Soixante-dix-sept pouces cubes chez les Toltéques, quatre-vingt-quatre chez les autres; quatre-vingt-douze dans la race germanique, etc. Ces études ont été continuées d'après les papiers

La Pointe, lundi 27 septembre 1858.

Après de longues incertitudes, j'ai enfin résolu de gagner Saint-Paul, en partant du petit port de Bayfield, dont j'ai déjà parlé, et que je crois ainsi nommé du nom d'un capitaine américain, qui dressa une carte de cette contrée en 1825. Une espèce de route a été tracée à travers les bois qui forment une large frange verte autour du lac Supérieur; plus loin, sur les prairies, on rencontre le sentier indien (indian-trail) que suivent les Chippewas, lorsqu'ils vont faire des expéditions dans le territoire des Sioux. Deux Américains se sont joints à moi pour louer un chariot, une tente, des peaux de buffles, etc. On nous conduira, en quatre ou cinq jours, sur les rives de la rivière Sainte - Croix, qui coule du nord-est au sud-ouest jusqu'au Mississipi, et dont la source (*Upper Saint-Croix Lake*) est située à sept cents pieds.

de Morton et sa collection d'environ onze cents crânes, par J. C. Nott, médecin à Mobile, dans les Types des races humaines, *Types of mankind*, 1854, qui ont eu sept éditions; puis, par Nott et Gliddon dans les *Indigenous Races*, où se trouve inséré un mémoire de M. Aitken-Meigs, intitulé : *The cranial caracteristics of the races of men.* (Philad. 1857.)

au-dessus du niveau du lac Supérieur, sur le même faîte que celle de la Mauvaise Rivière (ou Maschkeg?), qui va du sud au nord se jeter dans le Grand Lac, à peu près à égale distance de l'embouchure du Montréal et de la baie de Chegomigon. Là nous trouverons des canots indiens, pour descendre jusqu'à la bourgade nouvelle de Sainte-Croix-Falls, d'où il est facile de gagner Saint-Paul, la sentinelle avancée des villes du nord-ouest. Nous partons demain.

Avant dîner, je vais me promener sur la grève sablonneuse, près du campement indien. La soirée est venteuse et sombre, et cette mélancolie de la nature semble s'associer étroitement avec ma propre tristesse. Avec combien de regrets je quitte ce toit hospitalier de mes amis, et la petite Irlande que j'ai trouvée sur les côtes lointaines de cette île Madeleine, où je viens de passer les plus beaux jours de ma jeunesse, depuis ses malheurs et ses désappointements!

V

LA PRAIRIE. LE LAC LONE. LES MILLE LACS. BORDS DE LA SAINTE-CROIX. GORDON. SAINTE-CROIX FALLS. SAINT-PAUL DU MINNESOTA.

Mardi, 28 septembre 1858.

Après des adieux pénibles, nous quittons la Pointe et nous traversons le lac pour nous rendre au sud de Bayfield, à la demeure du colon qui s'est engagé à nous conduire avec son chariot jusqu'à Sainte-Croix. Sa baraque en bois est sous un ravin profond, à près de deux milles du lac : nous mettons assez longtemps à nettoyer, à examiner nos armes, à charger sur le chariot la tente, nos effets et nos provisions ; il est déjà plus de midi, lorsque nous nous mettons en marche à travers la forêt.

Qu'il me soit permis de présenter au public les personnages de la caravane :

1° Le juge Mac-Leod. Originaire de Philadelphie, aimable, ayant lu. Il a une juridiction sur ces prairies; les Indiens ont très-peur de lui. Ne chique pas.

2° Le colonel M.... (tout le monde est colonel ou major, dans le far-west). M. M.... du moins a fait la guerre du Mexique, sous les ordres du général Zacharie Taylor. Vous savez, sans doute, que la victoire de Buenavista (23 février 1847) l'emporte sur Austerlitz? Fort poli et excellent garçon. Brave comme un pionnier. Ne chique pas, mais marche mal.

3° L'auteur : tire sur tous les gibiers et manque tout, jusqu'à l'avant-dernier jour. Paresseux le matin, mais impatient le soir, quand les chevaux de M. Pike n'avancent pas.

4° M. Pike, le colon automédon[1]. Très-actif le ma-

1. Ce nom me rappelle celui du major Pike (depuis général), chargé par le congrès, en 1805, d'explorer la région du haut Mississipi. Son ouvrage, encore estimé, fut publié à Philadelphie en 1810, à Londres en 1811, et traduit à Paris en 1812. On sait qu'il ne put s'élever plus haut que le lac Cass (1400 pieds), déversoir du lac Pemidji (1456 pieds), qui reçoit du sud les eaux du lac Itasca, ou de La Biche (1532 pieds); les vraies sources du grand fleuve sont cinq petits ruisseaux (1680 pieds) qui descendent dans ce dernier lac, et qui ont été découverts et visités, tant en 1804 qu'en 1811-1812, par William Morrisson. Il reste à fixer la hauteur des sources du lac Turtle, affluent du lac Cass, venant du nord-ouest.

tin, mais voulant camper de bonne heure. Amoureux-fou de ses chevaux, dont l'un se nomme Jim et l'autre Dick, leur donne à boire dix fois par jour, et leur bassine les épaules avec notre thé. Chique et digère bruyamment. Tous les soirs se promène dans les vignes du Seigneur ; du reste, méthodiste zélé : il fait nombre dans les huit millions d'adeptes que cette secte compte aux États-Unis.

5° Robert Pike, fils du précédent ; réveillé chaque nuit pour aller donner à boire aux chevaux. Pas méthodiste du tout, mais ni ivrogne ni chiqueur. Brave jeune homme, plein d'entrain et de vie ; maniant la hache avec une adresse incroyable.

6° Michel, ou Chichigoyon, métis très-recommandé par le missionnaire de la Pointe. Très-assidu aux offices, très-ivrogne, très-paresseux, très-voleur, un peu assassin. Tire médiocrement, parle un peu français, et tâche de corrompre notre cuisinier.

7° Michel II, ou Quaquasi, Indien pur sang, aime son nom chrétien, mais ne parle que chippewa. Quand on l'appelle Quaquasi, il répond : Vaiwin (non) Quaquasi : Michel ! D'abord laborieux, puis endoctriné par son religieux compagnon.

Nous voilà donc partis pour l'inconnu, à travers une forêt rendue éblouissante par les teintes si riches de l'automne. Il y a une grande variété dans les essences d'arbres ; ce que je remarque de plus beau, ce sont quelques plènes gigantesques[1], aux branches énormes; leur écorce rugueuse, couverte d'une longue mousse blanche, leur donne une physionomie étrange, druidique. Nous passons deux ou trois maisons de bois à moitié bâties. C'est ce qui se nomme ici une *clearance*. Le mot demande une explication. Une loi, ayant pour but de favoriser l'émigration, donne au premier occupant du sol le droit d'acheter de préférence 20 arpents, à un dollar et demi (7 fr. 50 c. l'arpent), lorsque les terres sont mises en vente par le gouvernement.

Pour se procurer des droits, les enfants des colons vont élever des huttes dans les bois, c'est ce qui s'appelle faire une *clearance;* mais comme le plus souvent ils n'y restent pas, d'autres viennent à leur place; et cette loi, sage en elle-même, donne lieu à des contestations sans fin.

La route, si tant est qu'il y ait une route, est montueuse et difficile : Robert Pike et Michel marchent en avant, la hache à la main, pour couper les arbres qui obstruent fréquemment le passage. En fait de gibier, nous ne voyons que l'oiseau nommé ici grouse, mais qui diffère beaucoup des grouses des Iles Britanniques; elles sont plus petites, et ont le plumage noir; elles se perchent sur les branches comme des grives. Ces oiseaux sont si faciles à tuer

---

1. *Hemlock Larix microcarpa. Plène* est le mot des Canadiens français.

et si peu farouches, qu'un voyageur pour la compagnie de la baie d'Hudson, parent sans doute d'un trop célèbre baron, assure que si une compagnie se met sur un arbre, on peut les tuer un à un; mais, a-t-il soin d'ajouter, pourvu qu'on choisisse d'abord ceux qui sont sur les branches inférieures; car ceux qui sont perchés plus haut, en tombant à travers les feuilles, effrayeraient les autres. — Il fait une chaleur extrême sous ces ombrages touffus, où l'air circule à peine. Nous n'avançons presque pas, et ce n'est qu'un peu avant le coucher du soleil que nous arrivons sur les confins de la première prairie.

Peu à peu les clairières se multiplient, les bois s'éclaircissent et s'abaissent, et tout d'un coup, au haut d'une colline, la prairie s'étend devant nous.

La prairie! mot merveilleux, qui fait battre bien des cœurs, même à Paris; mot qui donne l'idée de la jeunesse, de la liberté, de l'entreprise, de la chasse, du désert; qui charme également le chasseur, l'agriculteur, l'homme positif et le poëte; la voilà!

Un espace immense; non pas plat comme le Sahara, mais un terrain ondulant, des ravins et des collines; quelque chose comme la campagne de Rome aux « aquæ acetosæ, » sauf l'horizon divin des montagnes de la Sabine. Pas de grands arbres, mais partout des chênes nains et des sumacks; leurs feuilles, rougies par les premières gelées d'automne, donnent à l'horizon une teinte bizarre, qui semble se réfléter dans le ciel envahi par un de ces couchers de soleil sanglants, si communs à cette saison dans l'Amérique du Nord.

Tout est étrange et nouveau pour moi ; nous campons sous quelques sapins, près d'un ruisseau. Après souper, je monte sur une éminence qui domine le camp. L'Occident s'est éteint, le vent seul siffle dans la solitude et agite les grandes herbes. La comète, que nous voyons depuis quelque temps, brille cette nuit d'un admirable éclat. Il m'est impossible de ne pas songer à une certaine scène du commencement de la *Prairie*, le meilleur des romans de Cooper. Mais, ainsi que le chasseur de miel et sa fiancée furent troublés par l'arrivée des Sioux, je le suis soudain par les hurlements des loups, qui m'avertissent que, même étant armé, il vaut mieux ne pas s'éloigner des feux.

29 septembre.

Nous quittons le camp de bonne heure : le soleil se lève dans un ciel sans nuages. Une brise fraîche souffle sur la prairie, et me repose de ma nuit blanche; car, peu accoutumé à dormir habillé, aux peaux de bisons, aux hurlements des loups, je n'ai pas fermé l'œil.

Au bout de deux heures, nous rentrons dans les bois. Ce ne sont plus les feuillages étincelants d'hier, mais de sombres forêts de sapins. Le sol sans herbe est couvert d'un épais tapis d'aiguilles desséchées. Plus loin, il n'y a plus que des peupliers et des érables; la nature semble dorée, et je comprends mieux les vers de Longfellow, dans sa belle pièce adressée à un chef indien :

> In autumn, the leave of the maple
> Pave the floors of thy palace-halls with gold.

En automne, les feuilles de l'érable pavent d'or le seuil de ton palais, et en été, les pins y envoient l'haleine parfumée de leurs branches.

C'est dans ces solitudes qu'il faut relire le dernier poëme de Longfellow, *la Chanson d'Hiawatha*, qu'un Européen apprécie difficilement. Mais quand on le lit à l'ombre des grands chênes de ces forêts, avec des Indiens pour compagnons, l'impression est toute différente. Les termes indiens immédiatement suivis des mots anglais ne me paraissent plus étranges ni désagréables; ces vers, d'un rhythme inusité qui rappelle les chants de guerre et les danses des hommes rouges, semblent alors pleins d'originalité, sinon harmonieux. Toutes les traditions chippewas y sont fidèlement racontées. Ce sont ces forêts que le jeune Hiawatha, fils de Wenonah et de Mudjekeewis, traversa, portant un daim frais-tué sur les épaules, quand il alla demander la main de Minnehaha, la plus aimable entre les filles des Dacotah (Sioux), pour sceller la paix entre eux et les Ojibbeways[1]. Et Longfellow, qui n'a jamais visité ces contrées, semble posséder une véritable intuition poétique, tant il est exact dans ses descriptions, tant on y trouve le sentiment de cette nature septentrionale, de ce climat si rude, mais si beau.

Nous campons ce soir près du lac Solitaire (Lone) : il mérite bien son nom, loin de toute demeure humaine, et comme perdu dans l'immense forêt. Quand nous y arrivons, les derniers rayons du soleil éclairent les arbres élevés de la rive occidentale ; des nuages roses flottent dans l'air, et se reflètent dans l'onde calme; tout est silence : mais bientôt le bruit de la hache retentit, la tente se dresse sur le gazon moussu, le feu s'allume; un bon souper nous repose des fatigues de la journée.

1. M. Schoolcraft, l'auteur de la grande *Histoire des tribus indiennes*, dont le Ve et dernier volume avait paru en 1855, s'est reposé en publiant, en 1856, *The myth. of Hiavatha*, in-8°. — Il a paru, en 1860, un volume intitulé *The Dacotah Indian Tribes*, par M. James Lind, de Henderson, en Minnesota; un autre sur les Assiniboines, par M. Henry Youle Hind, M. A. (*Master of Arts*). Lond.

30 septembre.

J'ai passé une bonne nuit, ayant pris le parti de me déshabiller. C'est ce que je conseille à tous ceux qui voyageront avec une tente dans un climat tempéré. On n'est jamais rafraîchi entièrement quand on garde ses vêtements. Nous voudrions bien prolonger un peu notre repos. Mais, longtemps avant le jour, le vieux Pike s'est levé ; il faut partir.

Dès que l'aurore pâle d'une matinée nuageuse nous permet de distinguer le sentier à peine tracé, nous laissons derrière nous le lac Lone. Lorsque le jour paraît, nous nous trouvons sous des pins d'une hauteur prodigieuse qui, étant éloignés d'un cours d'eau, resteront sans doute encore debout pour des siècles. Sous leurs dômes sombres croissent avec abondance la grande herbe nommée langue de renne, et la nervine, plante rare, excellente contre les maux de nerfs et que les colons recherchent toujours, car elle annonce un bon terrain.

Peu à peu, nous élevant graduellement, nous arrivons sur une haute crête, entre le grand lac Muscolong, où la Mauvaise Rivière prend sa source, et le lac des Pins. Nous entrons maintenant dans la région appelée par les Indiens les Mille Lacs. Quelques-uns sont déjà nommés, comme le lac Spider (Araignée), près duquel nous nous arrêtons à midi; mais la plupart n'ont pas encore de désignation. Nous en baptisons plusieurs. Nous enlevons l'écorce d'un des grands arbres de leurs rivages, et inscrivons les noms, chers à tout cœur Français, d'Orléans et de Bourbon, et au-dessous la date de notre passage. Ces noms leur resteront peut-être.... Ne serait-il pas curieux, si plus tard nous revenions dans ces déserts, de trouver des villages ainsi nommés, dans les contrées qu'aujourd'hui l'Indien seul connaît encore?

Sur presque tous ces lacs, nous voyons des troupes de canards et d'oies sauvages. Ces derniers oiseaux, qui portent en chippewa le nom très-imitatif de Wawa, sont en effet très-sauvages; nous ne parvenons à les tirer qu'à balle : nous tuons quelques canards, mais impossible de les repêcher sans chien, à travers la boue et les roseaux.

Cette journée est très-fatigante : nous avons continuellement à couper notre route à travers les arbres, à écarter les branches mortes qui obstruent le sentier. Ce n'est que tard dans l'après-midi que nous arrivons à la grande prairie. Ennuyés de l'horizon borné des bois, nous saluons l'espace avec un plaisir extrême, nous voyons des empreintes et du crottin d'élan (moose-head deer).

Cette vue enflamme nos passions chasseresses !
Robert et moi, nous marchons en éclaireurs ; du
fond d'un bouquet de pins, nous apercevons un
troupeau de daims qui paissent au loin dans une
vallée ; le vent est en notre faveur ; nous nous glissons dans les herbes, et nous arrivons assez près
de ces animaux qui sont peu farouches, car les
Indiens de ces parages n'ont que de vieux fusils à
pierre, qui ne portent pas loin ; mais, soit maladresse, soit toute autre cause, nous les manquons ;
et nous en avons d'autant plus de chagrin, que
nous n'avons pas de perdrix ce soir, et que le lard
américain ne ressemble guères au *bacon* appétissant
qui se mange en Irlande.

Nous campons dans la prairie, sur les bords d'un
lac charmant ! Au milieu est une île couverte de
grands pins, si bien dessinée, qu'on la dirait artificielle. Vesper se lève dans l'occident encore
vaguement doré. Nous donnons à ce lac le nom
poétique de l'Étoile du Soir.

Comme les nuits précédentes, la comète (en
chippewa, Iskoodah) brille dans l'ouest d'un éclat
merveilleux. Cette vie sous la tente, dans un pays
vierge et magnifique, sans moustiques, avec un
beau climat, réaliserait presque l'idéal..., sauf une
femme aimée. Pourquoi aucun de nos poëtes n'est-
il venu ici ? Il aurait recueilli des images plus
énergiques et plus jeunes que celles qu'on trouve

dans les brouillards de la Seine, ou devant les sites
si souvent énervants de l'Italie.

1er octobre.

Nous avons eu une alerte dans la nuit. Les loups
se sont approchés de nous, en hurlant d'une façon
lugubre. Quoique ne craignant pas beaucoup leur
attaque, j'ai pris ma carabine toujours placée près
de moi, tandis que ma boîte à revolvers me sert
d'oreiller; puis, me glissant jusqu'à la porte de la
tente, j'ai tiré un de ces animaux, que j'apercevais
vaguement à la clarté d'une nuit étoilée : la bande
s'est éloignée; mais ses hurlements, quoique moins
proches, nous ont empêché de dormir jusqu'au
jour. Des traces de sang, que nous voyons à l'endroit
où j'ai tiré le loup, prouvent que je l'ai touché;
nous ne parvenons pas à le retrouver.

Ce beau mois, où les couleurs de la terre et du
ciel sont si brillantes, s'annonce par un lever de
soleil divin. La brume rampe sur le lac paisible de
l'Étoile du Soir, mais elle n'atteint pas le sommet des grands arbres de l'île. Le firmament est
couvert de grands nuages ardoisés, sur lesquels se
frisent des nuages roses plus petits. A l'Orient, on
aperçoit une ligne d'or verdâtre, tandis que la

prairie elle-même est, pour ainsi dire, baignée dans une vapeur violette. On ne peut, ni avec la plume, ni même avec le pinceau, rendre la beauté de cette scène.

Le mot prairie s'entend de tout endroit désert, qui n'est pas envahi par l'éternelle forêt américaine; toutefois il y a plusieurs espèces de prairies. La prairie proprement dite, qu'on rencontre surtout dans l'Illinois et dans le Nebraska, c'est la plaine sans limite, sans arbres; un Sahara avec de l'herbe au lieu de sable; — la prairie ondulante (rolling - prairie) déjà décrite; — la prairie de pins (pine-prairie) dont le sol est couvert de petits sapins qui n'ont que deux à trois pieds de haut; — la prairie humide (the wet prairie) qui, comme son nom l'indique, est marécageuse, et où croissent en abondance les roseaux, les sureaux, les cotonniers. Pendant cette journée, nous rencontrons ces trois dernières espèces de prairies. J'avoue que je n'aime ni n'admire les prairies humides. Rien n'effraye plus les chevaux, et, je peux ajouter, les hommes, que de sentir le sol s'enfoncer sous ses pas. La confiance dans la stabilité de la terre que nous foulons est un des sentiments les plus communs à tous les animaux. Pour ma part, dans de pareils endroits, à ce malaise vient se joindre la crainte des serpents à sonnette : crainte un peu chimérique du reste, car ce terrible reptile, et ses autres collègues venimeux, n'ont presque jamais été vus plus au nord que le lac Pépin.

Nous avons à traverser à gué plusieurs cours d'eau, dont l'un a été nommé l'Eau-Claire par les chasseurs canadiens[1]. Partout s'offrent à nous des marques de la présence des chevreuils, mais nous n'en voyons pas; sans doute ils auront été chassés par la bande de loups d'hier soir. En revanche, nous trouvons une quantité énorme de perdrix et de pigeons ramiers. Nous insistons pour aller, malgré le vieux Pike, jusqu'au petit lac Sablonneux[2]. Au moment où nous dressons la tente sous de vieux chênes, de grosses gouttes de pluie commencent à tomber. Pike est atterré : que vont devenir ses chevaux? Il nous propose de les mettre sous la tente. Frémissant de rage à notre refus, il veut prendre tout notre thé pour bassiner l'épaule de Jim. Nous ne faisons pas attention à ce vieux maniaque, et on nous apprête un souper de roi, avec des perdrix rôties devant le feu, sur des baguettes d'un bois aromatique. Les Indiens sont vraiment de très-habiles cuisiniers, mais c'est Quaquasi qui fait tout.

1. Il y a une autre rivière, Clear-Water, qui se jette dans le Mississipi (rive droite), sous la même latitude, entre l'embouchure de l'Osakis et celle du Carishon ou Crow-River, rivière des Corbeaux.

2. Ne pas confondre avec le grand Sandy-Lake, qui se jette dans le Mississipi (rive gauche), un peu au-dessous des Petits-Rapides et de l'embouchure du Cygne, West-Swan-River.

Le saint homme Michel, qui a commencé par se
griser la première nuit, et qu'il aurait fallu laisser
en route si je n'avais pas pris le grand moyen de
casser ma jarre de whiskey, le saint homme donc
fait semblant d'être malade, pour ne pas nous
servir. Le juge lui administre une dose de poivre, de moutarde et d'eau chaude, et lui annonce qu'il avalera deux autres doses dans la
nuit, s'il ne va pas mieux. Le remède semble
produire un effet étonnant.

Samedi, 2 octobre 1858.

Il a plu presque toute la nuit, mais notre
bonne tente nous a garantis de l'eau, et maître Pike,
un peu honteux de ses fureurs de la veille, nous a
laissé dormir jusqu'à une heure raisonnable.

Nous devons arriver aujourd'hui, sur les deux
heures, à une maison construite au confluent des
rivières Namacagon et Sainte-Croix. On nous a dit
que nous y trouverions des canots. Nous longeons
tantôt des lacs, tantôt des bois de sapins et de mé-
lèzes, nommés ici hackmataks et tamaracs. Cette
différence, entre les noms d'arbres en Amérique
et ceux usités en Angleterre, m'a déjà frappé. Je

remarque aussi les locutions bizarres de l'Ouest, les mots *mean* (vif), *I guess* (je devine), employés à tout propos.

A mesure que nous approchons de Namacagon, le pays devient aride, puis nous descendons dans des prairies marécageuses, encombrées d'alders (sureaux); nous allons si lentement, que l'impatience nous saisit. Nous nous consolons en pensant aux plaisirs prochains de Namacagon. Nous nous figurons une jolie maison, un campement indien bien pittoresque, des canots à choisir, des vaches et du lait, etc.

Quel château en Espagne bien vite écroulé! Namacagon, le charmant Namacagon, est une affreuse hutte dans un marais; pas de canots; en fait d'êtres animés, un vieil Indien bien misérable, et deux enfants tout à fait nus; plus, quelques millions de moustiques. Nous sommes dans la partie nord du comté de Burnett.

Cependant le juge et le colonel se décident à attendre ici le retour du propriétaire, qu'on nous dit parti en canot. S'il n'est pas arrivé demain matin, il est convenu qu'ils me rejoindront à Gordon, où je les attendrai jusqu'au soir. Gordon n'est qu'à quatorze milles d'ici, sur la Sainte-Croix, mais il faut traverser la Namacagon.

La rivière est large et a l'air assez profonde; l'amour-propre du vieux colon ne veut pas se laisser arrêter par un pareil obstacle ; nous entrons dans l'eau, guidés par l'Indien, qui nous montre le gué. Nous nous sommes déshabillés, Robert et moi. Bien nous en prend ; car, arrivés au milieu du courant, le chariot commence à enfoncer ; nous nous jetons à l'eau pour l'alléger et je gagne l'autre bord à la nage, assez satisfait de ce bain par une journée très-chaude. Robert et l'Indien aident les chevaux, Pike conduit bien, et le chariot arrive enfin aussi.

Nous gravissons les côtes qui bordent la Sainte-Croix et nous nous acheminons, à travers un bois, vers la cité de Gordon. Pas de route tracée, le propriétaire de Namacagon, notre ci-devant château en Espagne, n'allant jamais qu'en canot quand il sort de chez lui ; seulement, de temps en temps, un arbre avec une entaille faite à la hache ; c'est ce qu'on appelle, en Amérique, *blazed road*.

Parfois, nous avons de charmantes échappées de vue sur la rivière ; mais ces quatorze milles nous paraissent sans fin, la nuit arrive rapidement, et nous sommes obligés de camper dès que nous trouvons un endroit avec un peu d'eau pour bêtes et gens. Des ossements que nous voyons près de la route (peut-être ceux d'un cheval) et une bise aigre qui siffle dans les branches, ne nous disposeraient pas à une grande sérénité. Mais il y a plus de danger sur les confins de la civilisation américaine qu'en plein désert.

3 octobre.

Pendant qu'on charge le chariot, je marche en avant; au détour d'un petit bois, j'aperçois un magnifique chevreuil à quelques pas de moi; malheureusement l'émotion me saisit, ce qu'on nomme en Angleterre la fièvre du cerf (*buck-fever*), et j'ai le chagrin de le manquer.

La splendide cité de Gordon, où nous arrivons bientôt, se compose d'une maison. Plusieurs Américains y sont réunis. Ils ont un grand canot, en bois très-léger, mais d'apparence un peu moins fragile que ceux d'écorce de hêtre. Mon Indien veut m'empêcher de le prendre; il m'assure qu'il y a des rapides dangereux, que les hommes blancs ne savent pas manœuvrer un canot, etc.; enfin il me conseille de ne pas attendre les deux messieurs américains, et d'aller à huit milles plus loin, chez un métis, du nom de Coveo, qui me conduira bien plus rapidement à la ville de Sainte-Croix. Sans me méfier de lui, je ne suis pas ses avis, et, sur les deux heures, le juge et le colonel arrivent comme on en était convenu la veille. Le propriétaire de Namacagon n'a toujours pas reparu.

Nous partons immédiatement : un homme est à l'avant et fait avancer le canot avec une espèce de pagaie ; un autre est à l'arrière, et gouverne avec un engin analogue.

Nous sommes couchés sur nos bagages au milieu du canot, avec injonction de ne bouger que le moins possible.

Pike, son fils, et nos deux Indiens, sont restés à Gordon. Il m'en a coûté de me séparer de Robert qui m'avait inspiré une grande amitié. L'un et l'autre nous faisons des vœux réciproques pour notre bonheur, dans les pays et les situations différentes où le sort nous a placés.

La nature me paraît triste : un courant rapide est en notre faveur, mais un vent violent s'élève en sens contraire, et nous avançons si lentement que nous nous décidons à camper, dès que les rives élevées s'abaisseront.

Un peu avant d'arriver à cet endroit, quelle n'est pas notre horreur, en voyant un cadavre humain en décomposition, suspendu à un arbre qui domine la rivière ! On nous dit que c'est le cadavre d'un Sioux, tué par les Chippewas. La Sainte-Croix forme la limite, non-seulement entre les deux États du Minnesota et du Wisconsin, mais encore entre les territoires de chasse de ces deux puissantes tribus, qui augmentent au lieu de diminuer comme tant d'autres ; aussi ses ondes sont-elles souvent ensanglantées; cet été il y a eu plusieurs rencontres, où les Sioux ont eu le dessous. Deux jeunes Sioux sont restés cachés deux jours entiers dans les épais roseaux d'une petite île, guettés par une troupe de Chippewas qui n'osaient pas affronter leurs coups de fusil; car chez les Indiens, la guerre est une affaire d'adresse et de surprise, bien plutôt que de courage. Dans la seconde nuit, ces jeunes hommes sont parvenus à s'échapper à la nage, malgré la vigilance de leurs ennemis.

Cette journée sombre est terminée par un admirable coucher de soleil; trois lignes horizontales, orange, cerise, et lilas, remplissent l'occident; mais cela ne dure qu'un instant; et la nuit descend, avec une rapidité étonnante pour un pays du Nord.

Nous campons sous les grands cotonniers d'un rivage marécageux. Nous sentons vivement la privation de notre tente, laissée à Gordon. Sur les collines prochaines, les loups font entendre leur charivari infernal.

4 octobre.

Les loups nous empêchent de dormir la plus grande partie de la nuit. A deux heures du matin, nous sommes debout; et pendant que nos bateliers

préparent un déjeuner composé d'une soupe de riz
sauvage, au lard, le juge nous entretient de l'assassinat de M. Mac-Iwen, à cette même saison, l'an dernier. Il était parti à pied de Bayfield, avec le métis
Coveo. On n'a plus eu de ses nouvelles, jusqu'au
moment où son cadavre a été découvert, lors de la
fonte des neiges. Deux Indiens étaient venus à Namacagon avec sa montre et ses boutons de manches en
or. On devait les arrêter, mais ils sont morts subitement, empoisonnés, à ce que l'on dit. Les soup-
çons se sont portés alors sur Coveo, qui aurait fait
commettre ce crime par les Indiens, et les aurait
empoisonnés ensuite, de peur d'être dénoncé par
eux. Malheureusement on n'a pas de preuves po-
sitives contre lui. Je commence à comprendre pourquoi le saint homme Michel voulait à toute force
me conduire chez ce Coveo.

L'atmosphère est si calme, que nous voulons en
profiter. Nous partons longtemps avant le jour; le
croissant de la lune brille encore à l'horizon ; une
brume blanche rampe le long des arbres de la rive,
qui semblent flotter dans l'air. Aux premières
lueurs de l'aube nous entendons un galop dans les
bois, nous restons immobiles et silencieux : bientôt
une troupe de chevreuils paraît, et plus heureux
que ces derniers jours, j'ai le bonheur d'en tuer un.
Peu de temps après, nous arrivons aux rapides de la
Chaudière (*Kettle*). Ils s'étendent sur un espace de six

milles ; et ce n'est pas sans quelque danger que nous les passons, car l'un de nos bateliers n'entend rien à son affaire et ne pense qu'à chiquer, tandis que l'autre, brave jeune bûcheron, est bien un homme de l'Ouest pour l'insouciance dans le danger et pour la témérité.

Les bords de la Sainte-Croix, très-accidentés et couverts à cette saison d'un éblouissant feuillage, seraient un paradis pour un bon chasseur. Les chevreuils pullulent dans ses forêts, les loups y sont communs ; on y rencontre même des ours bruns ; au-dessus de ses ondes planent les faucons d'eau, es aigles, les martins-pêcheurs ; dans ses roseaux habitent des myriades de canards et d'oies sauvages ; enfin, les rats musqués et les loutres sont communs dans ses rochers. Il y avait autrefois des castors, mais ils sont presque tous détruits.

Vers le soir, nous apercevons une chevrette qui descend rapidement le rivage escarpé, et se jette dans la rivière ; probablement elle est poursuivie par des loups : nous faisons feu ensemble ; et voilà une seconde bête dans le canot. Mais nous sommes surchargés ; de plus, un vent contraire s'é-ève de nouveau, et ce n'est qu'à dix heures du soir ue nous arrivons à une cabane de bûcherons, éreintés, comme on peut le croire, et transis de froid. Il y a un lit ! le maître de la maison, grand gaillard à barbe rousse, voyant un pauvre jeune homme grelottant, m'annonce, avec un ton de protection bienveillante, qu'il me permettra de le partager avec lui ; il murmure quelques mots sur mes idées anglaises, lorsque je le remercie pour aller m'étendre près du poêle. Nous sommes bien vite endormis ; un gros chien semble avoir pris en affection ma personne ou mes peaux de buffle.

5 octobre.

Entre notre gîte et la petite ville de Sainte-Croix ou Taylor's-Falls, il y a encore sept milles de rapides. Ils sont beaucoup plus dangereux que ceux de la Chaudière[1] ; mais deux bûcherons habiles nous conduisent, et nous n'éprouvons pas la moindre crainte. Au contraire, c'est une sensation enivrante que de glisser, sur les eaux agitées, avec une vélocité prodigieuse. Nous débarquons heureusement, quoique les affreux jurons de nos hommes n'eussent pas dû nous porter bonheur. Les bûcherons (*lumbermen*), originaires en général de l'État du

---

1. Ce nom est celui de la rivière (la *Kettle*) qui se jette dans la Sainte-Croix, par la droite, au-dessus des Rapides ; elle vient du nord, des lacs Island et Big-Rice.

Maine, sont du reste une classe à part. Ils ne manquent pas de générosité et de bonhomie ; l'égalité pour eux n'est pas un vain mot, ils sont pleins d'une rude bonne humeur ; et souvent, ma foi! on aimerait mieux fraterniser avec eux qu'avec certains petits bourgeois ignorants et envieux.

A Sainte-Croix-Falls, chef-lieu du comté de Polk, en Wisconsin, nous prenons une voiture légère, nommée ici *buggy* (sorte de dog-car, ou tilbury); nous cheminons à travers des bois et une vaste prairie, sur une route excellente pour l'Amérique ; et sans autre aventure que de faillir nous perdre un peu avant d'y arriver, nous entrons à Saint-Paul à neuf heures du soir ; et bientôt un bon lit de plume nous fait oublier nos couchers moins confortables de ces derniers jours.

Saint-Paul, ce 9 octobre 1858.

Saint-Paul est la capitale du Minnesota, l'état le plus récemment admis dans l'Union (11 mai de cette année), avec une population de cent cinquante mille habitants, dont quinze mille sont Français d'origine. C'est le poste avancé des États-Unis à l'ouest. Les progrès de cette ville ont été

merveilleusement rapides; les Américains disent
qu'elle est sortie de terre tout armée, comme Mi-
nerve du cerveau de Jupiter.

A quelque distance de Saint-Paul se trouvent le fort
Snelling, situé au confluent du Minnesota (Saint-
Pierre) et du Mississipi dont la garnison est destinée
à empêcher les guerres des Sioux et des Chippewas;
là cascade de Minnehaha, formée par un affluent
du Mississipi, haute de soixante pieds, et célèbre
par la Chanson d'Hiawatha, où Longfellow donne
ce doux nom à son héroïne; et les cataractes de
Saint-Antoine, ainsi baptisées par le père Hennepin,
en mars 1680, en l'honneur de saint Antoine de
Padoue. Nous allons tout visiter par une journée
belle et soleilleuse, mais aussi froide qu'une journée de janvier en France.

Les Américains industrieux commencent, depuis
deux ans, à tirer parti de la puissance motrice de la
chute, et des usines nous gâtent le paysage. Ce qui
est curieux, c'est l'immense accumulation de troncs
d'arbres, que l'on voit dans les bassins destinés à les
recevoir, avant d'arriver aux cataractes. Ces bois
ont été coupés par des bandes de bûcherons (*lumbermen*) dans les forêts du Nord, et abandonnés ensuite au courant. Chaque bande de lumbermen a
une marque distinctive, qui fait reconnaître à chacun sa propriété.

C'est aussi à Saint-Antoine qu'arrivent maintenant

une grande partie des fourrures de la compagnie de la baie d'Hudson. Les voyageurs canadiens qui les escortent partent de Pembina, ville située au confluent de la Pembina avec la rivière Rouge du Nord, à la frontière des possessions britanniques; ils remontent la rivière, arrivent au Mississipi par un court portage, et le descendent jusqu'ici. Autrefois, toutes ces marchandises étaient expédiées en Angleterre par la navigation dangereuse de la baie d'Hudson et du détroit de Davis.

Mon séjour à Saint-Paul s'est passé très-agréablement, grâce au juge Mac-Leod, et grâce aussi à l'hospitalité de cette vigoureuse population de l'Ouest. Elle a sans doute quelques défauts; mais il est impossible de ne pas admirer sa grandeur et son énergie.

Je pars demain pour me diriger vers le Sud; malgré la sécheresse d'automne, les bateaux à vapeur, qui n'ont qu'un tirant d'eau peu considérable, peuvent encore naviguer sur le Mississipi jusqu'ici.

VI

QUINCY. DOUGLAS ET LINCOLN. SAINT-JOSEPH. LAWRENCE
ET LES GAILLARDS DE LA PLATTE.

Quincy, mercredi 13 octobre 1858.

En trois jours et trois nuits, j'ai fait plus de six
cent cinquante milles sur le Mississipi, de Saint-Paul
jusqu'à Quincy, chef-lieu du comté Adams dans
l'Illinois, où je m'arrête pour entendre, dans une
réunion électorale, le sénateur Douglas et son ad-
versaire Lincoln.

J'ai passé le temps de ce trajet à sauter d'un
bateau dans un autre, les uns étaient rapides, les
autres étaient lents; tous étaient remarquables
par la malpropreté et la voracité de leurs voya-

geurs, et par l'insolence de leurs pursers (agents comptables).

Il y a généralement de cent à deux cents personnes, quelquefois plus, comme ce matin, sur ces bateaux à vapeur; et généralement aussi il n'y a que deux ou trois lavabos dans la chambre du barbier; deux serviettes, l'une pour toutes les figures et l'autre pour toutes les mains; un peigne, une brosse à cheveux et une brosse à dents; on fait queue : « Monsieur, la brosse à dents, après vous, s'il vous plaît. » Mais ce sont là les aristocrates. Le plus grand nombre de ces hommes libres partent de chez eux sans linge, et sans bagages; ils ne se lavent, ne se déshabillent, et ne changent qu'à leur retour. Depuis quelque temps, il y a un progrès marqué; ils ôtent leurs bottes avant de se coucher.

Du reste, ce sont d'assez bons garçons, quand on sait les prendre. Il faut louer les États-Unis par-dessus tout, en général, et l'Ouest en particulier, et ne pas parler politique, à moins qu'un nasillement bien prononcé ne vous annonce un yankee (gens de Boston); vous pouvez alors être républicain à votre aise. Ils sont assez disposés à parler, si vous les interrogez, mais ils causent peu entre eux; ils préfèrent chiquer, silencieusement, assis, et, si c'est possible, les jambes plus haut que la tête.

Lorsque vient le moment des repas, c'est sérieux, il ne faut plus parler et plaisanter; ils mettent leur chique dans leur gousset, si elle n'est pas usée, et se précipitent pêle-mêle vers la table ; alors on les voit entasser sur leurs assiettes, rôti, pâtisserie, pommes de terre, fruits au vinaigre, confitures, etc. Ils se servent de leur couteau pour manger (les jolies dames allemandes n'en font-elles pas autant?) et pour découper ; quelquefois aussi de leurs doigts ; deux messieurs prennent, l'un l'aile d'un poulet, et l'autre la cuisse, ils se regardent à travers la table d'une manière farouche, et tirent chacun de leur côté jusqu'à séparation complète. Au bout de cinq minutes, tout est fini, tout a disparu ; rien n'a été mâché ; et les bruits les plus étranges et les plus accentués annoncent bientôt que la digestion américaine est difficile.

Le physique de ces sauvages (comment les nommer autrement?) n'est pas très-avenant. Ils sont grands, maigres et jaunes, avec des barbes de bouc mal tenues à leurs mentons. Ils seraient robustes sans leurs maladies d'estomac. Leur voracité en est cause, Quoi de plus déplorable que cette dégoûtante habitude? peuvent-ils rien alléguer en sa faveur? Quand ils sont pour des jours entiers sur des steamboats, sont-ils pressés par leurs affaires? De leurs femmes je ne dirai rien, car on doit toujours bien parler du beau sexe.

Le Mississipi n'est pas le fleuve célébré par Châteaubriand, qui peut-être ne l'avait pas plus vu que les chutes du Niagara. Des rives plates, sauf autour du lac Pépin, un lit plein de bancs de sable, quelque chose comme la Loire entre Orléans et Blois ; de belles forêts, il est vrai, mais c'est mon pain quotidien depuis deux mois ; en outre, le temps a été très-peu favorable.

Cependant la navigation du Mississipi a bien un caractère spécial, qui tient au nombre énorme de ces bateaux à vapeur bizarres, décrits ailleurs ; ce fleuve est la grande artère de l'Ouest ; il faut songer que l'on n'est ici qu'au commencement de son cours immense, dont l'importance ne cessera de croître dans l'avenir. Il y a deux cents ans, on le connaissait à peine. Marquette fut le premier, ou l'un des premiers, qui parvint sur ces bords, avec son compagnon Joliet ; le souvenir de cet intrépide jésuite, dans son canot d'écorce, guidé par les Indiens Renards, est le seul qu'on rencontre sur le haut Mississipi, mais il est beau comme les souvenirs des premiers âges chrétiens.

Il y a beaucoup de monde dans les rues de Quincy ; des processions de charrettes pavoisées, des pancartes avec « Douglas ou Lincoln pour toujours[1], »

---

1. Voici Douglas et Lincoln, qui reparaissent comme rivaux dans les Conventions ou assemblées préparatoires pour l'élection présidentielle de novembre 1860. Dans une assemblée tenue du 16 au 19 mai dernier, dans le wigwam de Brooklyn, Abraham Lincoln a été acclamé comme candidat des républicains ; il est né en 1809 dans le Kentucky, mais il a représenté l'Illinois au

en grosses lettres, etc.; enfin des choses qui ne sont pas nouvelles pour ceux qui connaissent les élections en Angleterre et en Irlande, et qu'on devait voir aussi en France, du temps que les élections n'étaient pas une affaire gouvernementale peu intéressante.

La lutte électorale qui passionne en ce moment l'État de l'Illinois, intéresse vivement les États-Unis, et jusqu'à un certain point l'Europe, à cause de la haute position de M. Douglas, qui passe pour un des hommes les plus habiles de l'Amérique, et même pour un futur président. Il appartient au parti démocratique, c'est-à-dire partisan de l'esclavage; mais lors des débats sur la fameuse question du Kansas, il a formé un tiers-parti que l'on nomme démocratique anti-Lecompton, c'est-à-dire opposé à la constitution du Kansas rédigée le 7 novembre 1857 à Lecompton. Le Sud soutenait que l'esclavage devait exister dans les Territoires, le parti répu-

---

30º congrès, et c'est ce qui lui assure une grande partie des suffrages de l'Ouest. Il est issu d'une famille de pionniers : c'est ce qu'on appelle un *self-made man;* il s'est créé lui-même. Les démocrates, pour faire échouer sa candidature, cherchent à prouver, en citant ses discours de 1858, qu'une fois au pouvoir, il attaquera de front l'esclavage, poussera le Sud à bout, et mettra l'Union en danger; les plus modérés d'entre eux, sachant très-bien qu'il ne peut songer à l'abolition, se contentent de l'appeler extinctioniste. Leur assemblée préparatoire aura lieu le 19 juin à Baltimore; mais le parti est divisé, et plusieurs candidatures ont surgi, qui compromettront celle du petit géant Douglas.

blicain du Nord voulait l'exclure de tous les territoires situés au nord du 36° 30′ de latitude. Le
Kansas, vers lequel je vais me diriger, fut le champ
de bataille des partis. Ce territoire, comptait en
août de cette année, 75 000 habitants, et plusieurs
États n'ont pas une population aussi considérable;
mais en raison même de cette lutte, et pour gagner du temps, le Congrès, par une loi du 4 mai,
vient d'ajourner l'admission du Kansas dans l'Union
à titre d'État, jusqu'à ce que, d'après un Census
dûment et légalement exécuté, le nombre des habitants soit au moins de 93 423, chiffre de la population que représente en moyenne au Congrès chacun
des 233 représentants. Alors seulement, comme
État souverain en pleine possession de son autonomie, le Kansas décidera s'il adopte exclusivement le
travail libre ou s'il autorise l'esclavage [1]. Les atrocités qui se commirent dans le Kansas, d'où les
Proslavery-Men voulaient expulser les *Free-Soilers*,
ou partisans du travail de l'homme libre, émurent

1. Ce point constitutionnnel, si longtemps débattu, vient
d'être de nouveau fixé par la sixième des résolutions proposées
au sénat, et votées le 26 mai dernier. Un projet de constitution
a été rédigé pour le Kansas, à l'assemblée de Wyandotte, le
5 juillet 1859; le bill pour l'admission de ce nouvel État dans
l'Union, comme État libre, a été adopté en 1860 par la chambre des représentants; il ne lui manque plus que la sanction du
sénat, qui ne pourra la lui refuser, quoique les esclavagistes
y soient en grande majorité.

tous les honnêtes gens ; quand on voulut le paci-
fier en le réglant, Douglas se prononça en faveur
de la *squatter sovereignty*, c'est-à-dire du pouvoir
qu'auraient les premiers colons d'admettre ou d'exclure l'esclavage.

Comme de coutume, ce terme moyen mécontenta
également les démocrates et les républicains ardents.
Les élections pour le sénat vont avoir lieu, et l'avocat républicain Lincoln dispute le siége à celui que
les journaux nomment le petit géant, à cause de sa
petite taille et de sa vaste habileté.

Le discours de Douglas se ressent d'une position
un peu fausse, car il ne veut ni défendre ni condamner l'esclavage, afin de se concilier les deux
partis : ses arguments sont peu concluants ; sa voix
est sonore, mais sans précision. La voix de Lincoln,
au contraire, peu harmonieuse mais claire, se fait
entendre au loin, et ses raisonnements serrés en
faveur d'une bonne cause, ses railleries mordantes,
le font applaudir par une foule composée cependant, pour la plus grande partie, d'amis de Douglas.

Ce qui m'a le plus frappé, en effet, c'est la bonne
conduite de la population pendant les discours : pas
de désordre, pas d'interruptions ; attitude de gens
qui viennent s'éclairer, qui tiennent à exercer
sérieusement leurs droits politiques. Je quitte
Quincy, très-persuadé que les Illinois *suckers* sont
dignes d'être électeurs.

Pourquoi nomme-t-on les gens de l'Illinois *suckers?* Je ne sais, mais ces genres de surnoms sont communs aux États-Unis. C'est ainsi que les gens des États de la Nouvelle-Angleterre sont nommés *yankees*, ceux du Michigan *badgers*, ceux de l'Ohio *buckeyes*, de l'Indiana *hosiers*, du Missouri *pukes*, du Wisconsin *woolvereens*. Les États ont aussi leurs surnoms : *Old-Dominion* est l'État de Virginie ; *Pine-State* celui du Maine ; *Cotton-State* celui du Mississipi ; *Crescent-City* est la Nouvelle-Orléans ; *Quaker-City*, Philadelphie ; *Empire-City*, New-York ; *Bay-City*, Boston ; *Monumental-City*, Baltimore, etc. Les journaux sont pleins de ce jargon, et si on ne le connaît pas, on risque fort de ne pas les comprendre.

Saint-Joseph, 16 octobre 1858.

Le 13 au soir, j'ai quitté Quincy, et j'ai été coucher à Hannibal, petite ville de l'État de Missouri, d'où je suis reparti le 14 au matin, pour gagner Saint-Joseph, en traversant les bois et les prairies. On fait déjà quatre-vingts milles de cette route en chemin de fer ; mais les ouvrages sont à peine terminés, les ponts sont encore à jour, et nous met-

tons sept heures à faire ce court trajet. Ne serions-
nous pas ingrats de nous plaindre? Nous passons à
Palmyre, à Mâcon, et à Syracuse! Mais ces noms
si pompeux font un effet singulier, quand les réa-
lités apparaissent : Palmyre se compose de deux ou
trois maisons, Syracuse d'un cabaret, etc.

Enfin, le chemin de fer s'arrête au milieu d'une
prairie, et nous montons dans un de ces carrosses
du marquis de Carabas, déjà décrits. Le temps est
admirable, enivrant, poétique; le soleil couchant
colore les vapeurs qui s'élèvent de la plaine, mais
il est impossible de ne pas songer aux horreurs de
la nuit qui nous attend : au crépuscule, nous entrons dans un vallon boisé, sillonné de nombreux
cours d'eau qu'il faut franchir à gué. Le cocher
nous fait descendre chaque fois, et nous avons à
traverser la rivière sur des troncs d'arbres plus ou
moins glissants; toutefois, ce sont encore là les instants les moins désagréables; car les cahots de la
voiture merappellent le roulis de *l'Arabia*, et comme
de coutume, la digestion de mes compagnons, si
j'en crois mes oreilles, est fort orageuse.

Cependant, telle est la beauté de ces forêts, telle
l'étrangeté de ce pays nouveau, tel le pittoresque
des camps d'émigrants, semés sur ce chemin qui
mène à l'Orégon et à la Californie, qu'il est difficile
de ne pas admirer. A minuit, éreintés, rompus et
affamés, nous nous arrêtons devant un petit hôtel,

où nous nous croisons avec la voiture venant de
Saint-Joseph. Nous demandons quelque chose à
manger, même un morceau de pain sec; on nous
répond insolemment qu'on n'a rien à nous donner. Un moment après, MM. les cochers (le nôtre
est un capitaine) sortent d'une arrière-chambre, la
bouche encore pleine. Pour le coup, mes Américains
sont indignés; mais bientôt : « c'est un pays libre,
me disent-ils; l'aubergiste n'est malhonnête qu'à
ses dépens; c'est une preuve de plus de l'indépendance du caractère américain. » Le lieu où la scène
se passe mérite d'être célébré, il porte le beau nom
de Linnæus !

De bon matin, nous rentrons dans des prairies
égayées de temps en temps par les maisons des colons, mais la route n'est guère meilleure. Enfin,
après une longue journée, nous arrivons à la section de chemin de fer ouverte entre le désert et
Saint-Joseph [1]. Il est quatre heures : des brumes d'or
entourent l'ouest vers lequel nous nous dirigeons.
Bientôt les bois succèdent aux prairies. Puis des
steppes marécageux, d'où s'envolent bruyamment
les canards sauvages et les poules de prairie, annoncent le voisinage du Missouri! Le Missouri, nom
magique pour moi! Associé dans mon esprit avec
l'étendue illimitée, le mystère, les neiges éternelles

1. La ligne entière de Hannibal à Saint-Joseph a été ouverte
quatre mois après, le 22 février 1859.

des montagnes Rocheuses et le désert immense qu'habitent les Comanches!

Aujourd'hui, je parcours Saint-Joseph, auquel les caravanes qui partent, qui arrivent, les muletiers espagnols du Nouveau-Mexique avec leurs longues files d'animaux chargés de marchandises, les nègres et les Indiens, donnent une physionomie à part[1]. Ce qui malheureusement abonde aussi à Saint-Joseph, ce sont des mauvais sujets de toutes nations, y compris des républicains rouges français. Passé six heures, l'homme prudent ne sort pas de chez lui.

Nous sommes sur les confins du grand désert américain. Une espèce de simoun souffle avec tant de violence, que le ciel semble rempli de nuages de poussière, et que les bateaux à vapeur du Missouri ne peuvent pas partir.

Lawrence (au Kansas) ce 18 octobre 1858.

Hier, j'ai fait 70 milles sur le Missouri, et suis venu coucher à Leavenworth, d'où je suis reparti

1. Depuis le 3 avril 1860, un courrier à cheval, le *Pony-Express*, porte en dix jours, de Saint-Joseph à San-Francisco, les lettres venant de New-York ; il y a soixante-quinze relais.

ce matin ; et je viens d'arriver à Lawrence , après avoir traversé la prairie des Delawares, dans une de ces voitures légères appelées *buggy's*.

Pendant la guerre civile de 1856 et 1857, Leavenworth était la citadelle du parti de l'esclavage, Lawrence du parti de la liberté. On le devinerait aisément, en voyant d'un côté la saleté, la férocité, la paresse; de l'autre la propreté, l'activité, l'industrie. A propos de Douglas et de Lincoln, j'ai déjà dit quelques mots des différents partis qui, les armes à la main, firent du Kansas un champ de bataille, tandis que, sur la même question, des débats orageux avaient lieu à Washington, dans le Sénat ou dans la chambre des Représentants. La question en elle-même est fort simple. En deux mots : le Nord voulait un nouveau sol pour le travail libre, le Midi un nouveau marché pour ses esclaves. C'était une question, non-seulement de principes, mais d'intérêts. Aussi ne faut-il pas s'étonner de rencontrer une âpreté et une extrême violence chez les deux partis; mais c'est dans celui de l'esclavage que se commirent toutes ces atrocités, toutes ces infamies, qui ont donné au Kansas une si triste célébrité.

Dès qu'il devint urgent, en 1855, d'organiser le gouvernement du Kansas qui, jusqu'en 1854, avait à peine été colonisé, le Sud résolut de conquérir ce territoire à l'esclavage, d'élire immédiatement une législature quelconque, et d'établir les lois les plus

sévères contre les partisans de la liberté. La position
du Kansas donnait aux démocrates du Sud de grandes
facilités pour exécuter ce que leurs journaux nommaient « cette sainte tentative ; » car ce territoire
était voisin de l'État du Missouri, qui dispute à
celui de l'Arkansas l'honneur de posséder le plus
grand nombre de ces voleurs ou assassins, nommés à juste titre *border-ruffians* (gredins de frontière). De plus, le parti démocratique, qui aime
naturellement l'esclavage, dominait alors à la Maison-Blanche, en la personne du président Pierce.
Toutes les nominations émanant du pouvoir fédéral furent donc faites dans le sens de ce parti :
le gouverneur Reeder, le juge Lecompton, le
maréchal des États-Unis Donaldson, et son assis-
tant Fain.

Sous les auspices de ces hommes qui, à l'exception du premier, se montrèrent les âmes damnées
de la servitude, les élections se firent promptement
et rondement, les électeurs du parti libre étant chassés de l'endroit où l'on votait par les Missouriens,
et une assemblée, composée exclusivement de border-ruffians, mit au jour un recueil de lois qui
doivent attacher au nom de leurs auteurs une éternelle infamie. Dans ces lois, entre autres choses,
il est dit : « que quiconque parlera contre l'esclavage
sera coupable de félonie, et sera condamné aux
travaux forcés, le maximum étant de cinq ans, le

minimum de deux ans (Statut du Kansas, chap. 151,
section 12); que quiconque introduira des livres sé-
ditieux sera puni de la peine de mort, etc., etc. »
Je passe sous silence des règles sur l'organisation
des prisons, conçues avec toute la froide cruauté
d'un pays qui a inventé le système cellulaire.

Ainsi, comme l'a attesté un voyageur anglais, celui
qui possède *la Case de l'oncle Tom* est regardé ici
comme un aussi grand malfaiteur qu'un assassin[1].
Et quand on songe que ceci se passe sous un gouvernement dit démocratique, et dans un pays qui se
dit libre! quand on songe que l'Irlandais Mitchell,
qui ne pouvait vivre sous le gouvernement « despotique » de l'Angleterre, a établi un journal pour
glorifier et défendre ces opinions abominables; les
lâchetés et les trahisons de la vieille Europe sem-

1. Le *Montgomery-Mail*, journal le plus important de l'État
d'Alabama, contenait l'avis suivant, le 17 janvier 1860 : « On in-
vite toutes les personnes possédant des exemplaires des sermons
de l'infâme abolitionniste anglais Spurgeon, à les envoyer à la
cour de la prison pour être brûlés. Une souscription est ouverte
(*is set on foot*) pour acquérir tous les exemplaires de ces sermons que nos libraires peuvent avoir en magasin, afin de les
brûler par la même occasion. » Et le même journal, en rendant
compte, quelques jours après, de cette exécution, ajoutait :
« Nous espérons bien que les œuvres de ce crasseux brailleur
(*greasy cockney vociferator*) recevront le même traitement dans
toute l'étendue du Sud; et si le pharisaïque auteur se montrait
jamais ici, nous avons la confiance qu'un bout de corde serait
promptement passé autour de son éloquent gosier. Il a prouvé
qu'il n'était qu'un sale calomniateur (*a dirty slanderer*), et on
doit le traiter en conséquence. »

blent moindres, et l'on se dit qu'il n'y a rien de tel
que le pouvoir de l'aristocratie, c'est-à-dire de l'intelligence.

Cependant, malgré cette terreur, malgré ces lois
draconiennes, le parti libre n'était pas vaincu; car
il est difficile de triompher de l'énergie et de la
persévérance des habitants de la Nouvelle-Angleterre. Le parti républicain reprenait courage dans
le Congrès, et demandait de nouvelles élections. Les
sociétés de Boston étaient actives. La ville de Lawrence s'agrandissait, s'embellissait; et ses citoyens
l'entouraient de retranchements en terre!

Le Sud résolut de frapper un grand coup. Le
gouverneur Reeder, qui avait montré quelque modération, fut remplacé par un homme sur la férocité duquel on pouvait compter (Shannon). Les border-ruffians se mirent en campagne, et se formèrent
en régiments sous le nom de « gaillards de la Platte,
tirailleurs de Kickapoo. » Le général David R.
Atchison, sénateur du Missouri, ex-vice-président
des États-Unis, se mit à leur tête. Le shériff les se-
conda, à la tête du *Posse*, c'est-à-dire de la force
publique du comté! Lawrence fut envahi et sac-
cagé le 21 mai 1856, le grand hôtel brûlé; les hommes des États libres furent partout traqués, et un
pouvoir pillard et sanguinaire régna pendant quelques mois sur cette belle contrée. Je n'entrerai
pas dans les péripéties de la guerre civile ; mais je

crois être agréable à mes lecteurs en leur donnant une traduction, aussi littérale que possible, du discours d'Atchison à ses soldats, avant l'assaut de Lawrence ; ils verront l'énergie avec laquelle peut s'exprimer un vice-président des États-Unis :

« Sacré n…. de D….! mes garçons, je suis aujourd'hui un tirailleur Kickapoo. Aujourd'hui, nous sommes entrés dan sLawrence avec les « droits du Sud » sur nos bannières, et pas un de ces abolitionnistes n'a osé tirer un coup de fusil. Non! s…. n… de D…. pas un seul. Ce jour, mes garçons, est le plus heureux jour de ma vie. Nous sommes entrés dans cette f…. ville, et ce soir les abolitionnistes recevront une leçon du Sud, qu'ils n'oublieront de leur vie. Maintenant nous allons aller avec notre très-honorable Jones, éprouver la force de ce s…. hôtel des Etats libres ! et nous apprendrons au comité de Boston que le Kansas doit être à nous. Garçons, les dames devraient être, et seront toujours, je l'espère, respectées par des gentlemen ! Mais, s…. n…. de D…., lorsqu'une femme se fait soldat en portant un fusil de Sharpe, elle n'est plus une femme ! et s… n…. de D…., traitez-la pour ce qu'elle est, foulez-la aux pieds comme une vipère. Sacré bon Dieu, venez, mes garçons! Maintenant, à vos devoirs envers vous et vos amis du Sud ! Votre devoir, je sais que vous le ferez; et si un homme ou une femme ose s'opposer à vous, f....-les en enfer avec une bonne dose de plomb ! »

Entre Leavenworth et Lawrence, dans la prairie, on m'a montré l'endroit où les partisans de l'esclavage massacrèrent un homme d'un État libre. Sa femme était avec lui ; ils l'outragèrent d'une façon si cruelle, qu'elle en mourut. Comme de véritables sauvages, ils prirent le scalp de leur victime, et le promenèrent en triomphe, attaché à un bâton, dans les rues de Leavenworth. Ils craignaient peu la justice de Lecompton ; mais comme ils auraient pu être poursuivis plus tard, ils furent arrêtés, uniquement pour la forme ; car ces « nobles défenseurs d'une sainte cause » furent immédiatement acquittés par un juge et un jury.infâmes. On pourrait multiplier ces histoires d'oppression et de cruauté. Ainsi, le 21 novembre 1855, Coleman, partisan de l'esclavage, assassine en plein jour son voisin Dow, à Hickory-Point. Non-seulement les autorités refusent de poursuivre l'assassin, mais le shériff Jones arrête Branson, homme de l'Ohio, parce qu'il avait enterré le cadavre de Dow.

Je m'arrête. Ce qui prouve la force d'une bonne cause, c'est que, malgré toutes ces atrocités, le parti républicain a triomphé. De nouvelles élections viennent d'avoir lieu ; les border-ruffians sont obligés de retourner dans le Missouri, et les colons du Kansas

pourront bientôt jouir paisiblement, et par leur travail personnel, des avantages que leur procure un
beau pays, plein de ressources et d'avenir.

Des prairies ondulantes, couvertes de poules et
de dindons sauvages, et plus loin de bisons et de
daims; des cours d'eau nombreux; dans les vallées,
des bois de chênes, de cotonniers, et de hickory
dont les feuilles dentelées, dans l'espèce à écorce
lisse, rappellent un peu les frênes de l'Irlande;
quelques hautes collines isolées, qui ressemblent de
loin à des tours, tel est l'aspect de cette contrée qui
a près de 600 milles de long, depuis le Missouri
jusqu'aux montagnes Rocheuses. Les Indiens occupent une partie du sol, qui leur a été assuré par le
gouvernement des États-Unis sous le nom de *Réserve*.
Plusieurs tribus y sont venues des bords de l'Atlantique; ainsi les Delawares ou Mohicans, que j'ai
visités aujourd'hui, sont les descendants des guer-
riers qui habitaient les montagnes de l'État de New-
York. Parmi eux, j'ai vu quelques beaux types de
jeunes filles; et ce sont évidemment des sauvages
bien supérieurs aux Chippewas et aux Sioux; mais
ils sont plus civilisés, et sont par conséquent moins
intéressants pour un voyageur. Plus loin, sont les
Réserves des Indiens Renards, des Shawnee, des
Osages, des Pottowatomies du Michigan; presque
tous abâtardis moralement, sinon physiquement,
par le contact des hommes blancs. Ce n'est que plus

au sud, dans le territoire indien, que l'on trouve trois tribus, les Choctas, les Creewks et les Cherokees, qui n'ont pas dégénéré en se civilisant. Ces peuples cultivent la terre; ils ont des nègres pour lesquels ils sont plus humains que les blancs; ils établissent des écoles, impriment des journaux; ils se flattent même, comme leur nombre augmente chaque jour, d'être admis tôt ou tard à former un État.

Lawrence est située dans une excellente position, sur une colline qui domine le cours de la rivière Kansas. La ville commence à sortir de ses ruines; de nombreux ouvriers reconstruisent le grand hôtel. En attendant, je loge dans une maison en bois, dont les fenêtres sont presque toutes sans carreaux, mais le froid n'est guère à craindre. Rien en effet ne peut égaler la beauté du temps. C'est le moment enivrant et poétique que l'on nomme « l'été indien; » le matin et le soir, des brumes légères, quelque chose de velouté dans les horizons et dans le ciel; et sur la terre, les éclatantes couleurs de l'automne, un ciel élevé, un soleil joyeux, mais ni grande chaleur, ni froid; enfin des journées où l'on se sent heureux de vivre.

Ce soir, d'immenses tourbillons de fumée cerise remplissent l'Ouest, et semblent s'élever de la prairie. Mes regards sondent l'horizon. Je suis arrivé à mon point extrême à l'Occident : demain, je me tourne vers l'Est. Je laisse derrière moi les montagnes Rocheuses, le Nouveau-Mexique, les ruines mystérieuses du Rio-Gila, explorées seulement par les trappeurs; et, quoique désireux de regagner les pays civilisés à l'approche de l'hiver, je ne puis m'empêcher de regretter de ne pas tenter l'aventure jusqu'au bout, de ne pas pénétrer plus avant dans ces régions de l'inconnu !

VII

SUR LE MISSOURI. JEFFERSON-CITY. SAINT-LOUIS. CHICAGO.
CLEVELAND. CINCINNATI. BALTIMORE. PHILADELPHIE.

Saint-Louis, 24 octobre 1858.

Lawrence, quoique ville libre, possède, comme
tous les endroits de cette frontière, un nombre très-
respectable de scélérats. Une aventure assez singulière qui m'est arrivée avant de partir, m'a tant
soit peu dégoûté du Kansas, et m'a prouvé qu'il ne
fallait pas trop se fier aux border-ruffians de l'ouest.
Voulant parler au maître de l'hôtel avant de me
coucher, je suis entré dans le Bar-room, où il bu-
vait avec plusieurs hommes, grands gaillards à
barbes rousses, sales, avec des bottes boueuses, et

des chemises de flanelle qui avaient été rouges. Un d'eux, plus ivre que les autres, m'offre un verre de whiskey, et me propose de trinquer. L'égalité est sans doute une chose charmante, mais enfin elle a des limites. Je refuse : aussitôt, cet homme tire un revolver de sa poche, et le dirige sur moi, en déclarant que je l'ai insulté, et qu'il faut que je lui rende raison. On conçoit ma position peu agréable; car, l'idée d'offrir ma carte à ce gredin ivre était complétement impossible et ridicule, et si j'avais fait mine de prendre mon revolver, que j'avais à la ceinture, il aurait certainement tiré avant moi. Heureusement ses compagnons, qui ne se souciaient sans doute pas de l'ennui d'avoir à m'enterrer, l'entourèrent et le calmèrent, en l'assurant que... (*I did not know better*), ce qui veut dire qu'il fallait m'excuser, que je ne connaissais pas les belles manières....

Pendant ce temps-là, je m'esquivais, et je me barricadais dans ma chambre, bien décidé à soutenir un siége au besoin. Mais je ne revis plus mon ami, et le lendemain matin lorsque je quittai l'hôtel, il cuvait sans doute encore son whiskey.

J'ai gagné Kansas-City, ville située sur le Missouri, en traversant la Réserve des Shawnee, belle comme celle des Delawares. C'était le jour du payement. Nous rencontrâmes donc un grand nombre d'Indiens et d'Indiennes sur la route, vêtus d'étoffes voyantes, rouges et bleues; beaux types, certainement, mais hommes et femmes, hélas ! presque tous ivres.

A Kansas-City, nous avons pris le bateau à vapeur *Omaha*, qui, après trois jours et deux nuits, nous a déposés à Jefferson-City, d'où un chemin de fer, qui marche infiniment mieux que la plupart des lignes nouvelles de l'ouest, nous a conduits en quelques heures à Saint-Louis, distance de cent vingt-cinq milles.

Je ne fatiguerai pas mes lecteurs par la description des admirables couchers de soleil que j'ai contemplés du pont de *l'Omaha*. Quant aux bords du grand fleuve, ils présentent peu de points de vue remarquables. Ce sont d'immenses steppes, peuplés de bandes innombrables de canards et d'oies sauvages ; puis de temps en temps, des falaises de craie bien boisées, qui s'avancent et resserrent le chenal.

Les ondes du Missouri sont jaunes ; de grands arbres déracinés flottent de tous côtés, et viennent souvent se heurter contre les bateaux à vapeur : c'est ce que l'on nomme *sawyers* (scieurs) ; parfois, ils s'enfoncent dans le fond mou et bourbeux, on les appelle alors *snags* (chicots). Leurs têtes inclinées dans le sens du courant s'aiguisent, et deviennent très-dangereuses pour les steamboats qui viennent s'embrocher, pour ainsi dire, sur ces écueils d'un genre nouveau ; c'est ce qu'on appelle *to be snagged*. Mais le Missouri est en général si peu profond, et les

bateaux si hauts que le danger de couler est peu
effrayant; il n'en est pas de même en ce qui concerne les explosions. Les eaux épaisses du Missouri
et du Mississipi endommagent promptement les
chaudières; les capitaines se donnent le plaisir de
chauffer outre mesure, pour gagner de vitesse d'autres bateaux à vapeur; enfin les mécaniciens s'enivrent, et des désastres inouïs ont lieu. Tout récemment encore, ils étaient si fréquents que l'opinion
publique s'est émue, et quelques mesures sages
ont été prises : des inspecteurs, depuis la loi du
30 août 1852, visitent les chaudières des bateaux; les
passagers cessent d'encourager les capitaines à faire
des courses; aussi est-ce de quatre ou cinq sinistres
par an, et non plus de vingt ou trente, que l'on entend parler maintenant [1].

Jefferson-City, dans le comté de Cole, est depuis
1822 la capitale de l'État du Missouri. Aux États-Unis,
c'est la position centrale d'une ville, et non son importance, qui la fait choisir pour siége du gouvernement. Ainsi, ce n'est pas New-York, mais Albany
sur l'Hudson, qui est la capitale de l'État de New-
York. Dans l'Ohio, c'est Colombus, et non Cincinnati; dans le Maryland, Annapolis et non Balti-

---

1. Il en est deux seulement qui ont fait sensation en 1859,
l'explosion du steamer *Princess*, le 27 février, près Bâton-Rouge,
25 tués, 35 blessés; et celle du *Saint-Nicolas;* tous deux descendant vers la Nouvelle-Orléans.

more ; dans le Missouri, Jefferson-City et non Saint-Louis ; dans la Pensylvanie, c'est Harrisburg, sur la Susquehannah, et non Philadelphie ; à la Louisiane, Bâton-Rouge, au lieu de la Nouvelle-Orléans, etc. Dans l'État de Rhode-Island, la session législative de janvier se tient à Providence, et celle de mai à New-Port. Le Connecticut a aussi deux chefs-lieux, New-Haven et Hartford. Il est une autre raison de quelques-uns d'entre ces faits ; les esprits sensés commencent à s'apercevoir du danger, sous l'empire du suffrage universel, des grandes villes, peuplées par une foule corrompue et peu éclairée. Ils désirent éloigner d'elles le gouvernement.

Une belle petite fille, presque blanche, nous sert à souper, à Jefferson. Je lui demande si elle est libre. Elle me répond qu'elle est esclave. Au moment de me coucher, j'entends crier : c'est un nègre qu'on bat. Cet esclavage, que je rencontre pour la première fois, me révolte plus que je ne l'aurais cru ; car je n'avais contre ce système d'autre prévention que celle de tout honnête homme. Et c'est aussi un fléau pour les blancs ! L'injustice porte avec elle sa punition. Le Missouri, en effet, est plus pauvre, plus mal cultivé que les États du Nord-Ouest ; et dans une population ignorante et oisive, on ne reconnaît presque plus des Américains !

De Jefferson à Saint-Louis, le pays est pittoresque,

boisé et accidenté, mais presque désert. Quinze jours plus tôt, j'aurais assisté ici aux démonstrations de joie qui accueillirent la première malle (Overland-Mail) arrivant en vingt-quatre jours de San-Francisco à Saint-Louis, le 9 octobre, pendant que celle qui était partie de Saint-Louis le 16 septembre, pour la première fois aussi, venant de New-York, arrivait dans le même intervalle de temps à San-Francisco.

On ne peut donner de descriptions des villes américaines, qui se ressemblent toutes. Saint-Louis est une grande ville, assez laide, avec un noyau de Français-Louisianais, et beaucoup d'Allemands. Pas de monuments, plusieurs grands hôtels, quelques églises, et des rues droites. Saint-Louis est un endroit assez dissolu ; il égale bien sous ce rapport les villes d'Angleterre. Ne cherchez pas l'innocence dans ce monde nouveau. La plaie sociale existe là comme partout.

Je rencontre ici plusieurs de mes amis de *l'Arabia*. Chose agréable, après avoir été tant de jours sans voir une seule figure de connaissance.

Médine (État de l'Ohio), 1er novembre 1858.

On quitte Saint-Louis à six heures du matin, et l'on est le soir même à Chicago, chef-lieu du comté de Cook, dans l'État d'Illinois, à 280 milles de Saint-Louis. La différence de latitude se fait immédiatement sentir : partis avec un temps encore méridional, nous trouvons en arrivant la pluie, le brouillard, le froid, enfin l'hiver. Nous trouvons aussi une maison en flammes, à quelques pas de l'hôtel; mais c'est un événement de tous les soirs, une institution du pays, comme dirait un Sucker illinois. Le pays que nous avons traversé est surnommé l'Égypte, à cause de sa grande fertilité en froment; ce sont d'immenses prairies entièrement plates, où le manque d'arbres est fort pénible en hiver, pour les colons pauvres; de plus, l'écoulement des eaux est imparfait; aussi la mal'aria règne sur l'Égypte de l'Illinois, autant que sur la campagne de Rome.

Toutes les récoltes sont belles, et les Américains peuvent justement se vanter des ressources agricoles de leur vaste contrée : mais qu'ils prennent garde ;

un système de culture sans engrais suffisants épuise
tôt ou tard le sol. Les terres les plus riches de la
Pensylvanie et de la Virginie sont maintenant in-
cultes ; il en est de même dans les Carolines ; et si
l'on n'avise bientôt, la génération actuelle pourra
voir les plus belles prairies de l'Illinois réduites au
même état. Heureusement, les hommes de l'Ouest
commencent à s'occuper sérieusement d'agriculture,
et en outre, des centres importants comme Chicago,
Cincinnati, Saint-Louis, pourront leur fournir une
masse suffisante d'engrais.

Il y a eu cet été vingt ans, que la célèbre voyageuse
anglaise, Mlle Harriet Martineau, arrivait à Chicago,
dans un chariot, et trouvait là une petite bourgade
à maisons de bois ; ni routes, ni quais, ni port ;
il y a dix ans, ce n'était encore qu'une ville de
10 000 âmes ; maintenant, Chicago a dix chemins
de fer, plusieurs lignes de bateaux à vapeur, d'immenses maisons en pierres de taille, de belles
églises gothiques qui me donnent une haute idée
du talent de ses architectes, et plus de 120 000 habitants. Tels sont les merveilleux progrès des villes
de l'Ouest.

Le principal hôtel de Chicago, Tremont-House,
est un des meilleurs des États-Unis. Une cuisine
excellente, une abondance inouïe de gibier, de
pâtisserie, de fruits, etc. C'est là que je mange de la
langue de bison, mets délicieux, que je recom-

mande à tout gourmet qui traversera l'Atlantique.
Tous les domestiques sont Irlandais ; du reste
Chicago est pour ainsi dire une ville irlandaise.

Le lendemain de notre arrivée, par un ciel
sombre et brumeux, nous visitons le cimetière
catholique, situé sur la plage sablonneuse du lac
Michigan. Que d'espérances évanouies ! que de
tombes creusées là, pour ceux qui espéraient dormir avec leurs ancêtres, sous la terre bénie de
l'Irlande ! Je retrouve sur ces sables toute une
douce histoire écoulée ! Le passé a des voiles, l'esprit a de ces chambres sépulcrales dont parle le
romancier Thackeray ; il vaut mieux ne pas lever
ces voiles, il vaut mieux ne pas ouvrir les portes
de ces sépulcres inconnus et désolés ! Que les morts
y reposent donc, pendant que le monde, comme dit
le poëte Bryant, continue de vieillir :

To slumber there, while world grows old.

Le chemin de fer qui conduit de Chicago à Cleveland, et de là à New-York, longe pendant une
partie de son parcours les côtes méridionales du
Michigan et du lac Érié ; le pays est peu intéressant ; en entrant dans l'État de Michigan, je rencontre de nouveau l'éternelle forêt américaine,
que j'avais perdue de vue un moment, dans les
prairies de l'Illinois. Cleveland, chef-lieu du comté
de Cuyahoya, dans l'État d'Ohio, a un port sur le

lac Érié ; c'est une ville de 40 000 âmes, et qui n'en
comptait que 6000 en 1840, régulière et bien bâtie. Je mets presque une journée à gagner Médine ;
car il n'y a presque pas de routes aux États-Unis ;
et quand on quitte les chemins de fer, les difficultés et la lenteur de la locomotion deviennent extrêmes.

> A Juana la grenadine
> Sultan Achmet dit un jour :
> Je donnerais sans retour
> Mon royaume pour Médine....

Mais la Médine sainte, qui profile toute blanche
sur le ciel éblouissant de l'Orient, ressemble peu à
la petite bourgade où je viens visiter une famille de
paysans irlandais, établie depuis quelques années
dans cette partie reculée de l'Ohio.

Comme à New-York, comme sur le lac Supérieur, je retrouve des amis d'outre-mer ; et je
regrette d'autant moins cette excursion, qu'elle me
donne l'occasion de voir, ce qui est rare, une population rurale aux États-Unis. Certainement, ce ne
sont pas des paysans, ce sont des laboureurs plus
ou moins en habit noir ; mais ils sont intelligents,
infiniment plus instruits que nos campagnards en
France, et paraissent dignes de leurs droits politiques. Ils sont généralement de la secte protestante
des méthodistes, mais vivent en bonne intelligence

avec leurs voisins catholiques. Ceux-ci se plaignent beaucoup du grand manque de prêtres. Les hommes irlandais, flattés d'obtenir des votes, de faire des discours, de s'entendre nommer « hommes libres, » s'accommodent assez bien de l'Amérique; il n'en est pas de même des femmes; comme partout ailleurs, je leur entends dire qu'elles voudraient s'en retourner, et qu'elles préféreraient la pauvreté en Irlande, à la richesse aux États-Unis. — En fait, l'émigration est une loterie : pour un qui réussit, il y en a dix qui meurent, ou qui se traînent dans la misère.

Près de Médine se trouve une nappe d'eau, couverte d'oiseaux sauvages, qu'on nomme le lac des Ottawas. Ainsi, quand les sept Nations ne les attaquaient pas encore, les Ottawas erraient dans ces bois, au lieu de fouler les grèves septentrionales de la Grande-Manitoulin !

Cincinnati, 3 novembre 1858.

Le soir de la Toussaint, nous allons prendre à la station de Grafton le chemin de fer de Cleveland à Cincinnati.

Sur cette ligne, il y a des chars de nuit (*sleeping cars*), invention très-agréable, qu'on devrait bien établir sur nos grandes lignes, comme celle de Paris à Marseille. Le long de la voiture, des deux côtés, sont rangés trois étages de cajutes, comme sur un vaisseau; dans chacune d'elles, il y a un sommier élastique, un oreiller couvert de cuir, et un grand couvre-pied. Aux deux extrémités de la voiture, sont des poêles en fonte; un rideau la partage en deux parties, dont une est réservée aux dames. On montre son billet en entrant, et l'on n'est plus dérangé qu'un peu avant d'arriver au lieu de sa destination. Pour jouir de tous ces avantages, on n'a qu'à payer un supplément de 2 fr. 50 cent. Si on daignait avoir de pareilles voitures dans nos trains de nuit express, ce serait une bénédiction pour les voyageurs. Mais nous sommes ou arriérés, ou possédés d'un fanatisme d'ordre, qui finit par produire le désordre, comme quand on entasse des centaines de voyageurs dans des salles d'attente, au lieu de leur laisser prendre tranquillement leurs places. Vraiment, lorsque nous parlons contre les chemins de fer américains, que nous ne connaissons pas, nous rappelons la parabole de la paille et de la poutre. Certainement, dans l'Ouest il y a bien çà et là des chemins de fer mal construits, des ponts en bois qui ne sont pas très-solides, etc., mais je peux affirmer qu'en général on y voyage d'une manière plus agréable que sur les chemins de fer du continent en Europe. Quoi de plus simple, de plus expéditif et de plus sûr, que le système des *chèques* pour les bagages? Les *chèques* sont deux petits jetons de cuivre numérotés, et suspendus à une lanière en cuir; on en attache un sur votre colis, et l'on vous remet l'autre, dont le numéro est le même. Arrivés à votre destination, on vous remet votre bagage, sur la seule présentation de votre jeton. En trois minutes on attache des *chèques* à plus de cent colis. Avant d'arriver dans toutes les grandes villes, un homme vient vous demander vos *chèques*, et s'informe de la maison où vous comptez descendre. Si vous les lui remettez, comme je le conseille à tout voyageur, vous n'avez plus à vous occuper de vos malles, qui arriveront à l'hôtel presque en même temps que vous, et pour une somme très-modique. Ces hommes sont les agents d'une grande compagnie (*l'American-Express*); non-seulement on peut se fier à eux, mais encore il faut le faire; car c'est l'usage, et l'on s'épargne ainsi un grand ennui.

Si la compagnie de chemin de fer ne remet pas vos bagages à la présentation de vos *chèques*, elle vous doit, sans autre forme de procès, une certaine somme, fixée selon les différents États.

Puisque je suis sur le sujet des chemins de fer américains, je signalerai un défaut qui ne regarde pas les voyageurs, mais les propriétaires. Les billets sont rarement pris avant de monter en voiture, et c'est le conducteur qui se promène dans les chars qui recueille l'argent. Il n'y a que peu ou pas de contrôle ; aussi ces conducteurs sont-ils presque toujours fort riches. L'un d'eux, employé sur un chemin de fer près de New-York, a une belle maison de campagne, une maison de ville, quatre chevaux, etc. Mais les principaux actionnaires étant Anglais, les directeurs américains ne se font pas scrupule de voler les Britishers, ou bien c'est de leur part indifférence ; car, chose bizarre, en dépit de toute son habileté, l'Américain se laisse voler facilement.

J'entre à Cincinnati le jour le plus triste de l'année, le jour des Morts. Le ciel est triste. La ville me paraît bien au-dessous de sa réputation. Je ne remarque qu'un beau monument, la cathédrale catholique. Elle est construite en pierres blanches, occupe une position élevée, et me paraît un des plus beaux édifices de l'Union.

Le débarcadère ou levée, qui longe l'Ohio, présente un spectacle extraordinaire par le mouvement et le grand nombre de bateaux à vapeur qui partent et qui arrivent ; mais les rives de la Belle-Rivière me désappointent. C'est sur ces rives qu'est située la charmante villa de M. Longworth, le propriétaire des principales vignes de Catawba, homme riche, éclairé et protecteur des beaux-arts. Le catawba est un excellent vin, qui tient du champagne et du moselle mousseux; son prix élevé (de 8 à 10 fr. la bouteille) le met hors de la portée de toutes les bourses. Mais l'Union produit une quantité si considérable de raisin, que, surtout dans le Missouri, dans un prochain avenir ce sera un pays vinicole. A M. Longworth appartiendra l'honneur des premiers efforts, et à M. Ch. Haven, créateur du vignoble de Woodlawn, comté de Saint-Louis.

Le nombre de cochons qu'on tue et qu'on sale à Cincinnati tient du prodige. Aussi, sont-ils fort communs dans les rues de Cincinnati. Ils ine gâtent la ville. J'y rencontre beaucoup d'Allemands. Rien de plus antipathique et de plus malpropre que la plupart des émigrants allemands dans ces villes de l'Ouest; à tous les défauts américains, ils joignent une âpreté extrême au gain, et une avarice des plus sordides.

Philadelphie, ce 8 novembre 1858. Gerard-House.

Trois lignes partent de Cincinnati, et vont rejoindre le grand chemin de fer de Baltimore à l'Ohio. Je ne conseille à personne de prendre la plus courte, celle de Marietta à Parkersburg. Dans un certain endroit, l'on descend une montagne à l'aide de plans inclinés en zigzag, bâtis en planches ; la machine recule, puis elle avance, puis elle recule de nouveau ; quelques lignes de plus nous précipiteraient.... dans l'éternité. Un de mes amis est très-inquiet. « Qu'y a-t-il ? lui dit un yankee ; vous pouvez être certain que les wagons rouleront trente-deux fois sur eux-mêmes, avant d'arriver au bas de la montagne. »

Le chemin de fer de Baltimore à l'Ohio, construit par l'État du Maryland, et dont les Américains sont fiers avec raison, est établi d'une manière toute différente, et fait honneur à ses ingénieurs. Il traverse les Alleghanies ; puis il gagne le bassin du Potomac, entre des paysages grandioses, malheureusement voilés par la brume et par la pluie.

Vers le soir, nous quittons les montagnes et nous entrons dans une plaine sablonneuse, couverte de genêts et de chênes nains ; la pluie cesse, et c'est aux lueurs d'un coucher de soleil rouge que nous arrivons à Baltimore après avoir fait 579 milles en trente-six heures. L'hôtel Barnum est excellent, nous nous régalons d'un délicieux gibier, les canards sauvages (*canvass-back*), dont on rencontre des myriades à cette saison, sur le golfe de la Chesapeak ; et fatigués, nous ne sortons pas de la soirée.

Heureuse inspiration !

Le lendemain, nous trouvons la ville très-émue ; deux crimes ont été commis, pendant la nuit, par des membres des sociétés secrètes, qui, ici comme à New-York, menacent la tranquillité publique.

Un généreux Plug-Ugly, jeune homme de vingt ans, est entré dans un cabaret, et a régalé un grand nombre d'amis ; au moment où il s'en allait, le propriétaire a eu l'impudence de demander à être payé. Pour toute réponse, il a été tué roide d'un coup de pistolet.

L'autre attentat est encore plus inquiétant pour la sûreté individuelle : un pauvre père de famille a été assassiné chez lui par un Rip-Rap, pour avoir témoigné en justice contre un des membres de cette singulière société.

Les honnêtes gens songent à établir un comité de vigilance. Ils ne peuvent agir autrement ; car les élections politiques et judiciaires sont entre les mains de scélérats. Baltimore est le siége principal du parti Américain ou Know-Nothing, qui veut exclure les étrangers, nouvellement naturalisés, du gouvernement des État-Unis, et rendre la naturalisation plus difficile. Loin d'attaquer ce parti, auquel les massacres de Louisville, et peut-être aussi son nom étrange, ont donné une triste réputation en Europe, je pense que plusieurs de ses idées sont naturelles et justes. Malheureusement, il s'est recruté parmi la lie des villes ; il a adopté une organisation maçonnique, et a dégénéré le plus souvent en une association de malfaiteurs.

Baltimore avance trois langues de terre, comme un trident, sur la rivière Patapsco, qui rejoint le golfe de la Chesapeake. Une colonne en l'honneur de Washington, un monument élevé à la mémoire des citoyens morts en 1814, en défendant la ville contre les troupes anglaises, un grand tribunal, une belle église catholique, etc., ont valu à Baltimore le surnom de la cité Monumentale. Il y a ici un grand nombre de vieilles familles catholiques; c'est la seule ville, avec Saint-Louis, qui possède une école ou, comme nous disons, une Faculté de théologie; l'un des sept archevêques de l'Amérique du Nord y réside; à Baltimore appartenaient les trois charmantes sœurs qui épousèrent le marquis Wellesley, le duc de Leeds, et lord Strafford. Cet État est aussi le seul qui possède deux colléges catholiques, l'un à Ellicott's-Mills et l'autre à Emmetsburg; les neuf autres que l'Union renferme sont répartis dans neuf États distincts. La colonie du Maryland fut, en effet, fondée en 1634 par un catholique, Cecil Calvert, lord Baltimore. Elle fut ainsi nommée en l'honneur de Henriette-Marie, fille de notre Henri IV et femme de l'infortuné Charles Ier. Calvert est un des

hommes dont s'honorent les premiers temps de l'A-
mérique. Prudent et brave, pieux et éclairé, ce fut
lui qui, le premier, proclama dans le nouveau monde
le grand principe de la liberté de conscience, pendant que l'Église anglicane persécutait en Virginie,
pendant que les puritains du Massachussets se dis-
tinguaient par leur fanatisme étroit, bannissaient
à la fois les jésuites et les quakers[1], et condam-
naient à une amende ceux qui embrassaient leurs
femmes le dimanche ; le tout, d'après un code appelé (par antiphrase) Corps de nos libertés, *Body of
Liberties*. Lord Baltimore ou plutôt l'assemblée, par
le règlement de 1639, décréta que tout croyant en
Jésus-Christ pourrait pratiquer sa religion dans le
Maryland. Cet acte, approuvé par le Lord propriétaire, fut confirmé en 1676 par son fils et héritier
Charles Calvert.

La justice porta avec elle sa récompense ; la colonie
prospéra rapidement et jouit d'une grande tranquillité, sauf cependant sous le protectorat de Cromwell,
et une seconde fois sous Guillaume d'Orange, qui
haïssait trop notre religion pour ne pas la poursuivre

---

1. Les jésuites furent bannis du Massachussets en 1647. Une loi
de la cour supérieure de ce même État, du 14 septembre 1657,
condamne à une amende de 40 schellings *par heure de séjour*,
quiconque aura recélé un quaker chez lui! D'après une loi de
septembre 1658, un quaker, nommément banni de l'État, était
puni de mort s'il y rentrait ; il y eut deux exécutions de ce genre
l'année suivante, 1659.

même au delà de l'Atlantique. En 1676, Calvert mourut ; mais la propriété et le gouvernement de la colonie passèrent à ses descendants, qui s'en acquittèrent à la satisfaction générale, jusqu'au moment où la révolution, juste cent ans après, mit fin à toute espèce de domination anglaise en Amérique. La Convention du Maryland, siégeant à Annapolis, du 14 août au 8 novembre 1776, rédigea la constitution du nouvel État, et Thomas Johnson fut le premier gouverneur élu par la première assemblée, le 14 février suivant.

Nous ne mettons que quelques heures à faire les 98 milles qui séparent Baltimore de Philadelphie. La cité des quakers ne répond pas à notre idée préconçue ; les rues sont moins larges qu'à Baltimore, et le mouvement beaucoup plus considérable. Philadelphie est un immense échiquier, situé dans la plaine qui s'étend entre le fleuve Delaware et son affluent la Schuylkill. Quelques squares, plusieurs grands monuments, font une vaine tentative pour rompre l'uniformité. Près de la Schuylkill est la colline artificielle, haute de plus de 60 pieds, où se trouve le réservoir qui alimente toute la ville. Une digue (*dam*) est établie à travers la rivière ; des roues, mises en mouvement par le courant, font travailler des pompes par lesquelles l'eau monte jusqu'au réservoir. Cette colline, nommée *Fairmount*, est entourée d'un beau jardin public, très-fréquenté pen-

dant l'été. C'est aussi dans cette partie de la ville
que se trouve la grande prison cellulaire, invention
de gens bien intentionnés, peut-être, mais plus froi-
dement cruels que les *tortionnaires* du moyen âge ;
et le collége de Girard, fondé par un vieillard d'origine bordelaise, qui, après avoir amassé une énorme
fortune en Amérique, la laissa tout entière à la ville
de Philadelphie. La première pierre en fut posée
le 7 juillet 1833. L'intérieur du collége de Girard
est, dit-on, aussi beau que l'extérieur ; malheureusement, c'est un dimanche ; et le fanatisme du sabbat
est tel que, quoique accompagné d'un descendant
de Peyton Randolph, et d'un petit-neveu de Jefferson, on refuse obstinément de nous laisser entrer.

Mais le monument le plus intéressant sans con-
tredit de Philadelphie, et celui qui attire le plus l'é-
tranger dans ce pays, où les souvenirs sont encore
si peu nombreux, c'est l'hôtel de ville, où le
congrès se réunit pour la première fois, le 5 septembre 1774. La guerre venait d'éclater ; la folle
conduite du ministère de lord North et du roi
Georges III, prince aussi entêté et aussi stupide que
son successeur Georges IV fut vil, avait exaspéré les
sujets américains. Cependant, il était encore temps
de se les rattacher ; dans les colonies du Sud, il y
avait un grand parti, qui se serait rallié aux royalistes, si des conditions raisonnables avaient été proposées. Le premier Pitt, comte de Chatham, qui

avait mérité pendant longtemps le surnom de
« grand roturier, » faisait de grands efforts pour
faire adopter des mesures conciliantes. Mais la sot-
tise l'emporta; et le 4 juillet 1776, la déclaration de
l'Indépendance détruisit à jamais tout espoir de
gouvernement anglais aux États-Unis.

On parle d'abattre ce vénérable monument, pour
élever un hôtel de ville plus grand et plus commode. J'espère que les hautes classes de Philadelphie ne permettront jamais une telle profanation.
Si l'hôtel de ville est trop petit, n'y a-t-il pas d'autres emplacements?

Dans un square qui se trouve derrière la maison
du congrès, il y a un grand nombre d'écureuils
apprivoisés, qui ont de petites cabanes construites
dans les branches; les enfants vont leur jeter des
noisettes, comme les nôtres jettent du pain aux
cygnes des Tuileries, à Paris. Ces jolis petits animaux intéressent presque tous les voyageurs qui
viennent ici.

Philadelphie a de 5 à 600 000 âmes. Sa population
était autrefois plus considérable que celle de New-
York. Ses habitants ne peuvent se consoler d'avoir
vu passer la primauté à cette dernière ville, dont
la position est incomparablement plus avantageuse. Le port de Philadelphie me semble désert,
quand je songe à celui de New-York; ses manufactures au contraire sont très-actives. Il y a encore

beaucoup de quakers dans la cité de Guillaume Penn ; mais un grand nombre ont abandonné leur costume particulier ; on ne les distingue plus des autres citoyens. Je ne rencontre pas de jolies quakeresses ; en revanche, au théâtre, où je vais entendre *la Fille du Régiment*, je vois un grand nombre de femmes belles, élégantes, gracieuses. L'on se croirait dans une capitale de l'Europe.

La bonne société de Philadelphie, qui se compose en général de familles d'origine Virginienne, est toute différente de ce que j'ai vu jusqu'ici ; elle ne ressemble à la société des villes de l'Ouest que par son extrême hospitalité. On y trouve quelques personnes alliées aux grandes familles anglaises ; car la Virginie fut colonisée par des Cavaliers, fils cadets d'illustres maisons. C'est ainsi que lord Fairfax habite encore ses terres près du Potomac ; mais il est devenu sujet américain, et a renoncé aux prérogatives de la pairie.

Je passe quelques journées agréables à Philadelphie, et je me promets d'y revenir avant de me diriger vers le Sud. Le temps s'est remis, et je veux profiter de cet été de la Saint-Martin pour visiter Boston et la Nouvelle-Angleterre.

Alpine, hôtel Gorham, 18 novembre 1858.

Deux routes conduisent de Philadelphie à New-York. L'une, par chemin de fer, jusqu'à Jersey-City; l'autre, par chemin de fer d'abord, jusqu'à Amboy, en face de Staten-Island, puis par bateau à vapeur sur la baie de New-York. Je me décide pour cette dernière.

Traversons les plaines sablonneuses de New-Jersey, immortalisées par ces campagnes où Washington, sans argent, sans vivres et presque sans armée, au milieu de l'hiver de 1776 et 1777, lutta contre les meilleures troupes anglaises, et finit par triompher. Les temps sont passés, où la noblesse française partait pour l'Amérique, sur les traces du brave et généreux La Fayette. Ces guerres sont dédaignées ou ignorées en France; et l'on semble oublier que Washington fut autre chose qu'un grand esprit politique. Homme étonnant, qui sut unir le génie, la grandeur d'âme, et la vertu !

La baie de New-York, par une belle soirée de novembre, me frappe plus que la première fois. En retrouvant une ville déjà connuë, nous croyons

nous rapprocher de notre pays. Beaucoup de personnes sont encore à la campagne ; et comme nous
comptons repasser à New-York en revenant de
Boston, nous ne faisons pas encore usage de nos
lettres d'introduction.

New-York est une grande capitale, dans tous
les sens du mot ; on y trouve beaucoup de ressources, et même pour un Parisien pur-sang, peut-
être plus qu'à Londres ; des théâtres, des cafés, des
maisons de jeu, etc. Le théâtre comique de Laura-
Keene, dans Broadway, est très-amusant. Nous y
allons voir une pièce qui a un grand succès « *The
American cousin* » ; c'est l'histoire d'une grande famille anglaise qui est sauvée de la ruine par un
parent Yankee. Bien entendu, l'honneur, le courage, l'héroïsme sont le partage de l'Américain,
comme dans les drames de nos boulevards toutes
es vertus sont l'apanage d'un homme en blouse, ou
d'un vieux soldat de l'Empire, philosophe et ennemi
des prêtres. Mais les caractères secondaires sont
assez drôles ; un lord anglais, vieux jeune homme
égoïste et prétentieux, fait beaucoup rire, et l'auteur
sait donner un coup de patte assez spirituel à la
malpropreté de ses compatriotes, lorsqu'il représente le cousin américain dans une chambre du
château, abasourdi devant un bain de pluie, dont il
ne connaît pas l'usage.

La Piccolomini est ici depuis un mois ; comme de

coutume, elle excite l'admiration de la gent mou-
tonnière, par sa manière pathétique de jouer *la
Traviata.*

Le 16, au matin, nous quittons New-York pour
aller coucher à Boston. Le lendemain, après avoir
vu s'embarquer, sur le navire Cunard *l'America,* un
de mes amis qui retourne en Angleterre, je trouve
le temps si admirable, quoique très-froid, que je
me décide à faire l'excursion des Montagnes-Blan-
ches; dans l'après-midi je prends le chemin de fer
pour Portland, chef-lieu du comté de Cumberland,
dans l'État du Maine.

Nous suivons les côtes du Massachussets et du
Maine; elles ressemblent peu aux rivages bas et sablonneux du reste des États-Unis; ce sont des promontoires de granit, des îles rocheuses, des baies
profondes; de petits ports, pépinières de ces rudes
marins américains qui rivalisent d'audace et d'habileté avec les Anglais, dont ils sont les descendants.
En avançant vers Portland, nous trouvons de grandes
forêts de sapins, qui rappellent les bois du Canada
dont nous nous rapprochons. Il commence à neiger
au moment où nous arrivons; la nuit, troublée par
des rafales, est si septentrionale que nous pouvons
à peine croire que nous sommes à la latitude de
Marseille. La rade de Portland, dans la baie de
Casco, est si sûre et l'eau si profonde, que *le Great
Eastern,* surnommé *le Léviathan,* doit y venir lors

de son premier voyage à travers l'Océan. A cette saison, quand le Saint-Laurent est pris de glaces, c'est de Portland que partent les bateaux à vapeur de l'excellente ligne canadienne : *l'Indian*, *l'Anglo-Saxon*, etc. Les rues, bordées d'arbres, selon la coutume de la Nouvelle-Angleterre, doivent être très-agréables par un beau temps.

Après avoir parcouru Portland, je prends le Grand-Trunk-Railway, qui doit me conduire à Gorham, bourgade au pied des montagnes Blanches, très-fréquentée par les touristes pendant les mois d'été. Le Grand-Trunk, entreprise du gouvernement de lord Elgin, relie directement Montréal et Québec à l'Atlantique, et prend une grande importance lorsque la navigation du Saint-Laurent est fermée. Cette partie fut construite en 1849 et 1850, par des ouvriers venus, pour le plus grand nombre, de l'ouest de l'Irlande.

Paris-Cape, Mechanic-Falls, et Bethel, que de fois j'ai déjà entendu répéter ces noms, et combien de drames d'émigration, tout poignants de douleur, de misère et d'amour, se jouent de nouveau devant mon âme, à la vue de ces pauvres petites villes du Maine !

J'arrive de nuit à Gorham. La lune brille sur les sommets couverts de neige des montagnes Blanches, tandis que la plaine est obscurcie par de sombres forêts. Le vent hurle avec fureur, et semble

ébranler les murailles de bois du grand hôtel désert.

L'ensemble de la situation est certainement lugubre. Mais les domestiques sont de braves Canadiens, joyeux et empressés, et j'écris ces lignes en
entendant chanter, dans la salle au-dessous de
moi, cette douce chanson canadienne; on verra que
l'harmonie peut quelquefois exister sans la rime :

> A la claire fontaine
> M'en allant promener,
> J'ai trouvé l'eau si claire
> Que je me suis baigné.
>
> J'ai trouvé l'eau si claire
> Que je me suis baigné;
> Et c'est au pied d'un chêne
> Que je me suis séché!
>
> Et c'est au pied d'un chêne
> Que je me suis séché!
> Sur la plus haute branche
> Un rossignol chantait.
>
> Sur la plus haute branche
> Un rossignol chantait.
> Chante, rossignol, chante,
> Toi qui as le cœur gai!
>
> Chante, rossignol, chante,
> Toi qui as le cœur gai;
> Tu as le cœur à rire,
> Moi je l'ai à pleurer!

Tu as le cœur à rire,
Moi je l'ai à pleurer !
J'ai perdu ma maîtresse
Sans l'avoir mérité !

J'ai perdu ma maîtresse ,
Sans l'avoir mérité ;
Pour un bouton de rose
Que je lui refusai ;

Pour un bouton de rose
Que je lui refusai :
Je voudrais que la rose
Fût encore au rosier !

Je voudrais que la rose
Fût encore au rosier ;
Et que le rosier même
Fût à la mer jeté !

VIII

LES MONTAGNES BLANCHES. BOSTON. CAMBRIDGE. HARVARD
COLLEGE. COUP D'OEIL SUR LA LITTÉRATURE AMÉRICAINE.

Rivière House. — Boston, 21 novembre 1858.

Les montagnes Blanches forment deux groupes
qui occupent tout le nord du New-Hampshire. Les
Américains ont donné aux principaux pics le nom
de leurs grands hommes : le mont Washington est
le plus élevé du premier groupe, le mont Lafayette
du second.

On découvre une vue admirable du haut du
mont Washington ; mais la neige et le froid ren-
daient l'ascension impossible à cette saison de l'année. Parti de bonne heure de Gorham, je suis

donc réduit à me contenter de traverser les forêts et les défilés des montagnes. Tout est couvert d'une couche épaisse de neige ; et lorsque nous sortons des bois qui nous abritent un peu du vent glacial, le froid est aussi intense qu'à Saint-Pétersbourg. Mais je ne m'en plains pas, car on ne doit voyager que pour voir les pays sous leurs aspects originaux. Ces mêmes gorges, pendant les chaleurs d'un été américain, présentent un tout autre spectacle.

Nous nous arrêtons pour reposer les chevaux à la maison Crawford, près du défilé le plus étroit de la chaîne, que l'on nomme l'Entaille (the Notch). Les Crawford sont des colons qui vinrent s'établir dans ces solitudes. Leur aïeul, Abel Crawford, vers 1792, explora ces cimes, établit des sentiers, et en 1840, il gravit le premier à cheval, le mont Washington. Il avait alors soixante-quinze ans. Cinq ans après, ce vigoureux vieillard était élu comme membre de la législature de New-Hampshire, et ses collègues admiraient encore la rectitude de son jugement et la vivacité de son esprit. Il est mort « plein de jours, » vers 1850, laissant une postérité robuste comme lui.

A la nuit tombante, nous repartons, et nous avons bientôt gagné la plaine. La lune éclaire les montagnes, et le sommet arrondi du mont Washington regarde dans la nuit le dôme conique du mont La Fayette.

Ces deux grands noms dominent l'histoire des

premiers temps des États-Unis. Partout ils sont
associés ensemble. Et l'Amérique n'a point été
ingrate pour l'intrépide gentilhomme qui consacra
son sang et sa fortune à la cause de la liberté.

Nous désirions pousser jusqu'à Littleton, mais
les chevaux sont trop fatigués, et nous sommes
obligés de nous arrêter dans un petit village qui
porte le doux nom de Bethléem.

Le lendemain, de bonne heure, nous nous rendons à Littleton, où je prends le chemin de fer, qui
me ramène à Boston par les bords du lac Winnipi-
seogie et Concord. C'est le cœur de la Nouvelle-
Angleterre. Le pays est peu fertile, mais bien cultivé.
Par les beaux temps d'été, il doit être très-agréable
à habiter. Les habitants du New-Hampshire me paraissent instruits et intelligents. Je suis fâché de
dire qu'ils viennent de se distinguer par une into-
lérance qui n'est ni de leur siècle ni de leur pays,
en déclarant les catholiques exclus de toutes les
fonctions gouvernementales. Ce serait à peine permis dans un État à esclaves.

Rentré à Boston un samedi soir, je connais encore
assez peu l'esprit éclairé des hautes classes de cette
ville pour ne pas oser faire des visites le dimanche,
et je consacre cette journée à visiter la cité des
Trois-Monts.

Les rues étroites et tant soit peu tortueuses de
Boston, avec leurs fréquentes montées et leurs

vieilles maisons, charment les yeux fatigués par
l'uniformité ordinaire des grandes métropoles des
États-Unis. En outre, les Yankees ont eu assez d'i-
magination pour donner des noms à leurs rues, et
l'on ne rencontre pas ici les rues 1, 2, 3, ou A, B,
C, l'éternelle avenue Jefferson, l'inévitable square
Madison, etc.

Sur le sommet d'une des trois collines qui ont
donné à la ville son surnom, se trouve un jardin
public, nommé the Common ; il est borné au nord
par la belle rue Beacon, où s'élèvent les maisons
de Prescott, de Ticknor et de presque tous les gens
distingués qui habitent Boston. C'est à Boston qu'est
mort, en mars 1838, le docteur Bowditch, le plus
éminent mathématicien qu'ait produit l'Amérique,
et le plus célèbre, après Franklin, dans le monde
savant. Il venait d'achever la traduction, avec un
commentaire approfondi, de la *Mécanique céleste*
de La Place.

Faneuil-Hall, sur la place du marché, est un vieil
édifice en briques, autrefois hôtel de ville. Il est
cher aux Américains; car il leur rappelle l'énergique résistance de l'assemblée du Massachusets
aux prétentions exorbitantes de l'Angleterre.

La presqu'île de Boston est trop étroite pour sa
population, et de nombreux faubourgs se sont
groupés sur les langues de terre avoisinantes.
Dans un de ces faubourgs, celui de Charlestown,

un monument a été élevé en l'honneur de la victoire remportée sur les Anglais, lors du siége de Boston. Le combat de Bunkers-hill (16 juin 1775) fut le premier où les milices américaines eurent l'avantage sur des troupes disciplinées. Le souvenir est glorieux, le monument est ridicule ; il ressemble à la grande cheminée d'une usine ; on croirait presque voir le Wellington-Monument dans le Phénix-Park, à Dublin.

Je ne parle pas des arbres de la liberté. Notre génération a peu de respect pour eux. Elle se souvient trop des pantalonnades de 1848.

Je comptais visiter Plymouth, où les premiers puritains (ou plutôt brownistes) débarquèrent du *May-Flower* le 22 décembre 1620 [1], et où se passe le nouveau poëme de Longfellow : *the Courtship of Miles Standish* ; l'île de Nantucket, connue de tous les lecteurs d'Edgar Poë, et le curieux promon-

1. Cet anniversaire se célèbre religieusement encore, dans cet État du moins, comme en témoignent ces vers que je trouve dans les *Contributions to Literature*, de Samuel Gilman, théologien, mathématicien et poëte, né en 1791, à Glocester, en Massachusets, et mort en février 1858, à Kingstown :

« Honoré soit le jour où il arriva, *le May-Flower ;* honorée soit la charge qu'il portait, ces hommes graves, religieux et illustres, qu'il déposa sur nos bords encore sauvages. Poursuis, ô Nouvelle-Angleterre, ta noble destinée, malgré les orages de luttes éphémères, et ton esprit, qui ne meurt pas, ne cessera d'être un germe de vie pour tout un continent. »

Philadelphie célèbre de même l'anniversaire du débarquement de Guillaume Penn, le 24 octobre 1681.

toire du cap Cod, qui s'étend à une centaine de milles dans la mer; mais la saison est trop avancée; je me contenterai donc d'avoir vu les montagnes Blanches et la métropole intellectuelle de l'Amérique.

A quelques milles de Boston, à l'ouest, s'élève l'université de Cambridge[1], nommée aussi le collége d'Harvard, en mémoire de son fondateur. Des cent vingt-quatre colléges actuels de l'Union (non compris les écoles de droit et de médecine), quatre-vingt-dix-huit n'ont été créés qu'en ce siècle-ci; vingt-trois seulement entre 1700 et 1800; il est donc juste de mentionner, *honoris causa*, ceux qui remontent plus haut, et en première ligne l'établissement d'Hârvard, qui date de l'année 1636. John Harvard, ministre de la ville voisine de Charlestown, avait, par son testament, légué une somme de huit cents livres sterling pour les premières dépenses. La ville elle-même ne faisait que de naître, fondée en mai 1631.

Après ce doyen des colléges, viendrait celui de William et Mary, fondé en 1602, par Nicholson, lieutenant du gouverneur lord Effingham, à Williamsburg, capitale, à cette époque, de la Virginie (ce titre n'a passé à Richmond qu'en 1779).

Enfin, au troisième rang d'âge, se place le collége de Yale, fondé en 1700 à New-Haven, au-

----

1. Benjamin Peirce, mort en 1831 professeur de mathématiques, à Cambridge, a publié une histoire de cette université.

jourd'hui l'une des deux capitales du Connecticut.
C'est à Yale que prenait ses grades universitaires,
en 1805, à peine âgé de seize ans, Fenimore Cooper, mort le 14 septembre 1851.

Mais revenons à Cambridge. Ne vous attendez
pas ici aux magnifiques édifices et à la pompe des
universités anglaises. Une bibliothèque, une église
simple, quelques salles d'étude, et tout autour,
au milieu de beaux jardins, les modestes maisons, la plupart en bois, des différents professeurs. Mais la gloire de l'université d'Harvard,
gloire plus solide et plus réelle que celle des masses
monumentales et des riches dotations, est tout
entière dans le grand nombre d'écrivains illustres
qui sont sortis de ses murs, et dont la plupart sont
restés attachés à son enseignement ou demeurent
dans les environs. Le   septembre 1836, le collége a
vu treize cents anciens *Alumni* célébrer le deüxième
anniversaire séculaire de sa fondation; parmi les
discours, dont un du président J. Quincy, parmi
les poésies que cette solennité ne pouvait manquer
d'inspirer, je demande à citer quelques vers d'une
pièce du même Gilman, dont j'ai parlé plus haut,
et qui avait été élève et professeur à Harvard, avant
de devenir ministre unitairien à Charlestown (Caroline du Sud).

« Bel Harvard, voici tes enfants qui accourent à ton
jubilé.... Lorsque dans la fleur de la jeunesse, quittant l'asile

où nos premiers ans s'étaient paisiblement dissipés, nous fûmes amenés sous tes ombrages, après les conseils de nos pères, les prières, les bénédictions, les larmes de nos mères et de nos sœurs, c'est toi qui es devenu notre père, le nourricier de notre âme, c'est toi qui nous a façonnés pour l'âge viril, jusqu'au jour où riches de pensées, d'amitiés et d'espérances, nous nous sommes élancés sur l'océan de la vie....

Adieu ! que tes destinées soient toujours glorieuses; enseigne toujours à tes enfants à penser en hommes libres, à souffrir en hommes forts, à vivre résolûment pour le droit; sois toujours un héraut de lumière, fais porter aux âmes le fruit de l'amour, jusqu'à ce que meure la race des puritains. »

Fair Harvard! thy sons to thy Jubilee throng....
To thy bowers we were led, in the bloom of our youth,
From the home of our free-roving years,
When our fathers had warned, and our mothers had prayed,
And our sisters had blest, through their tears :
Thou, then! wast our parent, the nurse of our souls,
We were moulded to manhood by thee ;
Till, freighted with treasure thoughs, friendships and
Thou didst launch us on destiny's sea....   [hopes,
Farewell! be thy destinies onward and bright;
To thy children the lesson still give
With freedom to think, and with patience to bear,
And for Right ever bravely to live ;
Be the herald of light, and the bearer of love,
Till the stock of the Puritans die!

Que l'on compare ces accents mâles, et sévères dans leur attendrissement même, avec l'élégie nervée et morose de Gray, à l'aspect des antiques tours de son collége d'Eton !

Cambridge, où fonctionna, dès 1638, la première imprimerie de l'Amérique, qui n'en comptait que quatre en 1700, Cambridge est assurément encore le premier centre intellectuel du nouveau monde, et personne ne pourra le contester, lorsque je citerai Longfellow, Prescott, Bancroft, Ticknor, Lovell, Agassiz, Channing (mort en 1842), Henri Dana, Nathaniel Hawthorne, Emerson, Edouard Everett, et enfin, quoique j'eusse dû le nommer un des premiers, le professeur Felton, à qui je dois une reconnaissance dont il me sera impossible de m'acquitter jamais. Sans parler de son accueil si cordial et si bienveillant, ainsi que de celui de son aimable femme, sœur de Mme Agassiz ; c'est grâce à lui que j'ai fait connaissance avec plusieurs de ces penseurs dont je garderai toujours le souvenir, et qui honorent l'Union bien plus que ses hommes politiques. J'ai été partout reçu avec cette bonne grâce que les esprits vraiment distingués accordent toujours à la jeunesse, quand elle vient chercher auprès d'eux et dans leurs entretiens une instruction plus pénétrante, et plus efficace pour eux, que tous les préceptes des livres.

Les manières des hommes de lettres des États-Unis (qui sont aussi celles de la haute société de Boston) tiennent de la politesse française et de l'hospitalité anglaise. Ce sont en général des hommes de bonne famille et d'une certaine fortune. Dégoûtés de la démocratie insensée où le pays se lance, car rien ne révolte plus toute âme haute que le despotisme du zéro stupide sur la minorité intelligente, ils se sont retirés des affaires publiques sans ostentation, sans récriminations inutiles contre leur patrie; ils ont cherché dans le domaine de l'idéal une occupation et un asile. Étrangers au fanatisme étroit des puritains, sous lequel la Nouvelle-Angleterre a longtemps gémi; mais malheureusement (quoique sans arrière-pensées hostiles contre nous), conservant trop de préjugés d'enfance contre le catholicisme pour l'embrasser, ils se sont la plupart rattachés à la secte des unitairiens, dont la tolérance et les idées larges conviennent à leurs esprits philosophiques. Vivant dans l'aisance, et fort souvent hors des villes, on conçoit que l'on ne rencontre chez eux rien de ce que nous appelons « la bohème. » Edgar Allan Poë est le seul qui rappelle tant soit peu cette physionomie; c'est peut-être en partie pour cela qu'il est tant admiré par l'auteur des *Fleurs du Mal* et par d'autres adeptes de l'école satanique.

En parlant de Cambridge, je suis naturellement amené à dire quelques mots de la littérature américaine, littérature qui augmente de puissance chaque jour, qui compte déjà plusieurs noms illustres, et

qui, quand on songe à l'immensité du pays, à l'é-
nergie de la race, mérite de fixer l'attention sérieuse de tous ceux qui portent des regards inquiets
sur l'avenir.

La littérature américaine dérive assurément des
grands écrivains anglais, et surtout de Shakespeare,
dont l'influence sur les descendants innombrables
de la race anglo-saxonne est une preuve de la puissance éternelle du génie de l'homme. Mais de
même que dans la race américaine, quoique l'élément anglais y domine, on rencontre des traits du
caractère de plusieurs autres nations, de même
dans sa littérature l'on peut découvrir des traces de
l'Allemagne et de la Castille. Quant à la littérature
française, chose bizarre! elle est généralement peu
connue et peu goûtée. Cela m'étonnerait moins s'il
ne s'agissait que de nos vieilles œuvres classiques,
que les imaginations du Nord trouvent un peu
froides, un peu trop vêtues à la Louis XIV; mais
même Victor Hugo, Alfred de Musset, Georges
Sand, Balzac, ne me paraissent pas appréciés ici à
leur juste valeur.

On peut caractériser en quelques mots la littérature américaine, en disant que c'est une petite pha-
lange de généraux; ce qui manque, ce sont les soldats, c'est l'armée. On ne trouve dans aucune de
littératures actuelles des noms plus brillants qu'Irving ou Longfellow, que Presscott ou Bancroft,

mais au-dessous d'eux on ne rencontre pas cette
foule d'écrivains élégants et agréables, qui fourmillent à Paris et à Londres, et dont les essais rendent nos revues si intéressantes. Rien de plus déplorable que la littérature de second ordre qui
remplit les feuilles périodiques; des contes informes y tiennent une grande place, imitation ou
plutôt caricature de Charles Dickens, ou de tel autre
romancier anglais. Les titres sont ce qu'il y a de
plus amusant : *les Mystères de la cour de Londres, les
Secrets des Tuileries;* car un roman n'a pas le
moindre espoir de succès parmi ces démocrates,
s'ils n'y trouvent pas une tête couronnée, une princesse, et au moins une demi-douzaine de ducs et
de marquis.

Longfellow est non-seulement le premier poëte
de l'Amérique, mais il est supérieur à tous les autres poëtes anglais aujourd'hui vivants. On peut
assurément trouver quelques points de ressemblance entre lui et Alfred Tennyson, l'auteur de
Maud et de *Locksley-Hall;* mais aussi élégant et
aussi harmonieux que lui, aussi rempli de mots
anciens et d'images gracieuses, il est plus mâle,
moins artisan de paroles et d'allégories symbo-
liques; ses vers énergiques, ses sentiments simples affermissent l'âme et atteignent plus directement, plus sûrement les hauts sommets de
l'idéal.

Les œuvres de Longfellow sont connues et appréciées en France : la chanson d'Hiawatha, légende
des Indiens Chippewas, qu'il faut lire comme moi
sur les plages boisées du lac Supérieur ; la *Légende
dorée*, drame fantastique, tiré du moyen âge allemand, qui semble avoir pour Longfellow un attrait
mystérieux! C'est l'histoire d'une jeune paysanne
offrant volontairement sa vie pour son seigneur,
qui ne peut guérir qu'à cette condition. Au dernier
moment il s'oppose à ce sacrifice, et guérit néanmoins; l'amour l'a régénéré ; et Elsie devient princesse. Cette œuvre est peut-être inférieure, à un certain point de vue, à d'autres créations du poëte, car
la puissance dramatique lui manque : mais elle est
semée des fleurs les plus ravissantes de la poésie.
Comment ne pas remarquer des comparaisons
pareilles à celle-ci : Elsie et Henry de Hoheneck
viennent de passer le pont couvert de Lucerne;
Elsie s'écrie : « La tombe elle-même n'est qu'un
pont couvert qui conduit du jour au jour, en passant
par une courte obscurité. »

Mais l'œuvre la plus séduisante de Longfellow,
celle où rayonnent toute la grâce et toute l'élévation
de son génie, est *Evangéline*, histoire de deux amants
acadiens qui, séparés violemment la veille de leur
mariage (lorsque le gouvernement anglais, par une
mesure infâme, indigne d'un pays libre, enleva de
leurs villages et dispersa dans l'Amérique les Fran-

çais de la Nouvelle-Écosse), se cherchèrent à travers le monde, et ne se retrouvèrent qu'au moment de la mort. Le poëme est écrit en hexamètres, mesure de vers que Longfellow semble affectionner.

On ne peut non plus passer sous silence les pièces lyriques du poëte de Cambridge ; les vers sur le beffroi de Bruges, ce beffroi vieux et noir, trois fois brûlé et trois fois relevé, où le poëte, au sein de l'antique tour, entend battre un cœur de fer ; sur Nuremberg, la ville des minnesingers, la ville où vécut Albert Dürer, « cet évangéliste de l'art, au cœur simple et révérant ; » *la Pluie en été ; le Nuage errant*, etc., sont des chefs-d'œuvre, soit comme évocation de souvenirs historiques, soit comme éloquence d'expression. Je veux citer quelques passages de cette dernière pièce, adressée à un chef indien :

« Sombre et ténébreux es-tu, ô chef des puissants Omahas ! Sombre et ténébreux, comme le nuage errant, dont tu as pris le nom. Enveloppé dans ta couverture écarlate, je te vois errer à travers les rues étroites et populeuses de la cité, comme erraient autrefois sur le bord des rivières ces oiseaux inconnus, qui ne nous ont laissé que l'empreinte de leurs pieds[1]....

1. Allusion aux études de Silleman, Hitchcock et Deane, sur le grès bigarré du Connecticut.

Encore un petit nombre d'années, et que restera-t-il de
ta race? la trace de tes pas!... Comment peux-tu aller et
venir dans ces rues, toi qui as foulé le vert gazon des
Prairies? Comment peux-tu vivre dans cet air, toi qui as
respiré l'air si pur des montagnes ? Ah! c'est en vain que
toisant ces murs et ces trottoirs, tu as l'air de réclamer le
terrain de tes chasses, qu'ils ont envahi ; à tes regards pleins
d'un dédain superbe, on répond par des regards de haine....

Retourne donc à tes bois, dans les régions à l'ouest du
Wabash; c'est là que tu es roi encore!... c'est là que
tu es fort et grand, un dompteur de chevaux, un héros !
Écoute ! quel est le murmure qui s'élève du cœur de ces
déserts montagneux? est-ce le cri des renards et des corbeaux, ou le cri du Behémoth immense, qui, sans être blessé,
reçut un jour sur ses défenses les carreaux du tonnerre, et
qui maintenant est aux aguets dans son repaire, pour détruire la race de l'homme rouge? Ah! bien plus fatal sera pour
toi et pour ta race que les corbeaux et les renards, bien
plus fatal pour toi et ta race que le Behémoth au pas reten-
tissant, sera, vois-tu, ce grand canot-tonnerre, dont la proue
affronte et brise le courant, pourtant impitoyable, du Missouri!—Et là-bas, au loin, sur les Prairies, les feux de camp
brillent à travers la nuit; et ce nuage de poussière dans la
lueur grise de l'aube, ce n'est point la voie du bison qu'il
signale, ni le galop du Mandane, l'habile cavalier; c'est la
caravane qui blanchit le désert où habitent les Comanches....
Ah! comme l'haleine de ces Saxons et de ces Celtes, pareille
au vent d'est, fait reculer de plus en plus à l'ouest la ché-
tive fumée du wigwam !

Gloomy and dark art thou, O chief of the migthy Omahas;
Gloomy and dark, as the driving cloud, whose name thou
    hast taken !

Wrapt in thy scarlet blanket, I see thee stalk through the
    city's
Narrow and populous streets, as once by the margin of
    rivers
Stalked those birds unknown, that have left us only their
    foot prints.
What, in a few short years, will remain of thy race but
    footprints?
How canst thou walk in these streets, who hast trod the
    green turf of the prairies?
How canst thou breathe in this air, who hast breathed the
    sweet air of the mountains?
Ah! 't is in vain that, with lordly looks of disdain, thou
    dost challenge
Looks of dislike in return, and question these walls and
    these pavements,
Claiming the soil for thy hunting-grounds....
Back, then, back to thy woods, in the regions west of the
    Wabash!
There, as a monarch, thou reignest....
There, thou art strong and great, a hero, a tamer of
    horses!

Hark! what murmurs arise from the heart of those
    mountainous deserts?
Is it the cry of the Foxes and Crows? or the mighty Be-
    hemoth
Who, unharmed on his tusks once caught the bolts of the
    thunder,
And now lurks in his lair, to destroy the race of the red
    man?

Far more fatal to thee and thy race than the tread of
Behemoth ,
Far more fatal to thee and thy race than the Crows and the
Foxes.
Lo ! the big thunder-canoe that steadily breasts the Mis-
souri's.
Merciless current ! And yonder, afar on the prairies, the
camp fires
Gleam through the night; and the cloud of dust in the gray
of the day-break
Marks not the buffalo's track, nor the Mandan's dexterous
horse-race :
It is a caravan, whitening the desert, where dwell the
Comanches !
Ha ! how the breath of these Saxons and Celts, like the
blast of the east-wind ,
Drifts evermore to the west the scanty smokes of thy
wigwams !

Longfellow vient de publier cet automne *the
Courtship of Miles Standish*. Miles Standish est un
vieux capitaine puritain de Plymouth ; il veut obtenir en mariage Priscilla, la plus jolie fille de la
ville ; mais au lieu de la demander lui-même,
il envoie le jeune Alden plaider sa cause. Priscilla
refuse, et lui dit : « Pourquoi, John, ne parlez-
vous pas pour vous - même ? » Alden est partagé
entre la joie qu'il éprouve de se voir aimé de celle
qu'il adorait secrètement, et la crainte d'avoir trahi
un ami ; puis, quelque temps après, il épouse Priscilla.

Cette histoire bien simple a été remplie de charmants détails par le poëte, qui descend, dit-on, de John Alden[1]; mais elle ne comportait pas un développement aussi considérable, et elle me paraît inférieure à beaucoup des autres œuvres de Longfellow.

Ce qui pourrait avoir contribué à cette impression chez moi, c'est que je trouve les puritains les gens les moins séduisants et les plus antipathiques du monde.

Dans les pièces fugitives qui suivent *the Courtship of Miles Standish*, il en est une, *the Two Angels*, aussi remarquable par son originalité, que par les bons sentiments qu'elle contient. Elle fut inspirée par la naissance d'un enfant de Longfellow, le matin même où mourait la jeune femme du poëte Lovell.

Je demande la permission de la citer avec la traduction en vers, due à la muse d'un aimable poëte du Berri, M. de Vasson.

---

1. Miles Standish signa le sixième, et John Alden le septième, la convention (*covenant*) par laquelle quarante et un chefs de famille ou hommes libres, à bord du *May-Flower*, avant même d'être en vue des côtes de l'Amérique, s'engagèrent le 10 novembre 1620 à obéir aux lois qu'ils feraient en commun pour le bien général de la société, tout en restant, disaient-ils, fidèles sujets de notre souverain et seigneur le roi Jacques Ier. Le 17 février 1621, Miles Standish fut élu capitaine de la milice de Plymouth et se signala dans les luttes contre les Indiens.

Two angels, one of Life, and one of Death,
  Passed o'er the village as the morning broke;
The dawn was on their faces; and beneath,
  The sombre houses capped with plumes of smoke.

Their attitude and aspect were the same;
  Alike their features, and their robes of white;
And one was crowned with amaranth, as with flame,
  And one with asphodels, like flakes of light.

I saw them pause on their celestial way: —
  Then said I, with deep fear and doubt oppressed :
" Beat not so loud, my heart, lest thou betray
  The place where thy beloved are at rest ! "

And he, who wore the crown of asphodels,
  Descending at my door, began to knock :
And my soul sank within me, as in wells
  The waters sink, before an earthquake's shock.

I recognised the nameless agony,
  The terror, the tremor, and the pain,
That, oft before, had filled and haunted me,
  And now returned with threefold strength again.

The door I opened to my heavenly guest,
  And listened, for I thought I heard God's voice;
And, knowing whatsoe'er He sent was best,
  Dared neither to lament or to rejoice.

Then, with a smile that filled the house with light: —
  " My errand is not Death, but Life," he said;
And, ere I answered, passing out of sight,
  On his celestial embassy he sped.

'T was at thy door, o friend, and not at mine,
   The angel with the amaranthine wreath
Pausing, descended; and, with voice divine,
   Whispered a word.... that had a sound like death.....

Then fell upon the house a sudden gloom,
   A shadow on those features fair and thin;
And softly, from that hushed and darkened room,
   Two angels issued, where but one went in.

All is of God! If He but wave His hand,
   The mists collect, the rains fall, thick and loud;
Till, with a smile of light on sea and land,
   Lo! he looks back from the departing cloud.

Angels of Life and Death alike are His;
   Without His leave they pass no threshold o'er,
Who then would wish or dare, believing this,
   Against his messengers to shut the door?

L'ange de mort, à l'aube, avec l'ange de vie
Planaient dans la lumière, et la terre endormie
Gisait dans l'ombre encor. Des toits, sous leur linceul,
S'exhalait la fumée en panaches de deuil!

Ils avaient mêmes traits, même forme immortelle;
L'un d'eux portait au front couronne d'asphodèle;
Couronné comme lui, l'autre envoyé de Dieu
Portait fleur d'amaranthe à la couleur de feu.

Je les vis s'arrêter dans leur course divine;
Je voulus comprimer mon cœur dans ma poitrine;
Ce cri seul en sortit : « Oh! cachons-leur toujours
Les lieux où j'ai placé mon nid et mes amours! »

Et l'ange qui portait couronne d'asphodèle
S'approcha de ma porte : — une angoisse mortelle
Dans mon sein, aussitôt, tarit mon sang troublé,
Comme l'eau dans la source où la terre a tremblé.

Alors je reconnus la cruelle agonie,
Mal sans nom qui souvent a déchiré ma vie,
Mal au frisson glacé, qui ressaisit mon cœur
Palpitant, cette fois, d'une triple terreur....

A l'envoyé du ciel j'ouvris, tremblant d'apprendre
Ce que Dieu, par sa voix, allait me faire entendre ;
Quoi qu'il donne, il est bon ! je n'ose pressentir....
Dois-je déjà pleurer ? dois-je me réjouir ?

Alors l'ange sourit : d'un rayon de lumière,
Ce sourire éclaira la maison tout entière....
« Je suis l'ange de vie, et non l'ange de mort ! »
Dit-il ; il disparut, que j'écoutais encor....

Ami ! l'ange portant couronne d'amaranthe,
S'arrêta, descendit, et sa voix déchirante
Non chez moi, mais chez toi, laissa tomber tout bas
De ces lugubres mots qui sonnent le trépas....

Soudain, sur ta maison, on crut voir un nuage
Qui voilait de son ombre un pâle et doux visage :
Dans cet appartement, sombre et silencieux,
Il n'entra qu'un seul ange : on en vit sortir deux !

Tout est de Dieu ! les vents, qui poussent les nuages,
Et la pluie à torrents que versent les orages,
Comme aussi les rayons, qu'au monde contristé
Ramène le soleil où sourit sa bonté ;

Vous, ses anges de deuil et ses anges de joie,
Vous ne venez à nous que lorsqu'il vous envoie.
Qui de nous oserait, cette pensée au cœur,
Se refuser d'ouvrir aux anges du Seigneur?

J'ai eu le chagrin de ne pas rencontrer Longfellow, qui était malade lors de mon séjour à Boston ; chose rare ; car, comme me disait son beau-frère Appleton, « Henry a une bonne santé, contre toutes les règles poétiques. » J'ai été reçu par Mme Longfellow dans un beau salon, richement meublé, et plein d'objets d'art. On reconnaît immédiatement en elle Mary Ashburton, l'héroïne du roman de Longfellow (*Hypérion*) ; cette jeune fille dont les yeux « étaient lumineux comme les planètes, sans être scintillants comme les étoiles. » Belle encore, mère de beaux enfants, gracieuse, avec une tournure d'esprit originale et distinguée, elle est digne de l'homme dont elle partage la vie ; et si quelqu'un est heureux ici-bas, il me semble que ce doit être l'auteur d'*Évangeline*.

Bryant, le poëte de New-York, que plusieurs personnes préfèrent à Longfellow, tient beaucoup plus intimement à la littérature anglaise, et en particulier à Byron, dont il emploie la strophe dans plusieurs de ses poëmes. C'est une nature mâle, énergique, mais sévère et un peu triste, et par cela même moins sympathique que celle de Longfellow. Jeté de bonne heure dans le tourbillon américain, sans fortune, obligé de se mettre à la tête d'un des journaux de New-York, ce qui lui a manqué, c'est le calme et le loisir. Véritable poëte, quand il se trouve devant la nature, son âme s'élève, les images se pressent dans son esprit, et rien n'est plus magnifique que ses descriptions de la prairie et de la splendeur automnale de la forêt américaine.

Après Bryant, viennent Lovell, qui a remplacé Longfellow dans l'enseignement des littératures étrangères au collége d'Harvard ; Dana, l'auteur du *Boucanier;* enfin, Edgar Allan Poé, mort du *delirium tremens* dans un hôpital de Baltimore, le 7 octobre 1849. Les traductions étonnantes de Charles Beaudelaire ont familiarisé les lecteurs parisiens avec ses contes fantastiques, qui surpassent ceux d'Hoffman en intensité et en horreur. Mais il est impossible de rendre ses poëmes étranges, *la Corneille, Ulalume, la Cité de la mer, le Palais hanté,* etc. Courts, toujours irréprochables quant à la forme, ténébreux, difficiles à suivre et à saisir, ils maîtrisent pourtant l'imagination, et semblent être inspirés par tout ce qu'il y a de plus horrible et de plus criminel dans l'univers.

Qui n'a pas lu l'histoire de la conquête du Mexique de Prescott, cette narration brillante et fidèle d'une des entreprises les plus merveilleuses et les plus hardies dont l'histoire fasse mention? Prescott a de plus publié *Ferdinand et Isabelle, la Conquête du Pérou,*

et en ce moment il écrit l'histoire de Philippe II,
dont les deux premiers volumes ont déjà paru[1].

J'ai été visiter Prescott aujourd'hui. Un domestique irlandais m'a introduit dans une bibliothèque
richement meublée ; au-dessus de la cheminée,
un beau portrait espagnol et deux cadres, conte-
nant, l'un une dentelle provenant du linceul d'Isabelle la Catholique ; l'autre un morceau de la
bière de Fernand Cortez ; sur la cheminée elle-
même et sur les tables, plusieurs bronzes antiques ;
puis, ouvert sur une chaise, l'*Épisode de l'histoire
de Hanovre*, par Blaze de Bury. J'avais eu le temps
d'examiner toutes ces choses, quand le panneau
d'une des armoires s'ouvrit, et Prescott parut. C'est
un homme de cinquante à soixante ans, grand,
assez maigre, avec beaucoup de calme et de dis-
tinction dans les manières, et une grande bienveillance dans le regard. Nous causâmes d'abord de la
pluie et du beau temps ; désireux de le mettre sur
quelque sujet plus intéressant, j'eus l'heureuse inspiration de lui demander de qui était le portrait
au-dessus de la cheminée. « C'est celui de Gonzalve

1. Prescott a terminé le troisième volume avant de mourir, le
28 janvier 1859, à Boston. Il était né en 1796, à Salem, en Massachusets. La septième édition américaine de *Ferdinand et Isabelle* est de 1854 ; la première avait paru en 1838. On a réuni en
un volume in-8, Boston, 1845, et Londres, 1856 (Routledge), les
articles fournis par Prescott au North-American Review. M. Ithier
a traduit le *Philippe II* en français, 5 vol. in-8, 1860.

de Cordoue, célèbre général qui.... — Permettez-moi de dire, M. Prescott, interrompis-je en riant, que je sais qui était ce grand capitaine; il nous a battus assez souvent, nous autres Français, pour que nous le connaissions.» La glace était rompue, il me parla de sa prétendue cécité, et me dit avoir autrefois reçu une lettre du pauvre Augustin Thierry, qui sympathisait si vivement avec lui. « Je ne suis pas aveugle, s'écria-t-il, je vois passablement d'un œil; l'autre, il est vrai, est complétement perdu, quoiqu'on ne puisse voir entre les deux aucune différence. — Vous êtes alors comme la princesse d'Éboli? » Il se mit à rire. « Mais oui, la princesse d'Éboli était décidément borgne; j'ai fait des recherches sur ce sujet, et tous les contemporains s'accordent là-dessus. »

Il me demanda si je connaissais M. Ternaux-Compans, dont les savants travaux lui avaient été très-utiles pour plusieurs de ses ouvrages.

Ensuite, me conduisant dans le salon, il me montra deux portraits de Ferdinand et d'Isabelle, qui portent sur leurs visages, Ferdinand la beauté et la fourberie, Isabelle la noblesse et la grâce. Puis, s'arrêtant devant un portrait de Fernand Cortez : «Voilà un homme vraiment grand, un homme dont il est agréable de célébrer la vie! Quoi de plus facile à écrire que la conquête du Mexique! Il y a là tous les éléments d'un beau poëme, sans en excep-

ter l'unité, chose nécessaire à toute œuvre. J'écris
en ce moment l'histoire de Philippe II. Je ne m'étais
pas rendu suffisamment compte de la difficulté de
l'entreprise : le sujet est si immense; il faut sauter
continuellement d'un bout de l'Europe à l'autre, et
le lecteur perd le fil de la narration et des idées.
Je vois que vous avez étudié l'histoire, vous devez
me comprendre. Je tâche avant tout d'être clair et
intéressant; j'ai plusieurs fois modifié *l'agencement*
de mon Philippe II. — Je vois que vous n'admire-
riez pas la manière de ***, en lui citant un de ses
confrères en histoire. — J'estime son talent, mais je
crains la diffusion; l'histoire est plus intéressante
que le meilleur des romans; si on ne la rend pas
telle, c'est qu'on ne sait pas l'écrire. » Je le remer-
ciai comme catholique de ne pas s'être laissé entraîner par les préjugés protestants, même au sujet
de Philippe II. « Un fanatique, me dit-il, ne doit
pas écrire l'histoire; du reste, j'ai tant vécu avec les
grands personnages de l'Espagne, qu'il me semble que l'Espagne est ma seconde patrie. Et cependant, ajouta-t-il, comme je lui demandais quelques renseignements sur le Mexique, vous serez
peut-être étonné quand je vous dirai que je n'ai
jamais été en Espagne ou au Mexique. Vous me
dites que vous avez été en Italie? Avez-vous ren-
contré le prince de Monteleone? voilà un homme
qui peut être fier de sa naissance! Il a conservé

d'immenses propriétés au Mexique : toute la vallée d'Oaxaca. Mais je suis fâché de dire qu'on les lui enlèvera peut-être bientôt. Les Mexicains actuels semblent se regarder plutôt comme héritiers des Aztèques, que comme descendants des Castillans, et ils sont hostiles à tout ce qui rappelle la conquête espagnole. »

Après une longue conversation, j'ai quitté Prescott, désolé de ne pas avoir plus de temps pour profiter de sa bienveillance et de sa société ; mais heureux d'avoir trouvé encore supérieur à mon attente un homme dont j'ai tant admiré les ouvrages depuis mon enfance.

J'ai aussi vu à New-York Bancroft et sa femme, personne charmante, et fière à juste titre du talent et de la réputation de son mari. L'historien des États-Unis a débuté dans la carrière politique ; il a même été pendant quelque temps ministre. Maintenant il est retiré des affaires, et se consacre tout entier à son ouvrage, qui achevé (huit volumes ont paru) sera un des grands monuments historiques de notre époque. Comme Prescott, Bancroft se distingue par la tolérance. La plus belle partie de son œuvre, vraie mine d'érudition, est celle où il s'échauffe et s'anime en décrivant la découverte de l'Ouest, par les missionnaires jésuites, qui ne craignirent ni les rapides des fleuves ni le tomahawk des sept nations!

Washington Irving, qui ne sort plus maintenant de sa villa de Sunnyside, sur les bords de l'Hudson, consacre sa vieillesse à l'histoire de Washington, livre qui fera connaître ce grand homme à l'Europe actuelle[1]. On ne peut trop admirer la souplesse du talent de cet écrivain, qui sait tour à tour aborder l'histoire dans la *Conquête de Grenade*, le roman dans les *Contes de l'Alhambra*, l'essai humoristique dans le *Sketch-book*, et le *New-York de Knickerbocker*; le voyage dans *Astoria* et dans cette charmante petite narration, *Un tour dans les prairies*, livre qui a donné des velléités de voyage a plus d'un collégien.

A la classe des historiens se rattachent aussi Everett, plus connu peut-être comme orateur et ministre en Angleterre, que comme écrivain; et Ticknor, auteur d'un remarquable essai sur la littérature espagnole, dont, comme je l'ai déjà dit, les Américains se préoccupent plus que de la nôtre.

Il y a en Amérique plusieurs écrivains qui étudient la philosophie; mais le seul dont le nom soit connu est Emerson, l'auteur des *Hommes représen-*

1. Washington Irving est mort en décembre 1859. Déjà la préface du dernier volume de son *Washington*, datée d'avril 1859, pouvait faire pressentir ce malheur. L'auteur y dit, en effet, que, très-souffrant d'une maladie nerveuse, résultat d'un travail excessif, il a prié son neveu, P. Munro Irving, de surveiller l'impression et de corriger les épreuves. Edouard Everett vient de publier aussi une biographie du même grand homme.

tatifs[1], esprit de la même nuance que Carlyle, mais qui ne sauve pas ses œuvres de l'ennui par le piquant de ses paradoxes.

Toute la France connaît les romans de Cooper, qui est mort il y a quelques années, à sa campagne près de New-York; et cependant ils sont bien inférieurs aux contes psychologiques de Nathaniel Hawthorne, *la Maison aux sept pignons*, *la Lettre rouge*, etc. Ce dernier ouvrage nous transporte au milieu de la société puritaine des premiers temps du Massachusets, où toute offense contre la morale était punie avec une sévérité horrible et où les sorcières étaient brûlées par centaines. Temps curieux, débauche d'hypocrisie, car jamais hommes ne furent plus abandonnés à tous les vices, mais avec décorum. Paulding, Mlle Sedgwick, Mlle Mac Intosh, ont écrit aussi des romans intéressants. Quant à Mme Beecher Stowe, je n'ai pas besoin de la rappeler, immortalisée par un livre, dont le courage, dont les nobles tendances surpassent encore le talent.

Les Américains sont trop les véritables petits-fils des Anglais, en ce qui concerne la passion des voyages, pour ne pas avoir publié un grand nombre de récits remarquables. Je citerai l'ouvrage si intéressant de John L. Stephens sur l'Amérique cen-

---

1. Ces hommes sont Platon, Montaigne, Shakspeare, Swendenborg, Gœthe, Napoléon.

trale, qu'il sillonna en tous sens, depuis les ruines de Palenque et de Copan jusqu'aux rives marécageuses du lac de Nicaragua ; les voyages de Bayard Taylor sont écrits d'une manière claire et agréable, sans préjugés, enfin remplis de renseignements utiles ; il a parcouru l'Espagne, tout l'Orient, l'Inde et la Chine, en ce moment il revient de Grèce et de Russie. Je regrette beaucoup de n'avoir pu le rencontrer ; mais nous aimons tous deux à errer sur la terre ; qui sait si le hasard ne nous réunira pas quelque jour? Je citerai enfin, *De New-York à Delhi,* ouvrage fort amusant d'un jeune homme de New-York, Minturn. C'est l'œuvre d'un esprit sympathique et sensé. Il parle de l'Inde sans se laisser entraîner à des déclamations vulgaires contre les Anglais. Il montre ce que sont les Hindous, et se moque de ces journalistes américains et français, qui ne savent ce qu'ils disent, qui font presque un héros de Nena-Sahib, et qui mériteraient, pour la peine, de tomber entre les mains de leur ami.

Tels sont les principaux noms de la littérature américaine contemporaine. Maintenant, si l'on me demande quelles sont ses tendances, je dirai qu'elles sont vagues encore, mais qu'elles me semblent hostiles à cette démocratie furieuse qui, après avoir détruit tout gouvernement, sauf peut-être le despotisme, finirait par saper la famille et par abâtardir l'intelligence. La littérature américaine tourne des regards affectueux vers le passé ; pleine d'un patriotisme élevé, elle aime le peuple, mais elle ne le flatte pas. Elle rend justice à l'ancien monde, et dirigeant les âmes vers le beau, elle cherche à prouver que les traditions saintes ne sont pas incompatibles avec la liberté.

IX

LES IRLANDAIS DÉMOCRATES. DE NEW-YORK A WASHINGTON.
LE CONGRÈS. LES PARTIS. LE PRÉSIDENT BUCHANAN.

New-York, ce 2 décembre 1858.

Je suis revenu à New-York par le chemin de fer jusqu'à Fall-River, ensuite par le bateau à vapeur *Bay-State*, sur le bras de mer qui sépare la Longue Ile des côtes basses du Connecticut. Le *Bay-State* est un beau bâtiment, mais infiniment trop fragile pour naviguer sur des eaux souvent orageuses et perfides. A la pointe du jour nous arrivons devant New-York, qui nous apparaît cette fois entouré de la brume sombre d'une matinée de la fin de novembre.

Pendant les quelques jours que je viens de passer

dans la cité impériale, il a fait un temps bizarre, un jour de neige ou de pluie, régulièrement suivi d'un jour de soleil et ainsi de suite. La seule chose qui ne change pas est le froid, toujours très-vif à cette saison de l'année.

J'en reviens toujours à ma première impression de New-York : c'est une ville admirablement située, amusante, pleine de ressources, séduisante même pour de certains esprits, à cause des dangers qu'on y rencontre, mais gouvernée de la façon la plus déplorable.

Les Irlandais sont nombreux et très-puissants dans New-York, et lorsque l'archevêque catholique, le docteur Hughes a demandé, le printemps dernier, des souscriptions pour la magnifique cathédrale gothique qu'il veut construire, il a trouvé cinq cents fidèles qui ont donné mille dollars (5000 fr.) par tête. Malheureusement ce prélat distingué, qui par son mérite seul est arrivé aux premiers rangs de la hiérarchie ecclésiastique, n'a pu sans doute acquérir de l'influence sur la conduite politique de ses ouailles, car elle est généralement aussi mauvaise que possible. Les Irlandais sont le plus souvent des séides du parti démocratique, et l'on ne peut se défendre d'un vif sentiment d'indignation, lorsqu'on voit des hommes qui prêchaient la révolte et le socialisme en Irlande, se faire les défenseurs de ce honteux et criminel trafic de chair humaine, qu'on nomme l'esclavage. Passe pour les gens du Sud , qui ont été élevés au milieu de la servitude, dont les intérêts sont en question , et dont plusieurs sont des maîtres humains, qui envisagent la question avec un préjugé favorable. Mais il n'en est pas de même pour un Européen.

C'est de l'archevêque Hughes que je tiens la cause première de l'union des Irlandais avec le parti démocratique.

Lors de la rébellion de 1798 et des mouvements qui la suivirent, et que l'habile biographie de Mme la comtesse d'Haussonville « Robert Emmet, » a fait parfaitement connaître en France, le parti fédéraliste, alors au pouvoir, cédant probablement à de vieilles antipathies anglaises, se montra hostile aux Irlandais exilés, et fut même sur le point de leur interdire l'entrée des États-Unis; ceux-ci se jetèrent alors entre les bras de l'opposition, qui les accueillit et sut faire usage de leurs talents. Bientôt elle s'aperçut que l'émigration irlandaise augmentait et que la nationalité celtique allait devenir un des principaux éléments de l'Amérique du Nord. Elle résolut de la gagner; un premier pas avait été fait par les amis et les admirateurs des exilés de 1798. Les autres Irlandais furent flattés dans leurs préjugés; leur haine contre les Anglais fut attisée par des discours déclamatoires; ils furent enchantés de s'entendre nommer, « hommes in-

telligents, hommes libres, » et ils s'unirent au parti
qui leur prodiguait ce grossier encens. Depuis, ils
ont suivi les démocrates dans toutes leurs fautes pas-
sées et présentes. Ils ont contribué jadis à exclure
de la Maison Blanche, le grand, l'habile, le généreux Henry Clay, mort en 1852; maintenant, ils
soutiennent les border-ruffians du Kansas, et font
écho à ceux qui proclament l'esclavage « la plus
sainte des institutions. » Un grand nombre de ces
pauvres gens ne savent pas ce qu'ils font; ils tombent
entre les mains des démocrates en descendant du
vaisseau, et ils y restent. Ne leur demandez pas
pourquoi ils sont démocrates, ils n'auront rien à
répondre; ou bien ils vous diront que les principes
démocratiques (qu'ils ne sauraient pas définir) leur
plaisent. Erreur! car l'Irlandais est naturellement
le peuple le plus aristocratique du monde. Il est
ridicule quand il affiche l'égalité.

> Ne forçons point notre talent,
> Nous ne ferions rien avec grâce.

Je ne parle pas d'une autre classe d'Irlandais
qui renient leur pays et leur religion, et se jettent
dans ce qu'on est convenu d'appeler rowdisme
(canaillerie). Hélas! ils sont nombreux à New-York.
Ils s'affilient à la société des Dead-Rabbits (lapins
morts) ou à celle des Plug-Uglies (laides chiques),
et vivent dans la débauche, l'ivrognerie et le sang

Ce sont ces associés d'un genre nouveau, qui remplissent, sous la désignation particulière de Fancy (fantaisie), les ignobles petits théâtres, où l'on voit des créatures humaines s'assommer à coups de poing ; ce sont eux qui se répandent dans les campagnes environnantes les jours de fête, et insultent les femmes paisibles; eux qui tirent des coups de pistolet dans Broadway, massacrent des étrangers dans les maisons de jeu, et ensanglantent la ville. Et cependant ce sont eux qui gouvernent, eux qui chassent les citoyens honnêtes de l'endroit où l'on vote, eux qui nomment (car ainsi le veut l'auguste suffrage universel) tous les juges et les magistrats ; aussi n'y a-t-il à New-York ni police, ni justice, ni administration. Les impôts sont énormes, et cependant sauf les réservoirs d'eau, aucun grand travail n'a été entrepris ; les trottoirs sont encombrés et malpropres, les rues sont mal pavées, les monuments sont médiocres, les promenades publiques sont négligées; et s'il y a de belles églises et plusieurs institutions charitables bien organisées, il faut les attribuer aux hautes classes, aux entreprises particulières, toujours merveilleuses en Amérique.

Je ne veux pas prétendre assurement que les rowdies se recrutent surtout parmi les Irlandais. Je crois, au contraire, que la majorité de ces scélérats sont Américains de naissance, mais la proportion celtique parait beaucoup trop considérable à ceux qui connaissent les vertus de l'Irlandais sur les divines grèves de son pays. Mais, né avec un sang plus chaud, et des passions plus ardentes, le Celte ira plus loin dans le crime que l'Anglo-Saxon, une fois qu'il se sera abandonné au mal, et qu'il aura secoué le joug salutaire de sa religion.

Du reste, la grande prostituée, la misère, pousse plus d'un pauvre négociant au fond du gouffre. L'émigration est une loterie, bien peu y gagnent même un petit lot. Que de familles irlandaises jetées sans ressource sur le pavé de New-York ! Que de jeunes hommes, qui pouvaient vivre heureux sur l'autre rivage de l'Atlantique ! Souvent c'est de leur propre mouvement, et entraînés par une espèce de vertige, qu'ils ont émigré. Mais où mon cœur se gonfle d'indignation, c'est lorsque je rencontre des victimes de ces landlords au cœur froid, aux manies impitoyables, qui, entichés de quelque théorie d'économie ou d'agriculture, ou bien hostiles à la religion catholique et à la race celte, dépeuplent leurs terres et condamnent ainsi à l'exil, à la douleur, au vice et au désespoir, des êtres qui eussent vécu en Irlande dans la gaieté et dans l'amour de Dieu.

Riches, dont l'esprit est dominé, peut-être, par des plans dont ils attendent merveille, mais qui sûrement ont une pierre à la place du cœur ! qui ne songent pas que ces pauvres paysans sont capables

des mêmes affections qu'eux; qu'il y a, dans ces
âmes simples, plus d'attachement pour cette ferme
cultivée par leurs aïeux des centaines d'années,
qu'eux mêmes ils n'en ont pour le château qu'ils
viennent d'acheter. Car les exterminateurs n'appartiennent jamais à la vieille race ; ce sont des parvenus qui montrent la bassesse de leur origine par la
bassesse de leurs âmes. Terribles sont les responsa-
bilités qui pèsent sur ces hommes. Quant à nous,
à la vue de ces infortunes que nous ne pouvons pas
empêcher, notre seule consolation est de songer
que le Seigneur sans doute a quelque motif caché,
et que de ces douleurs individuelles sortira peut-
être quelque bonheur pour l'humanité.

Une partie de la société new-yorkaise est reve-
nue de la campagne, et j'assiste à quelques réu-
nions dans ces magnifiques maisons de la cinquième avenue, véritable rue de palais. Le luxe
intérieur est vraiment inouï. Mais bien peu de
ces palais restent longtemps au même propriétaire.
On s'enrichit et on se ruine si promptement aux
Etats-Unis, que c'est un va-et-vient perpétuel de la
propriété. Il m'a semblé que le culte du dollar
était beaucoup plus évident à New-York qu'à Boston; mais je ne veux pas me prononcer, car j'ai
passé malheureusement peu de temps ici, et je n'ai
pas pu faire usage de toutes mes lettres; là où je les
ai présentées, j'ai trouvé ce bon accueil et cette hos-

pitalité qui distinguent les Américains de toutes les
autres nations, sauf peut-être les Anglais.

Je compte retourner demain à Philadelphie, gagner Washington pour l'ouverture du congrès, et y
passer quelques jours avant d'entreprendre mon
long voyage vers le sud.

Washington, 10 décembre 1858.

Le 3 décembre au matin, je quitte New-York pour
Philadelphie. Les chars sont pleins de monde. Mes
compagnons de voyage sont un peu moins malpropres que les gens de l'Ouest; je crois qu'ils se
lavent la figure une fois tous les deux jours, on
m'assure même qu'ils changent de linge chaque
semaine; mais je ne peux pas me porter garant
de l'authenticité du fait.

J'arrive à Philadelphie dans l'après-midi et reçois le même accueil hospitalier de mes amis. Dans
la soirée du lendemain ils me conduisent à la réunion
Whisker. Cette réunion, ainsi nommée en mémoire
d'un docteur Whisker qui avait un salon très-
agréable à Philadelphie, est composée des hommes
les plus distingués de la ville; elle s'assemble tous

les samedis soirs, pendant les mois d'hiver, dans la
maison de l'un des membres, à tour de rôle. Chaque Whisker a le droit d'amener avec lui un
homme politique ou littéraire , ou un étranger de
passage à Philadelphie. Rien de plus parfait que le
ton de ces assemblées ; le souvenir de cette soirée
me restera comme une des plus agréables de l'année.

Je passe une nuit en chemin de fer, entre Philadelphie et Washington, et je débarque à Washington le matin même de l'ouverture du congrès, qui a
toujours lieu le premier lundi de décembre. C'est
la dernière session du trente-cinquième congrès ; le
trente-sixième ouvrira le 6 décembre 1859, pour
finir en mars 1861. Il comptera quelques représentants de plus que celui-ci, notamment un pour
l'Orégon, dont l'admission au rang d'État est im-
minente[1].

Il est peut-être temps d'introduire mes lecteurs
dans le dédale de la politique des États-Unis ; ce
qui n'est pas chose facile, car les partis rivaux ont
changé souvent de principes et de noms, et ces
noms n'éveillent aucune idée précise dans l'esprit
des Européens. Néanmoins, dans le moment actuel,
la question de l'esclavage étant le grand criterium
des partis, il est plus facile de s'y reconnaître qu'autrefois. Les démocrates, aujourd'hui au pouvoir dans

1. Elle a été décrétée, par acte du congrès, le 14 février 1860.

la personne du président Buchanan, appartiennent
généralement au Sud et sont les défenseurs de l'esclavage ; les républicains, dont le colonel Frémont
était le candidat à la dernière élection, sont les ad-
versaires de la servitude et dominent dans presque
tous les États du Nord. Il existe actuellement un
troisième parti, opposé aux étrangers de naissance
nouvellement naturalisés, le parti américain ou
Know-nothing ; mais je ne le cite que parce qu'il a
fait un certain bruit en Europe ; il est sans force
réelle, et comme je l'ai déjà dit en parlant de Baltimore, il a dégénéré en une association de malfaiteurs.

Mais voyons maintenant la filiation des différents
partis de l'Union américaine, et examinons comment ils sont arrivés à leur état actuel ?

Dès les premiers temps qui suivirent la fin de la
guerre de l'indépendance, sous le président Washington, deux partis se dessinèrent nettement.

L'un, vers lequel inclinait Washington et auquel
appartint le deuxième président, John Quincy Adams,
prit le nom de *fédéraliste;* l'autre, qui avait pour
chef le célèbre Jefferson, prit celui de *républicain.*
Le premier, qui représentait les idées d'ordre (mot
que j'ose à peine employer, tant on en a abusé!)
d'aristocratie éclairée, de liberté modérée, voulait
agrandir l'influence du pouvoir fédéral et lui assurer le droit de s'occuper des améliorations inté-

rieures du pays ; le second voulait le pouvoir sans
contrôle du peuple, la souveraineté absolue des
États, la plus stricte économie. Il admirait autant
les drames de 1793, que le parti rival reconnaissant
envers Louis XVI et imbu des doctrines de 1789,
les détestait.

Le parti fédéraliste domina tant que vécut Washington. Mais, peu de temps après la mort de ce
grand homme, les républicains arrivèrent au pouvoir avec Jefferson. Jefferson est une des idoles des
Américains. Comme propriétaire d'esclaves, et sous
le rapport de la moralité privée, sa vie ne peut supporter un examen attentif ; mais il fut un grand
homme politique, sauf le compte qu'il devra rendre
à l'avenir, quand les principes démocratiques de son
école auront développé toutes leurs conséquences.

Sous sa présidence, comme sous celles de Madison et de Monroe, la souveraineté populaire fut
définitivement établie ; mais les mesures furent
conciliantes, et la guerre de 1812 avec l'Angleterre,
l'épuisement général, le besoin d'union, diminuèrent l'hostilité des partis.

Elle ne se réveilla que lors de l'élection présidentielle de 1824. Le parti fédéraliste, qui avait pris le
nom de *whig* ou de *républicain*, avait pour candidat
John Quincy Adams, le fils du deuxième président
des États-Unis ; l'ancien parti *républicain*, qui avait
changé de nom et qui avait pris celui de *démocrate*

(qu'il méritait bien), soutenait le général Jackson, soldat brutal, emporté, despotique, mais rendu populaire par la victoire qu'il avait remportée sur les Anglais à la Nouvelle-Orléans (8 janvier 1815).

Pour la nomination d'un président, chaque État nomme par le suffrage universel un certain nombre d'électeurs spéciaux, basé sur sa population. Le général Jackson eut 99 de ces votes, Quincy Adams 84, Crawford 41, Henry Clay 37. Aucun des candidats n'avait la majorité absolue, demandée par la loi. Selon les règles de la constitution, ce fut la chambre qui dut choisir entre ces rivaux. Les représentants élurent Quincy Adams, dont ils considéraient le caractère comme plus en harmonie avec des institutions libres que celui du général Jackson. Adams prit possession de la Maison-Blanche ; Henry Clay, le premier orateur de l'Union, accepta un ministère et la tâche de défenseur de la politique présidentielle devant le congrès.

La nation eut le bon esprit de se soumettre à ce dénoûment parfaitement constitutionnel, mais les démocrates désappointés donnèrent un libre cours à leurs invectives amères. Ils représentèrent le pays comme courbé sous le joug de l'aristocratie ; ils lui persuadèrent qu'il allait être ruiné par les dépenses folles des ci-devant fédéralistes, et en 1828 Jackson fut appelé au fauteuil présidentiel par une grande majorité.

Il n'entre pas dans le plan de ce petit livre de donner une histoire des deux présidences du gé-néral Jackson et de celle de Martin Van-Buren, qui fut le continuateur de la politique du général. L'acte qui domine cette période est l'abolition de la banque des États-Unis. Dans les longues dis-cussions qui eurent lieu au sujet de cette mesure, le président tint tête à la majorité du sénat et de la chambre, et fit usage du *veto* (prérogative rare-ment employée) avec une audace qui n'aurait été tclérée ni en Angleterre ni en France, sous le gou-vernement réprésentatif.

L'abolition de la banque des États-Unis porta un grand coup à Philadelphie, qui était le centre de ses opérations : elle encouragea l'établissement de ces innombrables petites banques, qui créent pendant un certain temps une prospérité factice, et tombent en faillite à la première crise commer-ciale; mais il est vrai aussi de dire que de grands abus s'étaient introduits dans son administration, et que la majorité des basses classes lui était utile.

En 1840, le pays se montrait lassé du joug des démocrates, et même plusieurs de ceux-ci étaient ébranlés par les désastres commerciaux qui avaient suivi l'abolition de la banque des États-Unis. On pouvait croire que le parti républicain ou whig allait élever au pouvoir le grand orateur Henry

Clay; mais ce dernier, adoré de ceux qui l'approchaient, n'était pas populaire dans les masses, sauf dans son état natal, le Kentucky. Les suffrages républicains se portèrent sur le général Harrison, qui mourut quelques mois après son élection, et fut remplacé par le vice-président Tyler. Celui-ci abandonna ses amis, devint la créature des démocrates, et quand arriva la fin de son administration, il était également détesté des deux partis.

Enfin, en 1844, on pouvait espérer que Clay allait arriver aux affaires, Clay non-seulement le plus grand orateur, mais le plus beau caractère que les États-Unis eussent vu depuis les jours de Washington; à la honte de l'Amérique, le candidat démocrate, homme honnête, mais d'une médiocrité complète, l'emporta. L'Europe put dire avec justice que la populace envieuse ne pouvait aimer un grand homme, et que l'insignifiance, l'art de flatter les masses, étaient les plus sûrs moyens de parvenir à la présidence des États-Unis. Pour enlever la nomination de Polk, les démocrates n'épargnèrent aucune calomnie; ainsi, dans l'État de New-York, qui devait faire pencher la balance, ils gagnèrent le vote des Irlandais, décisif pour l'élection, en représentant Clay, le plus éclairé des hommes, comme un calviniste furieux, comme un ennemi et un exterminateur des catholiques. Un whig modéré, le général Taylor, célèbre par la

victoire de Buena-Vista, que les Américains com-
parent à la bataille d'Austerlitz, fut nommé président en 1848[1]. C'était un homme brave, d'un
caractère élevé, mais non un grand capitaine. Si
l'armée mexicaine avait été bonne, les Américains
auraient été vaincus à Buena-Vista; mais l'intré-
pidité américaine triompha facilement de la mol-
lesse d'une race abâtardie. Le général Taylor eut le
même sort que le général Harrison : il mourut peu
de temps après, le 9 juillet 1850, et le vice-président
Fillmore lui succéda à la Maison-Blanche. Fillmore
montra une grande habileté dans des circonstances
difficiles. Cependant son parti fut vaincu aux élections suivantes, et un avocat du New-Hampshire,
le général Pierce, fut nommé par les démocrates.

C'est que, dans l'intervalle, la question de l'esclavage était venue jeter la plus grande perturba-
tion dans les esprits. Cette question, la plus grave
de toutes, allait modifier profondément les partis,
et, à dire vrai, le vieux parti whig, dont Henry
Clay était la personnification, n'existait pour ainsi
dire plus.

Une grande portion des démocrates du Nord se
sont rattachés au parti whig, qui a définitivement
pris le nom de républicain, tandis que les whigs
du Sud sont presque tous devenus démocrates.

----

1. Jackson était mort à l'Ermitage, près Nashville, le 8 juin 1845.

En réalité, aux deux dernières élections présidentielles, mais surtout en 1856, dans la lutte entre Buchanan et Frémont, le Sud et le Nord, l'esclavage et la liberté étaient seuls en présence.

Rien n'est plus en l'honneur des hommes du Nord que d'avoir abordé résolûment cette question brûlante, malgré les dangers qui l'entourent. Mais ceux des gens honnêtes qui ne se laissent égarer ni par la fureur des intérêts ni par la rage des partis, ont senti que l'esclavage était un opprobre pour une contrée qui se nommait « pays libre ; » qu'il était temps de mettre des bornes aux exigences croissantes du Sud, et que, puisqu'il était impossible d'abolir la servitude dans une portion des États, il fallait au moins l'empêcher de s'étendre, en lui fermant les territoires nouveaux.

Le gouvernement fédéral n'a pas le droit de se mêler de l'administration intérieure des États souverains. Sur cette question, il n'y a pas de doute, et personne, à l'exception de quelques fanatiques, ne demandait cette intervention pour la cause de la liberté des noirs.

En réalité, les droits du Sud n'étaient pas attaqués ; mais, dans une certaine mesure, on touchait à leurs intérêts en les privant de débouchés nouveaux pour les produits de leur marchandise humaine.

Le Sud retentit d'imprécations ; ses prédicateurs

prouvèrent que l'esclavage était une institution sainte, préconisée par la Bible. Pourquoi ne pas dire tout de suite qu'on est criminel si l'on ne coupe pas les vaincus en morceaux, parce que Samuël fit ainsi découper ce pauvre roi des Amalécites, Agag ?

Mais ce qui fut plus sérieux, c'est que le mot de *disunion* fut prononcé, et que les vauriens de la Caroline déclarèrent qu'ils comptaient bien marcher sur Washington, si Frémont était élu.

Le colonel Frémont fut défait, mais par une très-petite majorité, et grâce au vote de la Pensylvanie; c'est un État libre, mais le choix d'un de ses citoyens pour le fauteuil de la présidence flattait les masses et fit taire la logique. Le danger toutefois est toujours présent. Il sera bien autrement menaçant en 1860. Dans toutes les dernières élections le parti républicain a triomphé. La fameuse question du Kansas a mis la discorde dans les rangs démocratiques ; et qui peut prévoir ce qu'un avenir prochain réserve à la république ?

Cependant je ne crois pas à une séparation prochaine. Je ne crois pas que le Sud puisse être assez insensé pour la provoquer. S'il l'était, malgré son coton et ses cannes à sucre, malgré les hommes distingués qu'il contient, on le verrait, dans un temps, descendre à un état presque aussi pitoyable que celui des républiques espagnoles des tropiques.

Et c'est le moment de remarquer cette moralité

lente, mais invariable, qui fait de l'étude de l'histoire la plus grande consolation des vaincus et des persécutés; la Providence punit, tôt ou tard, ceux qui foulent aux pieds les droits sacrés de la liberté individuelle de l'homme; c'est l'injustice consacrée par l'esclavage qui menace d'amener la ruine de la grande Union américaine.

Mais l'esclavage n'est pas la seule faute du gouvernement des États-Unis. J'ai dejà montré les inconvénients qu'entraînait la nomination aux fonctions judiciaires par le suffrage universel. Le déplacement périodique de toute l'administration, jusqu'aux maîtres de poste, et l'insuffisance des salaires, produisent une incroyable corruption. Je doute qu'il y ait, même en Russie, en aucun pays, une habitude aussi constante des pots de vin, primes, etc. De temps en temps, des scandales inouïs apparaissent au jour. Mais les hommes des États-Unis sont devenus très-indulgents pour les choses de ce genre.

Le fait est que le penseur reste effrayé à la vue d'une pareille absence d'honnêteté. Le sens moral semble affaibli; la démocratie a abaissé les caractères sous son niveau despotique et stupide. Les flatteurs de la populace sont entrés en scène! Accoutumés dès l'enfance à s'entendre appeler le peuple libre, le peuple grand, l'aristocrate de la nature, les Américains des basses classes se croient tout permis. De là vient ce laisser-aller incroyable dans les manières et dans les actes, comme dans les principes. De là vient aussi qu'il ne peuvent plus entendre aucune vérité, et que même des gens éclairés ne peuvent supporter les observations d'un voyageur sans les traiter aussitôt de préjugés. Hélas! quoiqu'il m'en coûte de le dire d'une nation que j'aime et dont je n'ai qu'à me louer, les Américains d'aujourd'hui, toujours braves, mais corrompus, ne sont plus ces vaillants soldats qui combattirent à Bunker'sHill et à la Brandywine ; et le généreux, le pieux, l'illustre Washington, qui méprisait la populace et qui savait dire de dures vérités à ses compatriotes, serait lapidé aujourd'hui.

Le plan de la métropole de l'Union est splendide sur le papier, la cité couvre une étendue immense, et les rues sont larges comme des boulevards. Malheureusement les maisons sont disséminées dans l'espace, et un diplomate étranger l'a spirituellement nommée « la ville des magnifiques distances. » Le climat est malsain en été, et la plupart des diplomates, M. de Sartiges en tête, habitent à Georgetown, petite ville située à quelques milles, sur une rangée de coteaux qui dominent la vallée du Potomac.

Le Capitole s'elève au centre, sur une colline assez haute. Il n'est pas terminé, mais il a déjà une belle apparence, et lorsqu'il sera surmonté de sa grande coupole, il l'emportera sur tous les autres monu-

ments des États-Unis. C'est dans le Capitole que se
tiennent les séances du sénat et celles de la chambre
des représentants. Chaque État nomme deux séna-
teurs; quant au nombre des représentants, il est
basé sur la population. (La même disposition se reproduit dans la constitution particulière de chaque
État; seulement le fonctionnaire le plus élevé porte
le nom de gouverneur.) Les pouvoirs du président
sont assez étendus; il a même le droit de grâce.
Tout ceci semble assez clair et satisfaisant; mais
quand on songe que tout cet échafaudage est renversé tous les quatre ans, l'on peut se figurer une
crise périodique d'agitation et d'intrigues, qui a
quelque ressemblance avec le chaos.

La salle du sénat est petite, mais fort belle, et
assez bien disposée pour que tous les spectateurs
puissent entendre les discours. Peu de voix sont
assez sonores pour remplir la vaste salle des représentants. Dans l'une et l'autre, la liberté avec laquelle les dames et les étrangers sont admis, et la
place considérable qui leur est réservée, sont dignes
d'un pays libre; tout le monde sait, au contraire
combien il est difficile d'avoir accès dans les chambres anglaises, et quelle est l'exiguïté de la galerie.
Il est une autre différence entre les chambres anglaises et les chambres américaines, qui n'est plus
à l'avantage de ces dernières. Au lieu de bancs
circulaires, chaque membre a devant lui un pu-

pitre, plumes et papier, un bon fauteuil et un
crachoir. Au premier abord, cela semble tout simple : mais l'expérience prouve que rien ne mène
plus à l'indifférence, aux pitoyables discours, à
l'expédition trop lente des affaires. Si les membres
avaient à écouter au lieu de pouvoir lire et faire leur
correspondance, ils ne souffriraient pas des récita-
tions de trois jours, quelque chose comme les drames en trois nuits du Théâtre-Historique, d'en-
nuyeuse mémoire.

La demeure du président (nommée Maison-
Blanche à cause de la pierre blanche dont elle est
construite, et qui ressemble à du marbre), se trouve
à l'extrémité de la rue de Pensylvanie, à un mille
du Capitole. C'est une assez grandiose résidence,
embellie par un portique corinthien; mais elle n'a
rien de palatial. Le président, dont le traitement,
je n'ose dire la liste civile, est seulement de
vingt-cinq mille dollars (120 000 fr.), y vit aussi mo-
destement qu'un simple particulier. Il donne de
temps en temps quelques dîners diplomatiques, et
reçoit plusieurs fois par hiver toutes les personnes
qui veulent se présenter chez lui. Il y a toujours
beaucoup de monde à ces galas nommés levers, nom
qui paraît singulier lorsqu'on songe à ceux de la
reine d'Angleterre. Bien entendu, il n'y a pas de
baise-main, ni de rafraîchissements.

Grâce à la courtoisie de M. le comte de Sartiges,

ministre de France aux États-Unis, je n'ai pas à attendre un de ces levers pour aller présenter mes hommages à la Maison-Blanche. Il m'y conduit un soir. Un domestique irlandais, assez mal tenu, nous ouvre la porte et nous introduit auprès du président, assis au fond d'un grand salon meublé en damas de soie rouge, avec sa nièce, Mlle Lane, et quelques membres du congrès. Son Excellence (car c'est avec ce titre qu'on adresse la parole au président des États-Unis) me donne la poignée de main sacramentelle et m'interroge sur mon voyage, sur ce que je pense du pays, avec la bienveillance et aussi un peu la curiosité habituelles aux Américains. M. Buchanan a été longtemps ambassadeur à Londres, il est d'une taille élevée et porte dignement une belle tête à cheveux blancs. Il a de grandes manières, qui se ressentent du monde dans lequel il a vécu. Je soupçonne que c'est pour les racheter auprès de ses amis les démocrates, qu'il affecte une teune tant soit peu négligée. Par les jours de pluie on le voit souvent dans les rues de Washington, avec de grosses bottes, dans lesquelles il fait rentrer son pantalon. Il n'est pas marié ; sa maison est tenue par sa nièce, Mlle Lane, personne encore belle et fort distinguée.

Je dîne ce soir chez M. Eustis, membre du congrès pour la Louisiane, jeune homme créole par sa mère, et plus Français qu'Anglo-Saxon. Il me com-

ble d'amabilités et me donne plusieurs lettres pour
la Nouvelle-Orléans. Il me demande de ne pas me
laisser influencer par des préjugés anglais sur la
question de l'esclavage, et de voir de mes propres
yeux comme les nègres sont bien traités, combien ils
sont attachés à leurs maîtres! Je ne demande pas
mieux. Il serait certainement plus nouveau, plus
paradoxal, plus comme il faut (car la mode est dans
tout), de prendre la défense de la servitude. Mais,
quoique n'allant pas dans le Sud en abolitionniste
zélé, quoique disposé à constater par moi-même ce
que l'esclavage peut avoir de patriarcal, je crains
bien que rien ne puisse changer mon antipathie
pour le principe même.

X

LES CAROLINES. MONTGOMERY EN ALABAMA. LA NOUVELLE-
ORLÉANS. L'ESCLAVAGE.

Charlestown, 15 décembre 1858.

Je ne sais trop pourquoi les bateaux à vapeur du
Potomac partent toujours à cinq heures du matin.
Aussi la sortie de Washington est peu agréable,
surtout lorsqu'on est au milieu de l'hiver. Le froid
est très-vif. Comme compensation, le lever du soleil est admirable ; les côtes boisées du Maryland
et de la Virginie semblent inondées de lueurs cerise et lilas. Sur l'appui d'une des fenêtres de la
cabine, je trouve ces mots écrits au crayon : « *Dear
Hester Storm, I love you harder than a horse can*

kick. » Textuellement : « Chère Esther Storm, je t'aime plus dur qu'un cheval ne peut ruer. » Pendant que cette pensée originale, sortie d'un cœur sans doute plein d'amour, me plonge dans une profonde rêverie, la cloche sonne : tous les voyageurs se découvrent. Nous passons devant Mount-Vernon, la dernière demeure de Washington. La propriété de Mount-Vernon appartient encore aux petits-neveux de ce grand homme ; mais le droit d'aînesse a été aboli récemment en Virginie, et les dames des États-Unis songent à acheter le domaine pour le dérober au morcellement et à la ruine qui suivent partout ces lois nouvelles. Vers le milieu du jour, nous débarquons à Aquia-Creek, dans le comté de Stafford en Virginie, et quelques heures de chemin de fer nous conduisent à Richmond, capitale de cet État. Le pays est pittoresque, mais il paraît pauvre. Dans l'origine, les terres étaient excellentes ; mais, épuisées par un mauvais système de culture, elles s'en retournent à l'état sauvage.

Richmond est une jolie ville située sur une colline que baigne la rivière James. Ce fut sur cette rivière que s'établit la première colonie permanente des Anglais en Amérique. La fille d'un des chefs indiens de ces parages sauva la vie à l'un des aventuriers les plus intrépides de la race blanche, le capitaine John Smith, et l'épousa plus tard. Le temps a revêtu cette histoire d'une poésie charmante, et

aujourd'hui plusieurs des anciennes familles de
l'*Old Dominion* se glorifient d'être les descendantes
de l'Indienne Pocahontas.

Dans le jardin public nous voyons des prisonniers
qui travaillent à des terrassements. Ils sont surveil-
lés par un vieux militaire qui porte un uniforme
singulier, sorte de caricature de celui de notre garde
nationale ; un détail que je trouve sublime, ce sont
ses gants de laine verte. Il y a quatre-vingts troupiers
de ce genre dans la Virginie. Est-ce avec ces masses
armées, fort braves du reste, je n'en doute pas,
que les États-Unis doivent « planter l'étendard
étoilé sur le dôme de Saint-Paul ? »

Il est déjà tard quand nous quittons Richmond
pour gagner Weldon, où nous comptons passer
notre seconde nuit. Les gens des Carolines, dans
lesquelles nous allons entrer, ont la réputation
d'être querelleurs et peu endurants. Ma manière
décidée de m'exprimer met un jeune Allemand,
avec qui je cause, dans des transes mortelles. A
chaque observation que je me permets sur l'esclavage, sur la pauvreté du pays, ou sur les inconvénients de la démocratie, il s'écrie d'une voix de
Stentor, pour couvrir la mienne: « La Caroline du
nord est célèbre par son essence de térébenthine, »
ou bien : « Rien ne peut égaler le coton de la Caroline du sud !

Nous trouvons à Weldon un grand hôtel délabré.

Dans les escaliers, sous les tables, dans les armoires, jusque dans les endroits les plus reculés, grouillent de petits négrillons des deux sexes. De vrais singes, mais drôles, et serviables.

Le train ne doit partir qu'à une heure. J'en profite pour visiter une plantation de coton, située à peu de distance de la station. Il y a déjà un changement sensible dans la température. Le ciel est couvert ; mais il fait chaud, et l'on se croirait dans une de nos matinées tièdes et brumeuses du mois de juin. J'entre dans quelques champs où le coton n'a pas encore été cueilli. C'est à cette saison qu'on le récolte ; on le sème au printemps. L'arbre à coton est un arbuste dont la hauteur varie de deux à quatre pieds ; il est droit ; son écorce est lisse ; chaque arbuste a plusieurs branches également droites, sur lesquelles poussent les baies. Son bois n'est pas dur. La culture du coton, comme toutes les autres cultures, exige des engrais. Depuis quelque temps le guano est généralement employé.

Je visite le quartier des nègres, composé d'une rangée de huttes fort misérables. On m'avait fait de belles comparaisons (toujours à l'avantage du Sud !) entre les demeures des nègres et celles de nos paysans d'Europe. Je puis affirmer, en toute conscience, que ces cases sont inférieures aux plus pauvres cabanes irlandaises. Mais nous verrons plus loin.

Devant la maison du planteur, un beau canard à

col rouge se promène, au milieu de son sérail emplumé. Il s'aperçoit que je le regarde, et fier d'être remarqué, il se rengorge, il se pavane, et me donne le même spectacle que plus d'un bipède d'une autre espèce.

Il y a cent soixante-deux milles de Weldon à Wilmington, petit port où l'on s'embarquait autrefois pour gagner Charlestown. Nous y arrivons par une nuit étoilée. Toutes les fenêtres sont ouvertes, les habitants prennent le frais devant leurs portes, les boutiques ont des auvents pour garantir les marchandises du soleil; les rues, les hôtels ont cette saleté qui annonce partout les pays méridionaux. A Washington nous étions encore dans le Nord; décidément nous voici dans le Midi.

Nous quittons Wilmington avant le jour et passons la rivière dans un bac à vapeur. De l'autre côté, nous retrouvons le chemin de fer. Des brumes dorées annoncent le lever du soleil. Nous traversons, sur un pilotis peu solide, le désert qui porte le nom de « Green Swamp » (marais vert), sans doute parce que de grands espaces de terrain déboisés sont couverts d'une herbe marécageuse et malsaine. Rien de plus triste que l'aspect de ces swamps que nous trouvons sur la plus grande partie de la route. Un sol humide, des eaux stagnantes couvertes d'une mousse jaune; pas de pins, mais des chênes blancs, des cyprès; mille chicots d'arbres dont les têtes pointues sortent du marais peu profond. C'est cependant dans ces solitudes que se réfugient les esclaves rendus fous par les mauvais traitements de leurs maîtres ; mais ils n'y sont pas en sûreté. On met sur leurs traces des dogues qui les manquent rarement. Longfellow a bien saisi ce trait, dans sa pièce sur le « Dismal Swamp, » le Marais triste (qui sépare la Virginie de la Caroline du Nord, par le 36° 38′ de latitude nord) :

> In dark fens of the dismal Swamp
> The hunted Negro lay ;
> He saw the fire of the midnight camp,
> And heard at times a horse's tramp.,
> And a blood-hound's distant bay....
> Where hardly a human foot could pass,
> Or a human heart would dare,
> On the quaking turf of the green morass
> He crouched in the rank and tangled grass,
> Like a wild beast in his lair ;
> A poor old slave, infirm and lame, etc., etc.

« Dans les sombres fondrières du Marais triste, le nègre pourchassé s'est tapi ; il a vu briller les feux du camp nocturne, il a entendu plusieurs fois le galop d'un cheval, et l'aboiement lointain d'un limier qui aime le sang.... Là où peut à peine se poser un pied d'homme, là où plus d'un cœur d'homme frémirait de s'aventurer, sur ce sol tremblant du verdâtre marécage, il s'est blotti, lui, dans les herbes enchevêtrées et puantes, comme une bête sauvage dans son repaire ; un pauvre vieil esclave, infirme, estropié, etc., etc.

Il n'y a pas d'espérance pour l'homme noir, tant

qu'il habite ce pays démocratique. Mais, si ses pieds touchent le sol sacré du Canada, si ses yeux peuvent apercevoir la blanche falaise de Douvre, il est libre ! il est homme ! et c'est vers le royaume de l'aristocratie que se tournent tous les persécutés, les esclaves de la Caroline comme les prisonniers de Nisita !

En approchant de Charlestown, par une belle et calme fin du jour, nous rencontrons de magnifiques bois de grands pins d'Italie, qui font songer à la villa Pamphili, au mont Onofrio, et à ce jardin du palais Colonna, rempli pour moi de divins souvenirs !

Il fait nuit quand nous arrivons ici. De bonne heure, nous parcourons les rues de la ville et le port. Charlestown, comme New-York, Portland, et plusieurs autres villes de l'Union, s'étend sur une longue presqu'île, entre deux fleuves ou bras de mer. On y voit plus de noirs et de métis que de blancs ; sur les murs sont affichées plusieurs ventes d'esclaves. La fièvre jaune a été terrible cette année, même parmi la population de couleur. Elle n'a entièrement disparu qu'il y a peu de jours, à la suite de quelques gelées blanches.

Tant de familles ont été éprouvées par ce fléau, que la ville est encore très-triste. Du reste, le temps lourd et malsain, qui ressemble aux journées de sirocco à Rome, ne porte pas à la gaieté. La principale promenade de Charlestown est elle-même assez

lugubre. C'est le cimetière Magnolia, ainsi nommé
à cause de ses allées, plantées de ce bel arbre tropi-
cal. Rien ne manque au charme mélancolique de
ce lieu, ombrages, eaux vives, gazons, massifs de
fleurs. L'on est frappé, en lisant les inscriptions tu-
mulaires, de l'âge encore jeune d'un grand nombre
de morts. En effet, la vigoureuse adolescence est
plus souvent enlevée par la fièvre jaune que l'enfance ou la vieillesse.

C'est à Charlestown que Mlle Rachel joua pour la
dernière fois. On a trop répété que cette admirable
actrice fut mal reçue aux États-Unis. On lui témoi-
gna partout des égards; elle fut vivement appréciée
à New-York, et surtout à Boston, au sein de cette
société littéraire, une des plus intelligentes du
monde. Ce qui est vrai, c'est qu'elle ne pouvait pas
entraîner une foule qui ne la comprenait pas, et
qu'elle ne pouvait espérer, par conséquent, gagner
des sommes aussi énormes que l'avait fait Jenny
Lind. Le talent musical du rossignol suédois s'a-
dressait à toutes les classes de la population; de plus,
elle avait avec elle Barnum, le plus habile des char-
latans, tandis que M. Raphaël Félix, le frère de Rachel, ne commit le plus souvent que des mal-
adresses. Enfin Rachel était déjà atteinte de cette
maladie perfide qui l'a tuée avant que nous eus-
sions eu le bonheur d'entendre encore une fois sa
parole vibrante et inspirée.

Je ne connais personne ici, Charlestown ne me
plaît pas. Aussi je compte repartir dès demain pour
la Nouvelle-Orléans.

Mobile, 21 décembre 1858.

Dans l'après-midi du 16 décembre, nous quittons
Charlestown, pour faire d'une seule traite les quatre
cent quatre-vingt-trois milles qui nous séparent de
Montgomery. Deux chars sont remplis de nègres
misérables, dont la puanteur infecte la gare; ces
malheureux parlent une langue qui nous est inconnue. On se dit tout bas qu'ils forment une partie de
la cargaison humaine débarquée il y a quelques
jours par le yacht *Wanderer*. Depuis plusieurs années, la traite des nègres n'existait plus aux États-Unis, mais elle tend a renaître depuis que les
planteurs sont décidés à soutenir l'institution sainte,
même aux dépens de leurs bourses; en effet, la
traite abaisse le prix de la marchandise, et les propriétaires de haras d'hommes avaient jadis soutenu
les lois sévères portées contre elle.

Quand on avance vers Berlin ou Kœnigsberg, à
travers la marche de Brandebourg ou la Poméranie,

15

on rencontre des plaines sablonneuses et désertes, coupées par des forêts de sapins. Ce genre de paysage, qui est associé dans notre esprit avec l'idée de Nord, nous le trouvons ici en descendant vers le Sud. Il commence peu après Charlestown, et nous suit jusqu'à l'Alabama, sauf pendant cette partie de la route où le chemin de fer s'approche de la Montagne de pierre dans l'État de la Géorgie. Cette montagne de pierre est une colonne isolée, entièrement inaccessible, sauf d'un seul côté, qui s'élève à quelques centaines de pieds au-dessus du niveau de la plaine. On pense qu'elle doit son origine à une éruption volcanique. Au printemps, lorsque les fleurs et les lianes innombrables des pays méridionaux couvrent ses rochers et embellissent les bois d'alentour, la Montagne de pierre mérite une visite. A cette saison, on peut se contenter de l'apercevoir du chemin de fer.

Nous passons toute la nuit en voiture; et ce n'est que le lendemain soir que nous arrivons à Montgomery, brisés de fatigue, dans un hôtel dont le délabrement est encore plus méridional que celui de l'auberge de Weldon.

Outre que les chemins de fer marchent avec une lenteur désespérante dans le Sud, l'on est obligé de traverser en omnibus plusieurs villes de peu d'importance. Ces transbordements sont très-désagréables, la nuit surtout. Puisqu'il existe une ligne entre New-York et Montgomery, pourquoi ne pas combler ces petites lacunes? On pourrait alors avoir des chars de sommeil, et la route se ferait plus confortablement.

Cependant nous n'avons pas à nous plaindre du chemin de fer de Charlestown à Montgomery, puisque nous nous sommes tirés sans contusions d'un accident assez grave : au milieu de la nuit, comme nous traversions une tranchée, l'éboulement d'une grande masse de terre a déterminé le déraillement des deux derniers chars. Heureusement, en Amérique, on peut prévenir à l'instant le mécanicien, à l'aide d'un cordon. La locomotive s'est arrêtée, et il n'y a eu qu'un choc peu violent, et un retard d'une ou deux heures. Vers le matin, un autre accident plus sérieux a failli nous exterminer tous. Nos chauffeurs ont aperçu un train qui arrivait sur nous à toute vitesse. Ils n'ont eu que le temps de renverser la vapeur, et les deux convois se sont arrêtés à une dizaine de pas l'un de l'autre. Je cite ceci pour faire honte à l'insouciance des employés. Le système en lui-même n'est pas mauvais, mais le service se fait avec une négligence et une irrégularité qui ne seraient pas tolérées en Europe, ou même dans la Nouvelle-Angleterre.

Montgomery est la capitale de l'État de l'Alabama, et l'endroit où l'on prend les bateaux à vapeur de la rivière du même nom. C'est une ville complétement insignifiante; mais il nous en restera un bon souvenir, à cause du temps divin dont nous y jouissons. Plus au midi, nous trouverons la chaleur humide, les moustiques, toutes les misères des tropiques; mais sous cette latitude, le climat est enchanté; et voyager à la fin de décembre sous un beau ciel élevé, par une température d'Italie au mois d'août, c'est là certainement un des vifs plaisirs de la vie. Au moment où nous quittons le débarcadère de Montgomery, les matelots noirs entonnent une chanson sauvage et pleine de l'accent du désert.

L'Alabama est un fleuve qui n'a plus aucun aspect anglais. Les nuits sont étincelantes, l'on sent que le tropique approche, que le golfe du Mexique n'est pas loin. Quoique lente, la navigation n'est dépourvue ni de charme, ni d'intérêt. Le bateau à vapeur s'arrête souvent, pour prendre des balles de coton. Tantôt elles glissent sur des planches inclinées, établies pour cet usage; tantôt elles roulent le long des dunes et arrivent ainsi sur les bords de la rivière. Rien de plus curieux que de voir l'habileté avec laquelle les nègres dirigent ces masses, assez lourdes pour écraser un homme. Bien leur en prend : car une fois une balle est tombée à l'eau, et aussitôt des coups de fouet ont retenti dans l'obscurité. Je dois dire cependant que les nègres paraissent gais; presqu'à chaque plantation une balle plus grosse que les autres, et marquée d'une manière différente, est mise à bord avec la plus grande précaution : c'est la balle des esclaves ; et c'est à eux que le prix en sera distribué, si le maître ne change pas d'avis d'ici là.

Nous nous arrêtons à Canton ; dans les environs, on a brûlé hier, à petit feu, un noir coupable d'avoir tué son maître qui lui avait pris sa femme, et qui le battait cruellement tous les jours. L'humanité n'est pas le fait des hommes de l'Alabama. Les lois du pays permettent au planteur n'importe quel traitement envers son esclave, pourvu que la mort immédiate n'en résulte pas.

Dans la soirée du troisième jour depuis notre départ de Montgomery, nous arrivons à Mobile, ville située à l'embouchure de la rivière du même nom formée par le Tombigbée et l'Alabama, comme la Gironde par la réunion de la Garonne et de la Dordogne.

La nuit est lourde et désagréable. L'hôtel est peuplé d'Irlandais dégénérés et malpropres. L'on nous entasse plusieurs dans une chambre remplie de moustiques affamés, qui s'engraissent à nos dépens. Le lendemain matin, nous trouvons nos persécuteurs engourdis par la bonne chère, et lorsqu'ils sont écrasés sur les murailles blanches, l'on dirait qu'elles ont été aspergées de sang.

Du reste, Mobile, que nous parcourons aujourd'hui, n'a de gracieux que son nom. Nous avons hâte d'être à la Nouvelle-Orléans, et nous partons ce soir même pour le lac Pontchartrain, en Louisiane, sur le beau steamer *Cuba*.

La Nouvelle-Orléans, 27 décembre 1858.

Les voici devant nous, les ondes de la mer !
L'ancre est déjà levée, et le vapeur agile
Fend les vagues d'azur du golfe de Mobile ;
Et les matelots noirs, qui vinrent du désert,
Chantent leurs chants aigus qui grincent dans les airs
Pélicans et vautours planent au loin ; sur l'île
Le héron sérieux pose son pied fragile,
Et guette le poisson qui trouble les flots clairs....

Je ne puis mieux rendre notre départ de Mobile et notre entrée dans le golfe du Mexique. Que de rivages, depuis que nous nous embarquâmes sur le lac Huron ! Mais ici c'est la mer, la patrie errante, qui baigne les genêts des Orcades comme les palmiers de Cuba. Pendant la nuit, la pleine lune se lève, Jupiter brille, le chasseur Orion se promène dans les hauteurs du ciel.

A la pointe du jour, nous entrons dans le lac

Pontchartrain. Ses côtes marécageuses, ses palmiers, ses grandes cigognes qui se détachent sur le ciel, rappellent le delta du Nil,

Et l'Égypte où l'aurore a d'immenses rougeurs.

Le petit chemin de fer qui conduit du lac Pontchartrain à la Nouvelle-Orléans, traverse des marais qui donnent une triste idée de la salubrité des environs de la cité du Croissant. Son embarcadère est au milieu du quartier Français. Toutes les enseignes sont dans ma langue maternelle; les figures sont non-seulement françaises, mais parisiennes. La première impression est très-gaie; puis, à travers un mouvement qui rivalise avec celui de New-York, nous arrivons dans le quartier Américain. L'hôtel Saint-Charles est un palais, tout un monde. Les prix y sont exorbitants. Un feu, le soir, dans la chambre à coucher, coûte cinq francs; le reste est en proportion.

La Nouvelle-Orléans se distingue de toutes les autres villes des États-Unis par son ancienne population française; mais celle-ci n'est peut-être pas la plus nombreuse. En effet, une nouvelle émigration française, considérable pour une nation aussi casanière que la nôtre, s'est dirigée vers ce point, comme vers deux ou trois autres endroits du globe, Buenos-Ayres, Lima, Valparaiso. De même qu'à Buenos-Ayres et Monte-Video, ce sont en général des Basques; à Lima, des Bordelais ou des Normands; à la Nouvelle-Orléans, ce sont surtout des Parisiens que l'on rencontre. La ville s'en ressent; ce n'est plus cette population mâle, énergique et religieuse que j'ai tant admirée au Canada; population qui est si peu sympathique aux Français modernes, qu'il n'y a, pour ainsi dire, pas d'émigration vers le Saint-Laurent. C'est ici une race étourdie, amusante, corrompue, avide de bruit et de plaisirs. Les bals publics sont nombreux. Au lieu d'être déserte comme la plupart des parcs aux États-Unis, la place d'Armes, au centre de laquelle s'élève la statue du général Jackson, est remplie de promeneurs joyeux jusqu'à une heure avancée de la nuit.

La veille de Noël, nous allons entendre l'*Ambassadrice* au théâtre d'Orléans. La salle est comble; les loges sont pleines de jolies créoles. On n'entend pas parler anglais; le parterre est gai et bruyant, les calembours ne font pas défaut. Enfin, l'on se croirait dans un des petits spectacles de Paris.

Il n'y a rien de tel que l'habitude. La position de la Nouvelle-Orléans suffirait pour effrayer une personne peureuse.... et cependant, nul ne songe ici au danger. Le fait est que le Mississipi domine la ville de plus de trente pieds. Une digue immense préserve seule la contrée environnante. Quand une rupture (*crevasse*) s'opère dans cette digue, comme en mai et décembre 1849, et au printemps dernier, tout le monde se met au travail. En effet, le grand fleuve a déjà plusieurs fois changé de lit, et rien ne prouve qu'il ne lui prendra pas fantaisie un jour de balayer la ville, et d'aller se jeter dans le lac Pontchartrain. Un pareil désastre surpasse toute imagination; plus de cent mille personnes périraient.

Malgré ces causes d'insécurité, la population de la Nouvelle-Orléans augmenterait rapidement, n'était la fièvre jaune; mais ce fléau, qui, s'il semble diminuer d'intensité une année, reparaît la saison suivante avec une fureur nouvelle, empêche un grand nombre de commerçants aisés de venir s'y établir. Depuis le 1er juillet jusqu'à ce jour, la maladie a emporté, dans la ville seulement, 4852 victimes.

Pendant une partie de l'automne, la ville est complétement morte et abandonnée; il n'y a pas de navires de commerce; plusieurs des bateaux à vapeur du Mississipi s'arrêtent prudemment dans des latitudes plus élevées. Puis, les premières gelées se font sentir, la fièvre jaune cesse; les bâtiments anglais arrivent, pour chercher le coton qui alimente les manufactures de Manchester et de Stockport; les bateaux à vapeur, chargés de balles, descendent le père des eaux, le Yazoo, la Wachita, la Rivière-Rouge; une animation immense règne dans la ville, toutes les physionomies semblent affairées : commerçants, planteurs, armateurs, capitaines, matelots de toute nation se croisent en tout sens, et la *levée*, où les vaisseaux chargent et déchargent, d'où un bateau à vapeur part à chaque instant, où se presse une foule de nègres, d'Irlandais, de mulâtres avec leurs charrettes traînées par des mulets, présente un des aspects les plus extraordinaires que je connaisse.

Le temps s'est gâté le surlendemain de notre arrivée à la Nouvelle-Orléans, et il a fait, le jour de Noël, un vrai temps de Londres au mois de novembre. Cependant, les bananes, les ananas, les mandarines vendus à bas prix, les palmiers qui s'élèvent sur la place publique, les fleurs qu'on voit dans les jardins, annoncent bien le Midi; mais il faut être encore plus près de l'équateur, pour ne pas sentir quelques légères atteintes de l'hiver; et lorsqu'on est parvenu dans ces régions, que les poëtes nomment à grand tort bénies, un peu de froid semblerait délicieux!

Entre autres choses parisiennes, on trouve à la Nouvelle-Orléans d'excellents restaurateurs, et je défie qui que ce soit de manger rien de meilleur qu'un poisson du Mississipi, nommé en français *tête de mouton* et en anglais *casse-burgot*, à cause de sa grande bouche et de ses grosses dents, avec lesquelles il casse les coquillages dont il se nourrit.

J'ai trouvé à la Nouvelle-Orléans et dans ses en-

virons cette réception cordiale et cette obligeance
qui m'ont suivi partout en Amérique. Je dois ajouter, pour être sincère, et à cause de la singularité
du fait, que les créoles, sauf quelques familles distinguées et plus éclairées que les autres, détestent
les Français. Rien de cette affection, de cet élan des
braves et dignes Canadiens ; au contraire, une jalou-
sie, une hostilité sourde ! Il est vrai que les Canadiens descendent de ces rudes cultivateurs normands et bretons, les meilleurs de nos paysans
français, tandis que la masse des Louisianais sont
les petits-fils des aventuriers parisiens, des escrocs
et des filles de joie, déportés par le régent Philippe.
Et quand on voit chaque jour les ressemblances
physiques et morales se perpétuer dans les familles,
comment peut-on contester qu'il en soit autrement
dans les races ?

Plusieurs familles nobles sont venues s'établir
dans ces contrées, après les désastres de Saint-Domingue ; mais elles ne forment que l'exception : le
plus grand nombre a une origine peu relevée. Ils le
prouvent, en étant des maîtres impitoyables. J'ai
honte de le dire, mais on m'assure que les esclaves
ne craignent rien plus que d'être achetés par des
planteurs français. Néanmoins, cela ne m'étonne
pas. Avec notre légèreté habituelle, nous déclarons
que les esclaves sont faits pour leur sort, parce
qu'ils ressemblent à des singes et qu'ils sentent

mauvais ; puis, quoique naturellement humains, notre passion pour le pouvoir et la discipline nous entraîne à des excès envers les noirs ; tout comme dans le vieux monde, la manie du règlement et de l'autorité changent en tyrans lilliputiens un tas de fonctionnaires subalternes, fort respectables et fort utiles du reste.

Je viens de prononcer le mot esclavage. Tant d'autres écrivains, plus habiles et plus instruits que moi, ont traité cette question, que je n'aurai pas la présomption de donner une histoire de cette institution funeste, ou de me mettre à réfuter les erreurs de ceux qui la défendent. Mais, la servitude est tellement mêlée à la politique présente, à la moralité, à l'avenir des États-Unis, que je ne peux pas la passer sous silence.

Les personnes du Sud reprochent aux étrangers de venir les visiter avec le « parti-pris » de dénigrer une institution qu'ils regardent comme leur palladium, parce qu'elle remplit leurs bourses pour le moment actuel, sauf à les ruiner plus tard. Ils les traitent d'*abolitionistes*, terme qui, dans l'idiome des Carolines, est infiniment plus affreux que celui d'assassin. Mais comment en pourrait-il être autrement ? L'esclavage indigne les peuples chrétiens et civilisés, il répugne à toutes nos idées de justice, de philosophie et de religion. S'il est une chose sur laquelle les savants les plus éminents sont d'accord, c'est l'unité de la race humaine. Mais quand même cette unité n'existerait pas, qui peut contester une âme aux nègres, une ressemblance étroite entre nous et eux, par la formation du corps, par la parole, même par les facultés intellectuelles? Or, dès qu'un être a une âme, de quel droit un autre être vient-il le posséder et le vendre, comme une bête des champs? Soutenir la servitude, l'Ancien Testament à la main, me paraît une farce infâme, qui ne peut servir qu'à déconsidérer la religion. Autant vaudrait prétendre que notre devoir est de massacrer les prisonniers de guerre, et d'assassiner les hérétiques qui entrent dans nos églises. Je sais bien que l'esclavage a jadis existé dans presque toute l'Europe; mais l'on ne peut justifier Domitien par Tibère, ou Robespierre par Cromwell. D'ailleurs, la servitude qu'exerçaient nos ancêtres, la condition du paysan attaché à la glèbe n'avait pas d'analogie, même lointaine, avec les haras d'hommes de la Virginie, avec les ventes de femmes et d'enfants de la Louisiane; et pour retrouver ces horreurs, il faut remonter à l'empire romain, à cette étable d'Augias formée par le despotisme militaire, que balayèrent les libres barbares du Nord.

En réalité, on ne peut citer en faveur de l'esclavage que deux choses : les intérêts présents, et les difficultés qui suivraient l'émancipation des nègres.

Il est sûr que, quoique le système soit mauvais et

appauvrissant à la longue, les propriétés d'esclaves
donnent un beau revenu, qui diminuerait et dispa-
raîtrait même, pour un certain nombre d'années, si
l'émancipation était décrétée. L'expérience des îles
anglaises paraît prouver ce que j'avance. Et puis,
que ferait-on de cette énorme population noire, que
le dernier recensement fait monter à trois millions
deux cent cinq mille? Lui donnerait-on des droits
politiques? Mais elle serait trop ignorante, trop mauvaise peut-être, pour les bien exercer. Et, si on les
lui refusait, n'y aurait-il pas bientôt à craindre un
mécontentement général, des associations, des ré-
voltes? Pourrait-elle se mêler à la population blanche, et disparaître ainsi peu à peu? J'en doute ; non-
seulement elle est trop nombreuse, mais encore le
préjugé contre la couleur, tout absurde qu'il soit,
existe avec fureur dans toutes les parties de l'Union,
au Nord comme au Sud. Allez demander à une
femme du Nord d'épouser un mulâtre, même jeune,
beau, intelligent, et presque blanc !

Il y a donc là de grandes difficultés, que de longues années, qu'une abolition graduelle et lente,
qu'un système d'éducation peuvent seuls surmon-
ter peut-être. Les personnes qui portent leurs méditations et leurs arguments sur ce terrain méritent
une sérieuse attention, et nous ne sommes pas de
ceux qui voudraient supprimer l'esclavage tout d'un
coup, et n'importe à quel prix.

Mais, ce qui m'indigne, c'est que, loin de faire quelques efforts pour le supprimer dans l'avenir, loin de se tourner avec plaisir vers le temps où cette tache de boue ne souillera plus l'étendard étoilé de la République, le Sud cherche à glorifier l'esclavage, à l'éterniser, à agrandir sa sphère. Tous les moyens sont bons pour arriver à ce but : meurtres, terreur, corruption, etc. Nous l'avons vu à l'œuvre au Kansas. Malheur à l'homme qui, l'Ohio et le Potomac une fois passés, ose exprimer, en paroles ou en écrits, ses opinions défavorables; il sera couvert de goudron, et après l'avoir roulé dans un sac de plumes, on le promènera ainsi à travers les rues; encore pourra-t-il se considérer comme heureux, s'il en est quitte à si bon marché. Quelquefois, la populace n'est pas dans une humeur joviale : alors on le tuera. N'est-ce pas sous prétexte de doctrines abolitionistes que les presses du journal *The Philantropist* ont été brisées à Cincinnati, le 30 juillet 1836, et celles de l'*Observer*, à Alton dans l'Illinois, le 28 août 1837, par une furieuse multitude? Et lors du sac de la ville de Lawrence, dont j'ai parlé dans ma sixième lettre, l'imprimerie du *Herald of Freedom* ne fut-elle pas détruite de fond en comble? Telle est la liberté de la pensée chez les démocrates !

Après les personnes qui veulent soutenir l'esclavage par des principes, il y en a d'autres qui mettent en avant, pour le défendre, une philanthropie feinte et des raisons pratiques, dont mon séjour dans le Sud m'a prouvé la fausseté.

Les nègres esclaves, disent-ils, sont plus heureux que les nègres libres, mieux soignés, plus intelligents. Or, tandis qu'à New-York, à Philadelphie, au Canada surtout, j'avais remarqué l'air dégagé, l'activité, la bonne instruction de la race noire libre, je suis frappé ici du caractère dégradé de la physionomie, de la stupidité, de la misère des esclaves. Leur quartier ressemble le plus souvent à une porcherie mal tenue : lorsqu'ils sont malades, ils ont assurément un hôpital, mais les soins qu'on leur prodigue sont ceux qu'un cultivateur sensé donne à ses vaches ou à ses chevaux.

Le maître pourvoit, ajoutent-ils, à ce que les esclaves reçoivent une meilleure éducation religieuse, et l'esclavage doit être béni par eux comme étant la route qui les conduit au ciel. Si l'esclavage leur ouvre les portes du ciel, c'est comme martyrs qu'ils y entrent! Ces déclamations hypocrites soulèvent le cœur. En réalité, l'immense majorité des nègres n'est élevée dans aucune religion; il est défendu, sous des peines sévères, de leur apprendre à lire; les mariages se font selon la volonté du maître; les planteurs encouragent le libertinage entre leurs domestiques blancs et les négresses, pour avoir des mulâtres robustes, ou de ces belles quarteronnes qui, quand elles ne servent pas à leurs plaisirs, sont vendues à des prix considérables à quelques commerçants de la Nouvelle-Orléans. Quelques jours avant mon arrivée, un vieillard avait acheté une jeune fille, aussi blanche que lui, neuf mille dollars (quarante-cinq mille francs). Son père (son maître!) ayant fait de mauvaises affaires, avait été obligé de s'en défaire. Je suis prêt à concéder que des choses de ce genre n'arrivent pas tous les jours; mais, quand même elles n'arriveraient qu'une fois l'an!

Les propriétaires ne se font aucun scrupule de cohabiter avec leurs femmes esclaves, et d'être les pères de créatures qui, à leur tour, deviennent légalement leurs esclaves : car tous ces sages sont de l'avis de Télémaque; la certitude de la paternité est difficile, et c'est l'état de la mère qui décide ici l'état de l'enfant. Ces enfants, vivant ensemble, propagent ensemble leur espèce, *more canino*. On peut juger de la démoralisation, des unions incestueuses, de l'absence générale de moralité! Le patriarche Jefferson vivait entouré de quelques douzaines d'esclaves reconnaissants, qui le nommaient tous leur père. Voilà pour la pudeur et la religion.

Quant à la prétendue indifférence des nègres, je l'ai trouvée tout aussi fausse que le reste. J'ai assisté à une grande vente d'esclaves dans la rotonde de l'hôtel Saint-Louis, à la Nouvelle-Orléans, et jamais spectacle ne m'a autant irrité. J'ai vu bien des oppressions et bien des douleurs, mais rien ne peut se comparer à cette scène abominable; je n'ai pas de paroles assez fortes pour la flétrir! Il y avait là une soixantaine de nègres, maris et femmes, enfants et mères. Ils n'étaient pas insensibles, mais bien pétrifiés, absorbés par la crainte et par la douleur. Il fallait voir les regards tremblants qu'ils attachaient sur leurs acheteurs, tàchant de deviner leur sort sur cette physionomie. Si on les interrogeait, ils répondaient, tout blêmes, qu'ils étaient contents. Ces réponses paraissent concluantes et charmantes à de certaines personnes, comme l'honorable miss Murray; je leur en fais mon compliment.

Le noir était en hausse. Chaque tête de ce bétail rapportait en moyenne cinq mille francs. Les jeunes femmes pas trop laides étaient fort recherchées. Avant la vente, les chalands avaient été examiner la marchandise, à leur aise, dans une chambre particulière. Quand on veut acheter un esclave, le premier endroit qu'on examine est la partie charnue; d'après le plus ou moins de marques (*scars*) qu'on y trouve, on peut juger du caractère et de la docilité de l'individu. Avis aux acquéreurs.

Il me reste à examiner les effets que l'esclavage produit sur les populations blanches : j'ai déjà parlé de l'immoralité; j'ai aussi dit qu'il pouvait être à la longue ruineux pour les propriétaires. La situation des États du Sud, comparée à ceux du Nord, semble le prouver. N'est-il pas singulier que dès qu'on passe la frontière, l'on s'aperçoit d'une différence immédiate? D'un côté la propreté, le progrès, la vie; de l'autre, la routine, la torpeur, la saleté, le délabrement. Le Maine, sol pauvre, âpre climat, est florissant et prospère; la Virginie, contrée riche et fertile, s'appauvrit chaque jour. Voyez la différence entre l'Indiana et le Missouri!

Mais ce point de vue n'est pas encore le plus grave, selon moi. Ce laisser-aller général, en politique comme en morale, cette brutalité, ce dédain de la justice, toutes choses déjà remarquées dans cet ouvrage, me paraissent se rattacher, les unes directement, les autres indirectement, à l'esclavage. L'habitude d'un pouvoir sans contrôle sur d'autres hommes tend à faire d'un individu, même bien doué par la nature, un être capricieux et cruel. Le despotisme seul put créer des hommes comme Octave, comme Tibère, comme Néron. Que dire d'un pays où un député tue d'un coup de pistolet un garçon qui ne lui apporte pas assez vite son bifteck; où un autre député attaque un sénateur par derrière, dans la salle même du sénat (22 mai 1856), et lui brise sa canne sur la tête; où ce même homme (que je ne qualifierai pas selon son mérite, parce qu'il est mort) est traité de héros par les journaux du parti et réélu d'emblée, le 28 juillet suivant, par la Caroline du Sud; où des élèves de l'université de

Virginie, jeunes hommes instruits et bien élevés cependant, se cotisent pour lui acheter un stick ou rotin d'honneur, en remplacement de celui qu'il a cassé sur le crâne de M. Sumner; où deux membres du congrès se jettent des pierres dans les rues; où (dans le Kentucky) les membres opposés d'une législature provinciale se tirent une volée de coups de pistolets au milieu d'une séance; où une petite fille esclave est tuée, parce qu'elle a volé un pot de confiture; enfin, où tous ces crimes, où tous ces attentats restent impunis!

Eh bien! toutes ces infamies sont commises par des propriétaires d'esclaves, par des hommes dont le sens moral a été émoussé par la pratique continuelle de l'oppression et de l'injustice. Les messieurs du Sud sont nommés les « chevaliers de l'Union. » On ignore qui a pu leur donner ce nom, si ce n'est eux-mêmes. Je ne vois pas en quoi ils le méritent. Peut-être, rouer de coups quelques nègres, avoir une demi-douzaine d'enfants mulâtres, vendre ses filles, jouer gros jeu, chiquer, tuer des hommes comme des mouches, etc., sont des actes de chevalerie; mais je ne le savais pas.

Comme partout ailleurs, j'ai trouvé dans le Sud des personnes distinguées, humaines, qui acceptaient l'esclavage sans l'aimer, et cherchaient à le rendre tolérable; je suis même tout disposé à dire que certains planteurs, d'origine anglaise et aristocratique, accoutumés à la richesse et au commandement, ont des manières plus élégantes que les colons de l'Ouest ou les commerçants du Nord; mais ce que je puis affirmer, c'est que je n'ai pas trouvé dans les États à esclaves, parmi une population ignorante, corrompue par le contact du mal, cette activité, cette sympathie, cette intelligence, que j'ai tant appréciées pendant mes séjours à Boston et à Philadelphie.

Quand on songe à l'esclavage et à ses conséquences funestes, l'avenir des États-Unis vous paraît gros de tempête. On se demande comment cela doit finir, par la *disunion*, par la guerre sociale, par l'anarchie? J'espère que ces tristes prévisions ne se réaliseront pas ; que Dieu indiquera quelque remède, ou suscitera quelque Washington nouveau; car, quoique j'aie pu ne pas trouver cette forme de gouvernement la meilleure possible, quoique j'aie pu protester contre une institution que je crois déplorable, quoique j'aie pu critiquer enfin des manières qui sont certainement ridicules, j'aime cette grande nation, j'aime ces hommes braves et hospitaliers, les pionniers du monde ; et c'est en faisant des vœux pour son bonheur et pour sa gloire, c'est en espérant les revoir avant la vieillesse, que je quitte les rivages de l'Union américaine.

XI

La Havane, 2 janvier 1859.

Le Cahawba quittait la levée de la Nouvelle-Orléans le 28 décembre à 7 heures du matin; et le 30, dans l'après-midi, les tours sarrasines du château de Moro se dressaient devant nous.

De la Nouvelle-Orléans à son embouchure, le Mississipi domine constamment les campagnes environnantes, où s'étendent des plantations de cannes à sucre, ou des marécages couverts d'une végétation épaisse et malsaine. En fait d'êtres animés, rien que des négrillons presque nus qui crient à la porte de leurs cases, et des vautours pelés, perchés sur les débris innombrables qui flottent sur les ondes lépreuses. En approchant de la mer, le fleuve se divise en plusieurs bras, et forme un delta qui ressemble à celui du Nil, sauf la fécondité. Ici ce ne sont plus que des plaines de roseaux et des jungles. Quelques maisons de bois sur pilotis paraissent encore ; mais ce sont celles des pilotes ; ils y vivent aussi isolés, aussi enfermés que sur leurs barques. Longtemps avant d'entrer dans le golfe, nous l'apercevons déjà autour de nous ; la bande de terre qui nous en sépare n'a qu'une centaine de pas de large, mais elle continue pendant plusieurs milles. Enfin, nous franchissons la barre un peu avant le coucher du soleil, et quoique l'eau soit encore bourbeuse pour quelque temps, nous sommes bien sur l'Océan. La soirée est admirable ; de grands vaisseaux, les voiles gonflées par un vent favorable, nous suivent longtemps ; puis les étoiles se lèvent dans un ciel pur.

Le lendemain, la mer est bleue comme le lapis, les dauphins suivent le sillage rapide du navire, des poissons volants s'élancent devant la proue ; nous apercevons le nautilus, ce ravissant coquillage des tropiques ; et, pas trop nombreux à bord, bien nourris, contents, sans mal de mer, nous sommes tentés de traiter d'imposteurs les voyageurs qui parlent des fureurs du golfe du Mexique.

L'entrée du port de la Havane est admirable :

d'un côté le château du Moro, de l'autre un second fort crénelé; les tours et les campaniles de la ville; puis l'on tourne, et l'on se trouve dans un vaste bassin, complétement abrité de tous les vents. Les grands vaisseaux de guerre, sur lesquels flottent les étendards castillans, les barques légères qui sillonnent le port, les chants d'une population bruyante, les palmiers qui couvrent les collines d'alentour, le coucher du soleil doré qui baigne de teintes chaudes toute cette scène méridionale, nous ravissent et nous font presque croire que nous arrivons dans l'*Eldorado*. L'admission n'est pas difficile, la douane est indulgente, et l'on nous délivre assez vite un permis de séjour en échange de nos passeports. Malheureusement, nous commençons à sentir une chaleur peu agréable pour des Européens; malheureusement, notre arrivée seule nous coûte 20 francs par tête; malheureusement, l'hôtel de Mme Alby est si plein, que l'on nous entasse dans de petites chambres sous les toits; encore faut-il être deux; mon compagnon de chambre est un Allemand, et roux! Il paraît que nous devons payer pour ce logement, pour un déjeuner et un dîner, 17 fr. 50 c. par personne. Malheureusement enfin, aucun des domestiques ne comprend un mot de français ou d'anglais. Aussi l'Eldorado commence bien vite à nous sembler un peu plus terrestre.

Cependant, dès la première nuit, nous allons nous

16

promener sur la place d'Armes, en face du palais du gouverneur.

Près de fontaines jaillissantes, sous des palmiers et d'autres arbres des tropiques, la musique militaire joue des airs d'opéra ; une population vêtue d'habits de toile s'y promène, tandis que tout autour les dames havanaises prennent des glaces, étendues dans leurs volantes.

Que les femmes y sont, comme les fleurs, plus belles....

Nous rentrons non encore entièrement désenchantés de la capitale de Cuba.... Mais nous nous apercevons que dormir est impossible. La chaleur de la nuit est plus accablante que celle du jour ; mille moustiques bourdonnent autour de nous, et les plus malins parviennent à découvrir les trous de nos filets ; puis, si nous nous assoupissons un instant, l'infernal veilleur de nuit, de sa voix sépulcrale, vient crier sous notre fenêtre *la noche é serena*, nouvelle bien intéressante !

Le 31 décembre, malgré une chaleur inouïe et qu'on m'assure être rare dans cette saison, je tâche, selon ma coutume en arrivant dans un endroit nouveau, de m'orienter tout seul à travers la ville. Outre l'imprévu de ces promenades, c'est le seul moyen de connaître promptement une cité, et de ne plus avoir besoin de demander son chemin à chaque pas, ce qui serait peu commode ici. Car les

Havanais n'ont pas l'intelligence des Italiens, qui comprennent tout sur un geste; il n'y en a presque pas un qui sache un seul mot d'anglais et de français. De plus, nulle complaisance; et parmi les petits employés, une arrogance et une paresse extrêmes. Je ne raconterai pas combien de fois j'ai été à la poste sans pouvoir obtenir mes lettres. L'infâme poste de la Havane mérite un chapitre à part.

Je fais usage de quelques lettres de recommandation; mais je reçois partout l'accueil le plus glacial. Quel contraste avec l'hospitalité des États-Unis! combien ce grand pays, malgré toutes ses fautes, relève par la comparaison avec les autres nations!

La bienveillance du consul général de France, M. de Ratti-Menton, me dédommage de cette froideur havanaise, et c'est grâce à ses lettres et à ses conseils que je ferai, j'espère, d'une façon plus agréable, l'excursion de Matanzas.

La ville de la Havane proprement dite est entourée de trois côtés par la mer; à l'ouest, elle est ceinte par de vieilles murailles. A l'intérieur de ces murailles règne une promenade, plantée de beaux arbres, qui se nomme l'Alameda; au delà s'étendent de vastes faubourgs très-populeux.

Outre l'Alameda et la place du palais du gouverneur, il y a encore un bon nombre de promenades à la Havane et dans les environs. Nous citerons la villa de l'Évêque, où nous avons été le soir du

1er janvier. C'est un jardin à peine entretenu où croissent, avec une richesse et une profusion extraordinaires, toutes les fleurs des tropiques, et des rejetons, devenus presque sauvages, de nos principales fleurs d'Europe.

Mais la plus jolie de ces promenades est celle qui s'étend dans la ville même, le long du port, en face du Moro, entre le marché aux poissons et la caserne. C'est là qu'il fait bon venir le soir aspirer la brise de la mer, quand elle souffle ; ce qui n'arrive malheureusement pas toutes les nuits. Le matin, le marché aux poissons mérite d'être visité à cause des milliers de poissons aux formes bizarres, aux couleurs brillantes, que nous ne connaissons que d'après les planches des livres d'histoire naturelle. C'est très-près de ce marché qu'est placée la cathédrale, qui contient le tombeau du grand Christophe Colomb. Elle est très-solidement construite, et peu élevée, de crainte des tremblements de terre.

D'après tout ce qui précède, on voit que la Havane ne manque pas d'intérêt. Mais la chaleur gâte tout ; elle empêche même de jouir de la nature ; l'incurie, la paresse, le manque d'obligeance répugnent et révoltent. Enfin, l'odorat est désagréablement impressionné par la puanteur des manufactures de tabac ; rien n'est plus infect que la préparation de ces cigares excellents, qui rendent cette ville célèbre parmi les fumeurs. Les habitants semblent préférer

les cigarettes, et les femmes elles-mêmes les fument
continuellement.

Nous partons demain pour Matanzas. Les paysages
des environs sont, me dit-on, les plus beaux de l'île
de Cuba.

Matanzas, ce 5 janvier 1859.

Le 3 janvier, avant le jour, nous traversons la
Havane pour aller prendre le chemin de fer de
Matanzas. Les rues sont complétement obscures :
dans certains quartiers il y a bien des réverbères,
mais l'administration intelligente ne les fait allu-
mer que les nuits de pleine lune.

A peine nous mettons-nous en marche, que le
soleil se lève. Quel admirable spectacle! Les palmiers gracieux, les cocotiers se détachent sur un
ciel doré. D'abord les flammes du matin envahissent
l'Orient, puis des langues de feu sortent de la fournaise; on dirait un arbre qui brûle; ainsi devait
être le buisson dans lequel Jéhova apparut à Moïse.
J'ai déjà peut-être trop fait de descriptions du matin
ou du soir. Mais ce lever du soleil est vraiment
hors ligne. Il y a quelques nuées blanches dans le
ciel. Qu'on se figure donc la réunion de toutes les

splendeurs des tropiques avec l'inépuisable variété du ciel du Nord !

Nous marchons lentement. De temps en temps, nous apercevons ces misérables cabanes nommées ranchos. Elles sont construites en pisé, et couvertes de feuilles de palmiers. Nous voyons plus rarement les quartiers de nègres et les haciendas de colons, qui sont peintes en rouge, en bleu, ou en jaune.

En somme, le pays est plus plat et moins cultivé que je ne croyais. Une grande partie des vallées est occupée par ces fourrés de lianes appelés jungles dans l'Inde, et ici, chapparal. Cependant, un peu avant d'arriver à Guymès, nous passons à travers une magnifique prairie, parsemée de cocotiers et d'orangers, comme un parc anglais l'est de hêtres et de tilleuls. C'est une scène pastorale dans l'île de de Cuba. Mais ce ne sont pas là encore ces beaux gazons alpestres, que dans des jours plus heureux, j'admirais sur les penchants sauvages du Saint-Gothard.

La température est devenue plus supportable que ces jours derniers ; et je suis tout disposé à me réconcilier avec le pays, malgré l'obsession d'un ennuyeux compagnon, dont nul expédient n'a pu me débarrasser.

En arrivant à Matanzas, j'ai le plaisir d'y retrouver le comte Alfred S.... et d'autres amis anglais. Nous essayons d'effrayer mon Allemand (qui n'est pas bon cavalier) par une description des précipices de la vallée d'Youmourri et par des récits à faire frémir sur la méchanceté des chevaux espagnols; mais c'est en vain; et le lendemain matin, nous enfourchons encore ensemble de petits étalons andalous.

L'aspect du vallon d'Youmourri, profond amphithéâtre qui s'ouvre immédiatement derrière Matanzas, ravit les yeux inaccoutumés à la splendeur de cette végétation méridionale; de tous côtés, des palmiers, des orangers, des haies de cactus, des bananiers, puis des lianes fleuries, autour desquelles voltigent des colibris et d'autres petits oiseaux au plumage brillant. Mais, à côté de ces plantes inconnues à nos climats, voici le genêt, le genêt que j'ai partout retrouvé, le genêt des tourbières d'Irlande, que j'ai déjà salué d'un regard d'amour près des cascatelles de Tivoli, comme sur les rochers des Orcades.

Après avoir traversé toute la vallée, nous montons sur un coteau d'où, sans cesser de la contempler à nos pieds, nous apercevons, de l'autre côté, tout le golfe de Matanzas, et plus loin les pics élevés de l'intérieur de Cuba. Ce point de vue peut presque rivaliser avec celui que l'on découvre à mi-chemin, entre Castellamare et Amalfi, mais nous n'avons ici ni Vésuve, ni temples de Sérapis et de Diane, ni souvenirs.

Un pauvre rancho s'élève tout auprès. Une jeune fille brune, tenant entre ses lèvres une fleur rouge, nous donne à boire avec autant de grâce que Rachel jadis à Éléazar, le chamelier d'Abraham.

Dans l'après-midi, nous allons visiter une plantation à sucre. L'accueil hospitalier que nous recevons nous cause d'autant plus de plaisir, que nous n'y sommes plus accoutumés. Les propriétaires sont d'anciens colons de Saint-Domingue, et leurs terres étaient voisines de celles que possédait jadis notre famille. Nous nous oublions dans de longues causeries, et c'est par un admirable clair de lune que nous regagnons Matanzas, à travers une forêt embaumée.

Nous avons passé toute la matinée sur la plage, à chercher, comme de vrais enfants, de ces beaux coquillages qu'on voit dans les musées en Europe. De grands vautours voletaient près de nous, et nous aurions pu facilement les blesser à coups de pierre. Ce sont eux seuls qui débarrassent les rues de toutes les immondices, déposées là par l'incurie d'une population malpropre. Aussi ces vidangeurs ailés sont très-appréciés, et sous les peines les plus sévères, la police reconnaissante défend de les molester. Aussi semblent-ils comprendre leurs immunités, et ne sont presque pas plus sauvages que des oies ou des dindons.

Nous comptions retourner par mer à la Havane ; mais le bateau à vapeur ne passant pas, nous sommes obligés de reprendre le chemin de fer.

La Havane, 9 janvier 1859.

Nous sommes revenus à la Havane à temps pour assister à la fête des nègres. Cette journée singulière, qui a quelque ressemblance avec celle des Saturnales de Rome, a lieu tous les ans, à l'Épiphanie. Dès le matin, les noirs sont entièrement libres. Ils se rassemblent par bandes, se déguisent, et, musiciens en tête, vont souhaiter la bonne année et demander des pourboire aux personnes notables et aux amis de leurs maîtres. C'est en général par tribus africaines qu'ils se réunissent. Ils chantent alors des hymnes dans la langue du Soudan ; et c'est avec émotion que l'on écoute ces chants de guerre, les mêmes peut-être qui résonnent dans les palais du roi de Dahomey, pendant ses terribles sacrifices, ou dans les montagnes du Fouta-Djallion. A huit heures du soir, on tire deux coups de canon. C'est le signal qui annonce que la fête est finie, et les esclaves rentrent paisiblement dans leurs quartiers. Les nègres ne profiteront-ils pas quelque jour de cette saturnale, pour se lever en masse? Je ne jurerais pas le contraire, et j'ai même remarqué que les troupes espagnoles avaient été sous les armes toute la journée. Mais je dois ajouter que les nègres paraissent plus heureux ici que dans le sud des États-Unis; ils n'y sont pas traités avec cet impitoyable mépris que les Anglo-Saxons ont pour les races inférieures : si les Espagnols de Cuba ont dégénéré, ils se sont au moins adoucis et amollis.

Le reste de mon séjour à la Havane se passe entre des courses à la poste, pour obtenir mes lettres, et d'autres au palais du gouvernement, pour obtenir mon passe-port.

Rien, non, rien au monde ne peut égaler la négligence et la stupidité de l'administration de la poste à la Havane : une inepte routine y règne en souveraine. Au lieu de classer par ordre alphabétique, les lettres adressées à la poste restante, comme dans tous les pays civilisés, on les met, une à une, dans des cases numérotées (il y en a des milliers) : après cela, on affiche une liste de toutes les lettres suivies de leur numéro, en écorchant, bien entendu, tous les noms étrangers. De cette manière, il y a plus de peine, plus d'embarras ; aussi les employés se décident-ils tard et difficilement à faire ce grand travail. Nos lettres arrivées le

30 décembre, ne sont pas affichées le 6 janvier! On ne me répond que par des insolences, lorsque je vais déranger de leur sommeil ces messieurs de la poste, et ce n'est que grâce à M. de Ratti-Menton que j'obtiens une partie de mon courrier, au bout de huit jours d'attente.

C'est aussi grâce à M. le consul général, que l'on m'accorde mon passe-port, au bout d'une journée seulement. Il est vrai que j'ai à payer cette diligence une soixantaine de francs. La Havane est donc en même temps l'endroit le plus cher et le plus désagréable du monde, et malheur aux voyageurs qui s'y laissent entraîner par des descriptions écrites après des années, quand on ne se souvient déjà plus que du pittoresque et de la nature éblouissante des tropiques.

La seule chose qui pourrait changer et relever la Havane, ce serait l'annexion de l'île de Cuba aux États-Unis, et, quoique je ne sois nullement partisan de la politique flibustière à laquelle la France et l'Angleterre s'opposent, je ne peux pas m'empêcher de penser que l'occupation américaine, par suite d'une convention libre entre les deux puissances, serait un grand avantage pour la civilisation, et un plus grand encore, subsidiairement, pour ceux qui voyagent.

Quoi qu'il en soit, il me restera de l'île de Cuba un détestable souvenir. Je m'embarque demain pour l'isthme, avec l'espoir de ne jamais être condamné à revenir à la Havane, et en souhaitant de tout mon cœur à ses habitants paresseux, insolents, et quelque peu escrocs, d'aller.... au ciel.

XII

DE LA HAVANE AU PÉROU. ASPINWALL. PANAMA. GUAYAQUIL.

LIMA.

En rade de Panama, sur le bateau à vapeur *Bolivia*,
samedi, 15 janvier 1859.

Dans l'après-midi du 9 janvier, nous sortons du port de la Havane. A peine avions-nous dépassé le château du Moro, que les vagues courtes et dangereuses du golfe du Mexique, soulevées par un effroyable vent du nord, viennent prendre *le Granada* par le flanc. La violence du roulis est telle, qu'il faut aller se blottir dans sa cajute; mais le sommeil est impossible : outre le mal de mer qui règne en souverain, la malpropreté du vaisseau dé-

17

passe toute description ; les cancrelats y fourmillent ; de gros rats velus passent sur votre corps ; enfin, c'est une arche de Noé pour tous les insectes et tous les animaux dégoûtants. Les nuits suivantes, chassés des cabines par la saleté, par la chaleur, nous essayons de dormir sur le pont ; mais, longtemps avant le jour, nous sommes dérangés par les matelots, qui jettent des seaux d'eau autour de nous. Nous ne pouvons nous empêcher de penser que si le capitaine s'occupait un peu moins du pont et un peu plus des cabines, il n'y aurait pas de mal.

Vingt-quatre heures après notre départ de la Havane, nous apercevons le cap San-Antonio, extrémité occidentale de l'île de Cuba. C'est une pointe assez basse, sur laquelle le gouvernement espagnol a fait construire un phare. Tout auprès, sont les carcasses de deux vaisseaux négriers qui se sont jetés à la côte, pour éviter les navires de guerre anglais. Ils ont pu débarquer leur marchandise et la détailler, en payant une somme ronde aux fonctionnaires corrompus.

Dans la matinée du 13 janvier, nous longeons de fort près les rivages de l'île de la Providence, rocher isolé sur la mer des Caraïbes, autrefois l'un des repaires favoris de ces flibustiers, dont les histoires bizarres passionnèrent mon enfance. Oui, ce sont bien là les scènes que je rêvais ! les anses sablonneuses où débarquaient les canots ; au delà de leurs franges dorées, les bois d'arbres tropicaux, où il fallait errer longtemps avant de rencontrer le Cacique à la tête couverte de plumes brillantes ; puis, plus loin, les pitons, couverts d'une végétation et d'une flore vigoureuses, s'enfonçant dans l'implacable ciel bleu ! Et cependant, combien elles diffèrent de celles que j'avais en ce temps-là sous les yeux, de ces côtes occidentales de l'Irlande, dentelées par les fureurs de l'Atlantique ; de ces montagnes rocheuses, de ces bruyères, de ces couchers de soleil nuageux, qui enflammaient l'imagination mâle des vieux bardes du Connemara !

Enfin, le 14 nous apercevons les sommets volcaniques de l'isthme de Panama ; nous passons devant le vieux fort de Chagres, dont la rade trop exposée est maintenant abandonnée ; avant le milieu du jour, nous venons nous amarrer aux quais en bois d'Aspinwall.

Aspinwall est un trou infâme, peuplé de nègres insolents et de Yankees voleurs. Il se nommait autrefois Colon, mais il a été débaptisé par les Américains. Il doit son importance à son bon port, qui l'a fait choisir pour l'embarcadère du chemin de fer de Panama. Le climat est très-dangereux, cependant il n'y a pas de fièvre jaune en ce moment.

Peu de temps après nous, le navire *l'Illinois* arrive de New-York, avec les malles de la Californie,

et plus de 500 passagers, la plupart pauvres, et
allant chercher fortune dans la terre de l'or. Il
règne dans Aspinwall un mouvement énorme , et
je dois ajouter un grand désordre; d'autant plus
que plusieurs Américains s'enivrent et sont disposés
à se quereller. Aussi, ce n'est pas sans peine que
nous trouvons moyen de nous placer dans le train
qui part à trois heures.

La locomotive nous emporte à travers une magnifique forêt vierge, dont la beauté nouvelle nous repose et nous enchante. Un vent léger s'est élevé, les
moustiques ne nous tourmentent pas; nous pouvons jouir à notre aise d'un aspect merveilleux
dans le premier moment, quoique à la longue il de-
vienne bien plus monotone que celui de nos forêts
d'Europe. De tous côtés, des palmiers, des arbres
inconnus, couverts de plantes parasites; des lianes,
de grandes fleurs couleur pourpre ou orange, des
troupes de perroquets et d'autres oiseaux étincelants, volant de branche en branche, etc. Mais au
dessous, des fourrés épais, un sol spongieux, malsain; quel courage ne fallut-il pas à Balboa pour
pénétrer sans guide à travers ces solitudes!

Pendant quelque temps, nous longeons les bords
de la rivière de Chagres, et nous nous arrêtons devant quelques villages indiens, dont les habitants
viennent nous vendre des bananes et des ananas;
puis, au moment où le soleil des tropiques va ra-

pidement descendre dans une mer dorée, les vieilles
murailles de Panama se dressent devant nous, sur
une colline baignée par des ondes paisibles, qui
viennent expirer sur la plage avec un léger murmure! C'est bien là l'océan Pacifique! Mais qu'ils
sont loins, les temps de l'intrépide Vasco Nunez!
qu'il est loin, le jour où ce noble chevalier entra
dans ces ondes pour en prendre possession, l'épée
à la main, au nom du roi de Castille! L'ingratitude
et le despotisme portèrent malheur à l'Espagne!
Sur le théâtre même de sa gloire, Balboa monta
sur l'échafaud des criminels. Mais aujourd'hui, les
Espagnols dégénérés de Panama sont plus misérables que les descendants des Caciques qu'ils op-
primèrent. L'Américain domine, et comme cela
arrivera partout et toujours, la liberté individuelle
a triomphé à la longue d'une population énervée
par un joug qui se justifiait peut-être autrefois par
sa splendeur et sa force.

Nous passons la nuit dans un hôtel français; et
ce matin nous nous embarquons sur *le Bolivia*; c'est
un des bateaux à vapeur de la ligne anglaise qui va
de Panama à Valparaiso, en s'arrêtant à toutes les
principales villes de la côte. Panama n'a pas de
port. Les navires restent à l'ancre à 2 milles du rivage. Nous gagnons le vaisseau dans de petites
chaloupes; encore faut-il y être porté, jusqu'à une
certaine distance, par des nègres à moitié nus. La

confusion, les cris, les gestes sont dignes de la marine de Naples.

En ce moment nous sommes encore à l'ancre. Le bleu de la mer se marie à la verdure éclatante du rivage; des îles élevées surgissent de tous côtés du sein des flots! Panama est vraiment beau comme un rêve; malheureusement, un désagrément que je partage avec plusieurs autres passagers, ne me donne pas une haute opinion du soin et de la probité de l'administration du chemin de fer de l'isthme.

A Aspinwall, on nous avait donné des jetons numérotés, comme sur toutes les lignes de chemin de fer aux États-Unis, et nous avions vu les jetons correspondants attachés à chacun de nos effets. Nous devions les retrouver de l'autre côté de l'isthme. A notre arrivée à Panama, lorsque nous présentâmes nos jetons, l'on nous annonça que les bagages ne devaient arriver que dans la nuit. Première surprise.

Le lendemain matin, quand nous arrivâmes à la station, il n'y avait pas trace de nos colis, mais on croyait qu'ils avaient été expédiés par erreur à bord d'un autre bateau à vapeur, en partance pour la Californie. Ces maigres renseignements ne furent pas obtenus sans peine d'employés grossiers et indolents. Enfin, après beaucoup de pourparlers, on nous accorda un petit steamer, pour aller faire

des recherches sur le vaisseau californien. Nous y
retrouvâmes la plus grande partie de nos effets,
sauf cinq ou six malles, dont l'une contenait plusieurs de mes lettres de recommandation, et mille
francs en or. C'était une malle entourée de cercles
de fer, bien faite, et fort lourde à cause du grand
nombre de livres reliés qu'elle renfermait. Elle
avait l'air de contenir de l'or. Chose singulière et
qui nous donna à réfléchir : toutes les malles qui
manquaient étaient du même genre!

Nous espérions recevoir une indemnité, selon les
règles des États-Unis. Quand nous en parlâmes, on
nous rit au nez. A qui nous adresser? Le gouvernement du pays est sans force et sans volonté. On
est livré au bon plaisir des employés de la compagnie, qui dévalisent les voyageurs de leur mieux.
Et cependant, on paye assez cher le port de ses bagages, pour avoir au moins la sécurité.

Le prix du passage de l'isthme est de vingt-cinq
piastres. Prix très-élevé, pour quelques heures de
vapeur, mais excusable à cause du monopole, et
quand on songe aux grandes sommes qu'il a fallu dé-
penser pour construire un chemin de fer à travers
ces marécages et ces montagnes. On ne se plain-
drait pas, si à cela ne venait s'ajouter une taxe de
cinq cents pour chaque livre de bagage. La moindre
malle revient ainsi à soixante ou quatre-vingts cents
de transport. Ce tarif est d'autant plus perfide, qu'il

n'est pas annoncé d'avance. J'ai vu de pauvres ouvriers, partis de New-York presque sans ressources, obligés de payer en réalité plus que la valeur de leurs pauvres effets, qu'ils ne voulaient pas cependant abandonner, par un sentiment bien naturel.

Mais voici que nous nous mettons en marche. Nous laissons à droite l'île de Taboga où se trouvent les magasins de la compagnie, et nous voguons sur les ondes brillantes, sans perdre de vue l'archipel des Perles et les montagnes de la terre ferme. Des requins suivent le navire avec une rapidité incroyable; pas de poissons volants, mais des pingouins, grands oiseaux au plumage d'un gris sale, qui, peu farouches, viennent de temps en temps se reposer sur le pont.

Sur le steamer Bolivia, en sortant du golfe de Guayaquil,
21 janvier 1859.

Les premiers jours après notre départ de Panama, nous avons cruellement souffert de la chaleur. Impossible de dormir dans nos cajutes, et quoique le Bolivia soit proprement tenu, impossible aussi de se débarrasser des myriades d'insectes qui fourmillent dans ces climats. Le jour, le ciel était couvert de nuages ; car c'est une grande erreur que de croire que le ciel soit toujours bleu sous les tropiques. Au contraire, à mesure qu'on approche de la ligne, il devient nébuleux au milieu du jour ; ce n'est que la nuit qu'il se dévoile : alors les étoiles brillent d'une manière éblouissante.

Le 18 janvier, nous passons sous l'équateur, sans aucune cérémonie et sans aucune émotion, et après avoir doublé les caps Pasado et San-Lorenzo, nous apercevons l'île de la Plata.

Pizzarre resta longtemps dans cette île, à son second voyage ; mais sa célébrité vient des trésors qui y ont été ensevelis, dit-on, par Drake et par les autres flibustiers anglais, qui vinrent s'y établir après la prise de Panama. De temps en temps, des pêcheurs y trouvent dans le sable de vieux ducats espagnols ; mais deux expéditions, formées dans le but de faire des fouilles, sont restées infructueuses, comme toutes les expéditions de ce genre, sauf toutefois celle de Monte-Cristo.

Le 19, nous passons à quelques centaines de mètres de la pointe Santa-Elena, dune sablonneuse en forme d'hameçon, qui a quelque analogie avec le cap trop vanté de Misène, et par une soirée paisible, nous entrons dans le golfe de Guayaquil.

Hier 20, à deux heures du matin, nous nous trouvions à l'embouchure du Guayaquil, mais entourés de brume et de pluie, aussi avons-nous attendu le jour avant de le remonter.

Ce fleuve, dont les rives sont marécageuses et peu élevées, descend du lac Samborombon; il a quelque ressemblance avec le bas Mississipi, mais la végétation est différente. Ce sont des jungles impénétrables, des mangles dont les racines à moitié hors de terre forment des dômes comme ceux des arbres du *Robinson Suisse;* sur les bancs de boue laissés à découvert par la marée, se reposent d'énormes caïmans, que nous tirons facilement, mais sans succès. Rien de plus repoussant que ces grands monstres, dont la quantité est si considérable, qu'on se demande comment ils se nourrissent. Nés dans la fange, vivant dans la fange, ils en ont la couleur et l'aspect malpropre.

En approchant de Güayaquil, nous apercevons les sommets neigeux de la Cordillère, mais le Chimborazo est encore voilé par des nuages. C'est la saison des pluies, la plus désagréable et la plus malsaine.

Il y a en ce moment une guerre entre le Pérou et l'Équateur; guerre absurde, qui a pour objet la possession d'un territoire, dont la population se compose de cinq ou six Indiens, et de plusieurs millions de moustiques et de crocodiles. Plusieurs vaisseaux de guerre péruviens bloquent le port de Guayaquil. Cela ne nous empêche pas de descendre à terre. La ville, dont presque toutes les maisons sont construites en pisé, est un véritable nid de scorpions et de tarentules. Cependant, son commerce est considérable et prendrait un grand essor, si l'on pouvait être industrieux avec un pareil climat. Les exportations consistent en bois d'ébène et de cèdre, en cuirs, en cacao, enfin en ces chapeaux tressés de roseaux, par les tribus indiennes du voisinage, et que nous connaissons si bien en Europe sous le nom de chapeaux de Panama.

Le travail qu'ils coûtent est prodigieux; sur les lieux mêmes, on les vend de quatre-vingts à cent francs, souvent beaucoup plus cher. Aussi cette coiffure ne me paraît pas convenir à l'Europe, où le goût ridicule du luxe et de la dépense, dans les vêtements d'homme, n'est pas développé comme chez les Espagnols. Et quant aux chapeaux de Panama de qualité médiocre, ils sont infiniment moins jolis que nos chapeaux de paille ordinaires.

Après avoir parcouru la ville et fait des emplettes de bananes et d'ananas, les meilleurs du monde, nous retournons à bord. La journée a été sombre, mais peu à peu le nord-est s'éclaircit; à une ondée violente succède l'azur brillant du midi. Un dôme éblouissant de blancheur paraît au-dessus des nuages qui rampent encore au bas du ciel : c'est le Chimborazo! le roi des sommets d'Amérique! Plus près de nous, sont les pics neigeux des Andes; mais cette cloche gigantesque domine tout, et l'on se demande d'abord si c'est une illusion d'optique, ou la réalité?

Nous redescendons lentement le fleuve : le soleil couchant remplit l'ouest de mille couleurs, tandis qu'à l'orient son reflet couronne de roses le pic étincelant. Puis la lune se lève, une pleine lune des tropiques ; à la pâle clarté de la reine des nuits, le Chimborazo paraît encore plus merveilleux, peut-être. Le grand fantôme glacé du premier des Incas semble nous regarder des limites du ciel! Quelle influence ces merveilles ne devaient-elles pas avoir sur les antiques races? Le grand Huayna-Capac quitta son royaume héréditaire pour venir demeurer à Quito. Atahualpa avait l'âme plus vigoureusement trempée que son frère! Quant au conquérant Castillan, ses yeux ne se repaissaient pas de ces spectacles ; dans son orgueil grave, il n'était ému que par l'amour de sa religion et par la soif de l'or!

Ce matin, lorsque nous montons sur le pont, nous avons déjà perdu de vue les hautes montagnes, qu'il est rare en effet de voir aussi distinctement en cette saison.

Nous laissons à notre gauche, sur la côte Péruvienne, Tumbez, ce port que Pizzarre visita à son troisième voyage, et où il apprit la splendeur et la richesse de l'empire des Incas; à notre droite s'étend l'île de Pussa où fut massacré Valverde, premier évêque de Cuzco, ce franciscain sanguinaire, qui avait suivi Pizzarre dans tous ses combats, et qui s'en retournait en Espagne après l'assassinat de son chef (1541). Dans ces jours troublés, la parole de l'Évangile recevait une application trop fréquente, et ceux qui frappaient avec le glaive périssaient souvent par le glaive.

L'île de Pussa est maintenant déserte; mais au seizième siècle elle était habitée par une population idolâtre, belliqueuse et insoumise, qu'on n'avait jamais pu assujettir au sceptre des fils du Soleil.

Autour de Tumbez il y a encore quelque végétation, grâce au Tumbez, qui se jette aussi dans la baie de Guayaquil; mais bientôt après, l'aridité commence. Immédiatement derrière une grève assez étroite s'étagent des falaises, puis des collines, enfin des montagnes assez élevées. Nous distinguons parfaitement la gradation. Mais falaises, collines et montagnes, sont de sable, et paraissent si meubles, si privées du lien des herbes et des lianes, qu'on ne conçoit pas que les ouragans n'en changent pas continuellement la forme.

Sauf à l'embouchure de quelques rivières, toute la côte du Pérou présente le même aspect. C'est le pays de la sécheresse et de la stérilité. Ce ne sont que déserts sablonneux, Cordillères, séparées d'autres Cordillères par d'étroites vallées. Il est vrai, ces vallées, où les voluptueux Incas construisaient leurs palais et leurs temples, sont des lieux enchantés, des retraites délicieuses, où les poëtes voudraient s'enfuir, avec celle qu'ils chantent!

Sur les côtes du Pérou, 23 janvier 1850.

Nous avons relâché à Payta, à Lambayèque, et à Huanchaco ; nous espérons être au Callao demain, dans l'après-midi. A mesure que nous nous éloignons de l'équateur, le ciel devient plus limpide ; la nuit, nous restons longtemps sur le pont, à contempler les constellations de l'hémisphère austral, la Croix du Sud surtout, qui, quoique moins brillante que d'autres, ne put manquer de frapper les premiers voyageurs catholiques transportés loin des rivages, loin des cieux même de leur patrie.

Payta est une misérable petite ville (où de mémoire d'homme il n'a plu) ; mais sa rade est bien abritée ; à Lambayèque et à Huanchaco, au contraire, il n'existe pour ainsi dire pas de port. Tout le long de cette côte, le ressac est si épouvantable qu'aucune chaloupe ne pourrait y résister. Les navires restent donc à l'ancre au large, et tout le trafic se fait à l'aide de grands radeaux que l'on nomme *balsas*, déjà connus du temps des

Incas, quoiqu'il n'y eût pas alors de commerce maritime.

Ces *balsas* sont construites avec les troncs d'un arbre du pays, presque aussi léger que du liége. Elles sont assez dangereuses, lorsqu'on y entasse un grand nombre de personnes sur des ballots de marchandises; et encore tout dernièrement, plus de 20 hommes ont péri ainsi, en débarquant, à Lambayèque.

Hier soir nous avons passé devant l'île Maccabee, dépôt de guano, infiniment plus petite, mais beaucoup plus curieuse que les îles Chincha; car n'ayant pas été exploitée, elle est encore occupée par les oiseaux.

Nous nous en approchâmes un peu avant le coucher du soleil. Déjà un grand nombre de volatiles étaient couchés; d'autres bandes se dirigeaient vers le rocher, de tous les points cardinaux. Les nouveaux venus ne se dispersaient pas; mais, avec un instinct singulier ils se plaçaient en lignes serrées autour des premiers arrivés; aussi la gent ailée formait-elle, pour ainsi dire, des dessins circulaires et animés, autour du cône de l'île, dont la forme a quelque ressemblance avec un chapeau de feutre.

Le capitaine, par galanterie pour Mme N***, femme d'un des directeurs de la compagnie qui se trouvait à bord, donna l'ordre de tirer un coup de canon, malgré les règlements péruviens qui défendent, sous des peines sévères, de troubler les oiseaux à guano dans l'exercice de leurs fonctions digestives.

A ce bruit si inusité, des myriades d'oiseaux s'envolèrent, des phoques sautèrent dans les flots, ainsi que d'énormes lions de mer, que je croyais ne pouvoir rencontrer que dans le détroit de Magellan et l'archipel de Chiloé. La poussière dorée du guano, et je dois ajouter, son odeur infecte remplirent l'air. Tous les oiseaux marins étaient représentés dans cette masse, depuis les canards sauvages et les mouettes, jusqu'aux énormes pélicans. Mais rien ne peut donner une idée de leur nombre infini. Je n'exagère pas en disant que les nuages emplumés nous firent perdre de vue le disque déjà incliné du soleil. Quand on a assisté à un pareil spectacle, on ne s'étonne plus de l'accumulation énorme de guano ; ce qui étonne, au contraire, c'est qu'elle ne soit pas plus considérable.

A l'approche de l'homme, les oiseaux vont chercher un autre dortoir. C'est ainsi qu'ils ont déserté un îlot qui s'élève à l'entrée du port d'Islay. Cependant, au moment de la pêche, ils s'y réunissent en assez grand nombre pour que, avec la fiente recueillie sur le rocher, le curé de la ville se fasse un fort bon revenu reluqué par les révolutionnaires. C'est du reste son principal salaire.

Beaucoup de passagers péruviens sont montés sur le bateau à vapeur, à Payta et à Lambayèque: étendus sur l'entre-pont, ils sont exposés le jour aux ardeurs du soleil et de la machine, et la nuit à des rosées malsaines. Ils ne paraissent pas malheureux, cependant. Ils se font une sorte de tente avec de grands parapluies et des couvertures; ils jouent aux cartes, chantent ou dévorent des régimes de bananes, et des ananas fort appétissants. Leurs costumes n'ont décidément rien d'européen; mais qu'il faut aller loin, aujourd'hui, pour trouver de la couleur locale, en fait d'habillement! Les hommes ont des *ponchos* (nommés *seropes* au Mexique), à couleurs vives. Cette espèce de manteau court, où l'on passe la tête, laisse les bras dégagés, garantit de la pluie, et doit être très-commode pour monter à cheval. Les femmes portent pour vêtement presque unique des chemises richement brodées. Il y a sur l'entre-pont deux Indiennes d'allures fort galantes, qui, à moitié nues, le front bas, la gorge luxuriante, pourraient poser pour Messaline, ou pour Catherine la Grande.

Même les passagers de première classe ne manquent pas d'originalité, et nous donnent une assez singulière idée de la modestie et des manières civilisées du Pérou. On a su de tout temps que les Espagnols ne se font pas prier pour annoncer bruyamment s'ils ont bien dîné; témoin une cer-

taine histoire du maréchal de Bassompierre. Mais
il est une certaine habitude péruvienne dont vraiment je n'avais jamais entendu parler. Il est un peu
embarrassant de la décrire. Mais pourquoi la tai-
rais-je? ne faut-il pas raconter, quels qu'ils soient,
les usages et les mœurs? quel serait sans cela l'intérêt
des voyages? Le fait est qu'au Pérou, le pot de chambre est arrivé à la hauteur d'une institution nationale. On se mettrait plutôt en route sans malle, que
sans cet ustensile précieux. Les personnes riches les
font faire en argent. Mais, hélas! la vieille aristocratie
est sur son déclin, et la faïence domine aujourd'hui.
Les dames surtout les étalent avec une complaisance
infinie; il est vrai qu'ils servent aussi quelquefois
de meuble de toilette. On voit arriver une brillante
señora; elle tient quelque chose à la main : c'est
sans doute un bouquet de fleurs, ou un mouchoir
de dentelle; non, c'est son vase de nuit! Encore
si elles se dispensaient de s'en servir publiquement!
Mais elles pensent probablement, avec quelques
cyniques, que les choses naturelles ne sont pas in-
décentes.

Ce soir, nous pouvons parfaitement compter
jusqu'à quatre chaînes différentes de montagnes;
les dernières sont immenses et paraissent couvertes
de neige. Depuis Panama, j'ai eu la bonne fortune
de faire route avec des compagnons aimables et
bienveillants. Je ne citerai que M. Patrick Gibson,

négociant écossais établi à Islay, qui me donne de précieux renseignements sur le pays, et m'offre de me faciliter le voyage de Cusco ; ce qui malheureusement ne m'est pas possible. J'espère que ces lignes lui arriveront, faible témoignage de reconnaissance et d'amitié.

Quant aux bateaux à vapeur de la compagnie anglaise du Pacifique, ils se recommandent surtout par la politesse et la bonne grâce de leurs officiers. Mais la cherté de leurs tarifs passe tout ce qu'on peut imaginer. Cinq cents francs, pour les quatre jours qui séparent Panama de Guayaquil! De plus, tout est organisé pour les gens riches ; et les passagers de seconde classe, qui payent aussi cher que ceux de première classe payeraient sur les meilleurs bâtiments de l'Atlantique, sont vraiment traités comme des chiens. Malgré la chaleur et la malpropreté, je suis souvent descendu dans leur salle, pour m'en assurer par mes propres yeux. La célèbre et regrettée voyageuse, Mme Ida Pfeiffer, a eu bien raison de s'élever contre cette conduite, qui est aussi celle de la Compagnie de la mer des Indes (Péninsulaire et Orientale).

Même les passagers de première classe sont servis, pour certaines choses, avec une singulière parcimonie. Ainsi, il n'y a jamais abondance de fruits, quoiqu'ils soient à très-bon marché, et que ce soit une vraie nécessité de la vie, dans ces climats brûlants.

Nous avons à bord une escouade d'ouvriers américains qui, payant le même prix, s'asseoient à la même table que nous, à la vertueuse indignation des dames anglaises, qui font entendre force *shocking !* Ils ont assurément un goût fâcheux pour les aliments indigestes; mais, somme toute, ils se conduisent bien ; ils n'ont pas l'insolence hargneuse des populations qui veulent singer l'égalité, et ils paraissent de véritables Olympiens, quand on les compare aux populations abâtardies que nous visitons.

Lima, 29 janvier 1859.

En entrant dans la rade du Callao, nous apercevons deux frégates françaises. Un moment, nous espérons que l'une d'elle sera *l'Audacieuse*, qui revient en Europe avec l'ambassade de Chine. Mais le bonheur d'une telle rencontre ne nous est pas accordé.

Nous trouvons les douaniers péruviens très-complaisants, et nous montons bientôt dans le chemin de fer, pour traverser la plaine de quelques lieues de large, qui sépare Lima de la mer. Cette campagne aride, ces routes sablonneuses, couvertes d'ânes et de mulets, ces figuiers poudreux rappellent involontairement les scènes de la Bible ; quelques puits rares, où les femmes viennent de trèsloin, font songer à celui où le Sauveur rencontra la Samaritaine.

Il est déjà tard lorsque nous arrivons à la ville, et déjà, au premier abord, elle nous semble la plus curieuse de toutes celles que le sort nous a permis de visiter. Une connaissance plus intime avec Lima n'a pas démenti cette impression soudaine.

Le premier soir, un coucher de soleil, fleur-depêcher, remplit le ciel. Tout est d'un rose merveilleux, jusqu'aux campanilles des cloîtres, jusqu'aux montagnes voisines. Après dîner, nous allons nous promener sur le pont du torrent Rimac, qui divise la ville en deux parties inégales. Quoique l'on soit ici au milieu de l'été, l'air est frais, et l'on peut jouir du spectacle enchanteur des myriades d'étoiles, qui brillent d'un éclat inconnu à nos pâles climats.

L'hôtel *Morin*, où nous sommes descendus, est excellent. Il est tenu par des Français, et contraste de la manière la plus avantageuse avec les infâmes taudis de la Havane.

Le lendemain, à la pointe du jour, nous sommes debout, pour profiter des heures de la matinée, qui sont délicieuses. Nous sortons sur la grande place, dont l'un des côtés est occupé par le palais du gouvernement, un autre par la cathédrale. Au centre est une fontaine, où viennent s'approvisionner tous les porteurs d'eau de la ville; et tout autour, des cafés en plein air, où les Limainiens, dès cette heure matinale, consomment des granits et de délicieuses boissons glacées, qui feraient honte à nos orgeats, à nos limonades si détestables et si chères. Un peu plus loin, se trouve le marché, où sont étalés les fruits un peu trop vantés des tropiques. Les *mangos* à la chair jaune et molle, au goût bitumineux, les fruits du cactus; les *pultas* ou *avocate* qui ressemblent à du beurre végétal et se mangent avec du poivre et du sel; les *grenadillos*, les *popayos*, produits incestueux du melon d'eau et de la citrouille, etc. Ce qui frappe le plus nos regards, ce sont des grappes de raisins magnifiques, vermeilles, exquises, dignes de la France. Le Pérou pourrait être un pays vinicole; déjà d'excellents vins ont été fabriqués chez M. Elias, l'un des plus grands propriétaires, et aussi l'un des hommes les plus éclairés du pays.

Après avoir visité le marché, nous entrons dans la maison du gouvernement, construite par Pizzarre lui-même, et anciennement le palais des vice-rois espagnols. Sans être, en aucune façon, inquiétés par les factionnaires (le Président, du reste, habite sa maison particulière), nous pénétrons dans la salle même du conseil; et nous sommes assez étonnés d'apercevoir, sous le fauteuil même du président, « cette institution du pays, » dont je n'ai déjà que trop parlé, peut-être. Ensuite, nous arrivons dans le jardin privé; il occupe le centre de ce vaste édifice, que son peu de hauteur (ainsi le veulent les tremblements de terre) empêche d'avoir une grande apparence.

Les Espagnols du seizième siècle avaient emprunté aux Arabes de Cordoue et de Grenade le goût de la retraite, et l'impénétrabilité de la vie de famille. Leurs habitations en témoignent. Rien de plus mystérieux que ce jardin, avec ses terrasses, ses grottes, ses fontaines, ses vieux figuiers, ses vignes centenaires! Rien ne fait plus rêver. Mais les Mendozas et les Guzman ne viennent plus se reposer sous ces ombrages; les Castillanes aux nobles visages, les filles de la génération d'Isabelle la Catholique, ne paraissent plus sur le bord de ces fontaines. Tout est désert, tout s'en va; les eaux sont taries, les terrasses sont crevassées, et le premier violent tremblement de terre fera tout tomber en ruines.

Dans l'après-midi, nous allons aux bains situés à l'extrémité de l'Alameda, sous le pic aride nommé Cerro de San-Christobal, et qui est surmonté d'un calvaire. Nous nous y rendons en omnibus, innovation toute récente, car il n'y a presque pas de voiture à Lima; toutes les courses se font à cheval, toutes les marchandises sont transportées sur des ânes et des mulets, animaux qui, à dire vrai, sont plus dangereux pour les piétons et barrent infiniment plus les rues, que tous les carrosses du monde.

L'Alameda, qui longe le Rimac, est une magnifique avenue, qui mérite bien son doux nom. Malheureusement, elle est maintenant abandonnée pour une nouvelle promenade qui manque d'arbres, mais qui est ornée, en revanche, de statues de second ordre, expédiées d'Europe. Quant aux bains de San-Christobal, ils se composent d'une grande piscine couverte, alimentée par une source qui sort des flancs de la montagne. Je doute que les eaux du Cydnus, qui tuèrent Frédéric Barberousse, et qui faillirent ravir Alexandre à ses triomphes, fussent plus froides. Toutefois, des centaines de Limainiens s'y baignent chaque jour, et nous nous trouvons très-bien d'avoir suivi leur exemple.

Les abords de San-Christobal fourmillent de scorpions, et si quelqu'un de mes lecteurs a jamais le plaisir d'y aller prendre un bain, je lui conseille de faire attention à ces dangereux petits animaux. J'aurais été piqué, si je n'avais pas eu la précaution de secouer ma bottine avant de la remettre.

Nous consacrons presque toute la journée du 26 à visiter les églises et les cloîtres de la ville. Lima peut être nommée, à juste titre, la cité des monastères. La plupart sont d'admirables monuments, surtout celui des Dominicains ; il est peuplé d'une foule d'hirondelles et de colombes que les habitants respectent, parce qu'elles sont consacrées à Santa-Rosa, la patronne de la ville. Mais ces vénérables édifices sont désertés, les moines en ont été chassés, leurs murs menacent ruine, leurs voûtes s'effondrent. Comme au palais du gouvernement, comme dans les campagnes, c'est partout le même aspect de décadence, de pauvreté et de mort, qui attriste les yeux au Pérou.

Ce pays, cependant, devrait être riche et prospère. Son climat, quoique je ne veuille pas le préconiser, n'est pas aussi énervant, aussi entièrement hostile à la race blanche, que bien d'autres climats des tropiques. Là où il y a de l'eau, son sol est fertile. Ses montagnes recèlent des mines inépuisables ; enfin, ses îles de guano, si importantes dans un siècle où l'agriculture occupe tous les esprits, lui donnent chaque année un magnifique revenu.

Mais la fureur, j'allais dire la folie des révolutions, s'est emparée du Pérou. Avec cela, nul patriotisme. Les présidents militaires distribuent les trésors à leurs camarades, et ne dépensent d'argent que pour l'armée, à l'aide de laquelle ils espèrent, mais en vain, se maintenir. Aucun travail d'utilité publique n'est entrepris ; rien n'est même entretenu. Les routes, superbes au temps des Incas, n'existent plus ; l'irrigation, dont ces grands princes s'occupaient avec tant de prévoyance et de sagesse, est entièrement négligée. En vérité, l'arrivée des Espagnols au Pérou a été un malheur pour la civilisation; mais, la chute de la monarchie arrivée, l'accession des révolutionnaires au pouvoir a mis le comble aux calamités du pays.

En outre, il n'y a plus de religion. Sans vouloir répéter tout ce que les résidents européens me racontent des mœurs incestueuses et des habitudes presque sauvages du peuple, il est clair que les lieux saints sont peu respectés et abandonnés, que les prêtres sont rares, et sans force. Et, quoiqu'en présence des soldats pouilleux qui souillent les boiseries de Saint-François, des voleurs qui errent sous les voûtes saintes du cloître des Dominicains, l'âme indignée soit presque tentée de regretter les fêtes étincelantes, et les graves inquisiteurs marchant vers l'auto-da-fé solennel; il faut l'avouer, le clergé doit en grande partie se reprocher cette décadence à lui-même. Notre divine religion montra au Pérou ses rigueurs et rarement sa mansuétude. Les Espagnols, inflexibles et féroces, lui imprimèrent un caractère de cruauté, qui ne lui appartint jamais. Les jésuites, qui là, comme partout ailleurs, avaient propagé l'agriculture, et s'étaient rendus les amis des populations indiennes, furent expulsés par la couronne jalouse. L'inquisition fit gémir Lima sous son joug. Les mœurs des couvents se relâchèrent; le peuple, qu'on n'en traitait pas moins sévèrement, vit avec indignation et s'exagéra ces infractions à la morale; il fut heureux de s'affranchir. Confondant l'homme avec le dogme, il est, encore aujourd'hui, haineux envers le clergé; il faudra de grands efforts et de grandes vertus pour ranimer le catholicisme sur les bords du Rimac.

Malgré ces inconvénients divers, le séjour de Lima serait encore agréable, mais une insécurité absolue y empoisonne tous les plaisirs.

La population de Lima, la plus mélangée de la terre, regorge de malfaiteurs. On y rencontre des Indiens, des Espagnols, des nègres, des Italiens; et à ces habitants plus anciens sont venus s'ajouter des républicains rouges, des galériens anglais échappés d'Australie, enfin une colonie considérable de Chinois, ces hommes intelligents, mais antipathiques et laids, qui envahissent tout le littoral de l'océan Pacifique. Toutes ces races diverses s'unissent entre elles, sans le moindre scrupule. Il n'y a plus que des sangs mêlés. Le président Castilla, élu pour la deuxième fois par le suffrage universel en août 1858, est un peu blanc, un peu nègre, et très-Indien. Je doute qu'il y ait là vingt familles d'un sang entièrement espagnol.

Dans cette tour de Babel du dix-neuvième siècle, il ne se passe pas un jour sans crime. Plusieurs de ces assassinats ont pour cause la vengeance ou

le vol; mais à qui attribuer ces meurtres mystérieux qui terrifient la ville, et semblent n'avoir
pour but que le plaisir de tuer? La clameur publique en accuse les Chinois. N'y aurait-il pas peut-
être des Indous à Lima? Les Thugs, ces sinistres
adorateurs de Siva, dieu de la destruction, n'existe-
raient-ils pas au pied des Cordillères du Pérou,
comme dans les marais de la Nerbudda, ou dans
les bois du Bundelcund?

Quoi qu'il en soit, pendant notre séjour dans
la ville des rois, l'attente journalière d'une révolution rendait les assassins encore plus hardis. Le
jour même de notre arrivée, le propriétaire nous
recommanda de ne pas nous éloigner de la place
du Gouvernement après la tombée de la nuit. Ce
ne fut donc pas sans difficultés que nous allâmes
visiter les ruines de Pachacamac, situées à quelques lieues au sud de Lima.

Jusqu'à Chorillos, petite ville où se trouvent des
bains de mer assez fréquentés à cette saison, malgré les requins, nous eûmes le chemin de fer;
mais, arrivés là, il nous fallut prendre des chevaux
pour traverser la plaine aride qui s'étend jusqu'aux
ruines.

Ces restes informes, qui ont quelque ressemblance
avec les murailles cyclopéennes et pélagiques, n'ont
rien de bien intéressant en eux-mêmes.

Mais le paysage qui les entoure est sauvage et

solennel; et puis, l'aspect de ces ruines, les premières que je contemple depuis que j'ai traversé l'Océan, transporte l'esprit loin des temps espagnols, loin même des jours de Huayna-Capac et d'Atahualpa. En effet, c'est ici que s'élevait le temple du dieu dont la religion précéda celle des Incas, de la divinité dont ces conquérants envahisseurs n'osèrent détruire entièrement le culte! Quelle était cette divinité? N'était-ce pas celle qui représente les forces secrètes de la nature; celle qui précéda, chez les Hellènes, les déités plus modernes et plus corrompues de l'Olympe; celle qu'aux jours de la décadence les âmes effrénées, alliant, comme aujourd'hui, la débauche au panthéisme, voulurent retrouver au pied des autels mystérieux d'Isis? Mais, pour sonder ces ténèbres, nous n'avons plus le fil d'Ariane de l'histoire, et les questions que la vue de Pachacamac soulève n'appartiennent plus au domaine de la science, mais à celui de l'imagination.

A peu de distance de Pachacamac, s'étendent quelques métairies, dont les propriétaires s'occupent de la culture du coton sur une assez grande échelle. Le coton a réussi; il est d'une bonne qualité, et deviendra sans doute dans la suite une des principales exportations du pays. Les Anglais, là comme partout ailleurs, encouragent beaucoup cette production du coton; ils craignent avec raison d'être

à la merci des Américains, et se préoccupent de la
crise terrible qui éclaterait, le jour où une guerre
avec les États-Unis et le manque de matière première les obligeraient à fermer les immenses
fabriques du Lancashire, et du West-Riding de
York.

C'est peut-être le cas de dire quelques mots d'un
autre produit qui forme une branche importante
du commerce du Pérou avec l'Angleterre : je veux
parler de la laine des animaux du genre lhamas.
On en compte quatre espèces, le lhama et le guanaco, l'alpaca et la vicuna. En apparence, elles se
ressemblent toutes. La plus grande est le lhama.
Les Indiens l'emploient comme bête de somme. Il
n'a pas de laine, mais un poil assez dur. C'est un
animal domestique. La couleur des lhamas varie :
il y en a de blancs, de bruns, et de noirs.

Le guanaco est toujours d'un brun rouge, le
ventre et le cou seuls sont blancs. Il est plus petit
que le lhama et entièrement sauvage. Sa chair est
sèche, mais très-recherchée par les Indiens. On le
trouve dans les déserts de la côte, depuis les sables
brûlants de l'équateur, jusqu'aux steppes glacées
de l'Araucanie.

L'alpaca est le plus important de tous ces animaux. Il existe seulement dans le Pérou et la
Bolivie. Il était apprécié dès le temps des Incas ;
les étoffes soyeuses, faites avec sa laine, étonnèrent

Pizzarre, et furent admirées par Charles-Quint quand on les envoya en Espagne. Comme les lhamas, ils sont apprivoisés; comme eux, ils sont de couleurs différentes : bruns, gris, noirs, ou ventre de biche; comme la livrée des Condé. Les Indiens ont de grands troupeaux d'alpacas, qui paissent l'herbe courte des grands plateaux de la Cordillère. Leur laine n'est tondue que tous les deux ou trois ans, afin de lui laisser acquérir une longueur suffisante. Elle a cela de particulier, qu'elle ne s'enchevêtre jamais sur le dos de l'animal, mais reste constamment unie, chaque poil distinct de l'autre.

Il y a environ vingt ans qu'un négociant anglais envoya des spécimens de cette laine à Londres. Elle n'eut d'abord aucune vogue; mais bientôt elle fut recherchée, et maintenant on la paye plus cher que la meilleure laine de mérinos. Le gouvernement péruvien, pour conserver un monopole, a défendu d'exporter les alpacas. Il paraît cependant que quelques-uns ont été transportés en Australie, mais ils n'y réussissent pas bien.

Quant à la vicuna, c'est un animal sauvage, qui ressemble au plus petit guanaco, dont il a la couleur. Il erre parmi les solitudes des Andes, et comme on le chasse constamment, il diminue chaque année. Sa laine est d'une finesse admirable ; elle atteint des prix si élevés, qu'un manteau en vicuna vaut

de trois cents à quatre cents francs, et quelquefois
plus.

Je dois ces renseignements à M. Patrick Gibson,
qui a beaucoup contribué, par son inépuisable
complaisance, à me rendre agréable mon passage à
Lima. Il m'a mené dans plusieurs familles péruviennes. Malheureusement mon ignorance de la
langue espagnole m'a empêché de jouir pleinement
de ces relations. Ce que j'ai surtout remarqué,
c'est la grande beauté des femmes. Mais les endroits
où j'ai vu des types encore plus éblouissants que
dans les salons, ce sont les bals publics. Rien de
plus voluptueux que de voir danser la zamaqueqa,
sorte de tarentelle du Pérou, par des couples vêtus
comme on est vêtu sous les tropiques.

Les Limainiennes ont le regard calme et provo-
quant, deux expressions qui sembleraient devoir
s'exclure. Leurs pieds et leurs mains sont petits,
leurs corps sont pleins de souplesse et de noncha-
loir. Cependant, ce ne sont pas là ces douces et
belles créatures qui éveillent le véritable amour
dans le cœur des enfants du Nord ; ce ne sont pas
là ces femmes pour qui l'on donnerait sa vie, ces
blondes célestes, qui portent le doux mot de *mère*
sur leurs fronts bénis !

J'ai aussi assisté à un combat de taureaux, donné
dans l'arène de l'Alameda. Mais j'avoue que ce spectacle horrible, bien digne des goûts sanguinaires

des anciens Espagnols, m'a profondément dégoûté; plus d'une fois mes yeux se sont tournés vers les pentes calcinées du cerro de San-Christobal qui dominent le cirque, et s'enfoncent avec majesté dans un ciel d'un bleu noir.

Somme toute, néanmoins, je suis bien aise d'avoir visité cette ville si curieuse, qu'elle vaut à elle seule le voyage, et les quelques jours que je viens de passer à Lima, compteront parmi les plus intéressants de ma jeunesse.

XIII

Aspinwall, 9 février 1859.

Nous sommes revenus du Callao à Panama sur
le beau navire à vapeur *le Valparaiso ;* la mer a
toujours été pour nous l'océan Pacifique. — Les
nuits ont été splendides, et à la lueur des étoiles,
les montagnes arides de la côte se couvraient de
reflets argentés. Tandis que nous n'apercevions
plus la Grande Ourse, les constellations d'Orion et
de la Croix du Sud brillaient d'un merveilleux éclat,
et la planète Jupiter trônait au haut du ciel.

> Les peuples t'adoraient dans les temples de Grèce ,
> Roi des Olympiens, Jupiter immortel !
> Les peuples t'adoraient, et la blonde prêtresse
> L'œil baissé, les pieds nus, s'avançait vers l'autel !

Père de la beauté, père de la science,
Le poëte et le sage appréciaient tes lois;
Tes oracles charmaient le monde ; et l'éloquence
Agitait les rameaux des chênes de tes bois!

Et ta fille, Vénus, sortait du sein de l'onde,
Pressant entre ses bras la ceinture du beau :
Symbole qui dévoile, en sa grâce profonde,
Le secret de l'amour que nous avons pour l'eau.

Ton oracle a cessé ; — les forêts de Dodone
Résonnent maintenant des pas du bûcheron :
Sunium est désert; et le flot monotone
Seul encore se courbe au pied de ton fronton!

Mais, ô grand Jupiter, ta brillante planète
Remplit toujours le ciel de sa vive clarté,
Lorsque l'ardent soleil que pleure le poëte
A disparu sous l'onde avec tranquillité !

Dans ces mers du Midi, parmi les madrépores,
Tu montres les écueils aux regards des marins;
Ta lueur resplendit sur les pics; et tu dores
Les contours dentelés des archipels lointains :

Et ta divine cour, ô fils du vieux Saturne,
Mars, Vénus, et Vesper, Sirius, et Vesta,
Elle t'escorte encore, à l'heure taciturne
Où le pâtre repose auprès de ses lhama!

Et cependant là-bas, au-dessus de la terre
La Croix du Sud, en feu, domine l'horizon :
Comme pour annoncer que l'Homme du Calvaire
A triomphé de toi, Dieu d'Olympe et d'Ammon!

Nous passons une seconde fois à Guayaquil, mais sans contempler ses magnifiques paysages, car nous sommes au milieu de la saison des pluies ; et dans l'après-midi du 7 février, nous traversons l'archipel des Perles, et venons jeter l'ancre en face de Panama.

Nous quittons avec regret ce Valparaiso, dont le commandant par sa bienveillance et sa gaieté nous avait rendu le séjour très-agréable. Nommer le capitaine Bloomfield, c'est rappeler de bons souvenirs à tous ceux qui ont voyagé avec lui. Que le ciel protége ce digne vieux marin, qui, au milieu des rudes aventures d'une vie active et laborieuse, a su conserver l'urbanité et la bonne grâce du foyer de la famille.

Pendant notre absence, la fièvre jaune s'est déclarée à Panama ; aussi avons-nous hâte de traverser l'isthme, et de nous trouver à bord du navire qui part pour Saint-Thomas.

Je n'entretiendrai pas le lecteur du récit peu intéressant de mes démarches pour retrouver ma malle, ou pour obtenir une indemnité. Qu'il me suffise de dire que je n'ai trouvé que la politesse la plus tiède parmi ceux de mes compatriotes qui avaient qualité pour m'être utiles, et que c'est grâce à l'obligeance d'un de mes compagnons de voyage, un Anglais (à qui je ne suis pas recommandé), que je dois de pouvoir regagner l'Europe sans difficulté.

Et c'est bien ici le cas d'observer que, sauf connaissance antérieure, ou lettres de recommandation extrêmement pressantes, les Français accueillent mal les autres Français à l'étranger. C'est une chose malheureuse, que tous les voyageurs ont remarquée, mais que peu d'entre eux ont eu le courage de dire. Cependant il ne faudrait pas nous accuser de manquer d'hospitalité; cela tient à d'autres causes.

Nous ne sommes pas voyageurs; presque tous les Français qu'on rencontre dans les pays lointains sont des aventuriers ou des proscrits. De plus, nous sommes défiants, tandis qu'une certaine confiance, absolument nécessaire en affaires, existe chez les Américains et les Anglais, nations essentiellement commerçantes. Enfin (dernière raison), moins riches en général que ces deux peuples, nous ne pouvons pas déployer à l'étranger, où nous n'allons guère que pour faire fortune, la même hospitalité fastueuse.

Hier, dans la soirée, nous avons traversé l'isthme de Panama pour la seconde fois, et nous sommes arrivés à bord du *Dee*, ancré dans la rade d'Aspinwall, mais non sans danger; car un certain agent consulaire péruvien a tellement perdu la tête à la vue de quelques gouttes d'eau qui se trouvaient au fond de notre canot, qu'il a failli nous faire chavirer, en se jetant convulsivement à droite et à gauche. Une immersion aurait été d'autant moins agréable que ce port est rempli de requins. L'occupation principale de cette journée a été de les faire paraître à la surface de l'eau, en leur lançant des morceaux de lard.

Nous devons partir dès que le chargement du navire sera terminé. Nous allons à Saint-Thomas, où nous nous embarquerons sur le grand bateau à vapeur qui doit nous reconduire en Europe.

Saint-Thomas, 17 février 1859.

Le 9, à la tombée de la nuit, nous sortons de la rade d'Aspinwall, et le lendemain matin nous avons perdu de vue les hautes montagnes de l'isthme. Nous apercevons de nouveau la côte dans la soirée, et le 11, de bon matin, nous entrons dans le port de Carthagène, *Carthagena de las Indias*, où nous restons toute une journée.

Formé par l'île de Biru et un autre îlot dont le nom m'échappe, ce port est un des plus sûrs de l'Amérique du Sud. Son entrée étroite est protégée par deux magnifiques forteresses. C'était sur ces remparts que marchaient les brillantes sentinelles ! C'était de cette tour que la vigie annonçait les vaisseaux à l'étendard doré des Castilles! Aujourd'hui, ces forteresses tombent en ruines. Plus de troupes, plus d'armements dans le port, plus de caravelles! mais la décrépitude profonde des républiques espagnoles; quelques pêcheurs misérables, amarrant leurs canots aux escaliers; et de grands pélicans mélancoliques, venant se percher sur les créneaux.

La ville elle-même paraît morte et déserte. Nous voyons beaucoup plus de nègres que de blancs. Cependant Carthagène a dû avoir de l'importance autrefois; les maisons sont solidement construites, car il pleut souvent ici; et ce n'est pas comme à Lima, où une averse de quelques heures changerait en boue le pisé de presque toutes les habitations particulières. L'ancien palais de l'inquisition, sur la façade duquel sont sculptés deux grands lions, a quelque chose d'énorme et de grandiose. La cathédrale a d'admirables boiseries, encore en assez bon état. Malheureusement, rien ne peut faire prévoir un retour de prospérité. La branche de la Magdalena qui se dirige de ce côté est peu profonde, et c'est la ville voisine de Santa-Martha qui s'enrichira lorsque les bateaux à vapeur américains se seront définitivement établis sur ce grand fleuve. Déjà un certain nombre y naviguent jusqu'à la petite ville de Honda, où il reçoit le Guali, et située à peu de distance de Santa-Fé-de-Bogota; mais leurs départs sont incer-

tains et rares, et ce riche pays est encore peu
exploité et peu connu. Comme tout a dégénéré,
même depuis les derniers temps de la domination
espagnole, il était plus facile à visiter à l'époque de
Humboldt qu'aux jours actuels.

Les perroquets de Carthagène sont très-renom-
més. Une dame qui se trouve à bord, excellente
personne du reste, en achète quatre; elle a, de plus,
trois petits chiens dans sa cabine; et je puis assurer au lecteur que cette nombreuse famille ne
laisse pas de lui donner de l'occupation, malgré
toutes les souffrances du mal de mer.

Le 13 février, nous nous trouvons à la hauteur
du cap Gallinas, la pointe la plus septentrionale de
l'Amérique du Sud. C'est dans ces parages que
commence ce fameux courant, ce fleuve océanique,
connu sous le nom de Gulf-Stream, qui passe entre
l'île de Cuba et le Honduras, fait le tour du golfe
du Mexique, en sort à travers les récifs de l'archipel
de Bahama, vient fondre, par sa température de
30 degrés centigrades, les glaces que le courant
Arctique fait descendre de la baie d'Hudson, enfin
traverse l'Atlantique, et va se perdre sur les côtes
ouest de l'Irlande, de l'Écosse, de la Norvége, en y
déposant des plantes et des graines des contrées
tropicales[1].

1. Le professeur Bache, directeur des travaux hydrographi-
ques de l'Union, a publié avec le concours du professeur

La mer est perpétuellement agitée; de grandes lames régulières impriment au navire un tangage très-violent. Mais je ne m'en plains pas; car l'air frais de la mer rétablit ma santé, qui m'inquiétait depuis les courses au soleil, les fatigues, et les ennuis du dernier passage à Panama.

Le Dee est un bon vieux bateau à vapeur très-sûr, mais très-lent. Aussi nous ne faisons que cent milles par jour. Enfin, dans la matinée du 16, nous arrivons en vue des hautes montagnes de Porto-Rico; puis nous apercevons Tortola et Sainte-Croix; le soir même nous arrivons à Saint-Thomas.

Saint-Thomas est le Syra des Antilles. C'est le point central de la grande compagnie des Indes occidentales. C'est là que les bateaux partis d'Aspinwall, de la Vera-Cruz, de la Jamaïque, etc., trouvent le grand navire à vapeur, qui doit transporter en treize ou quatorze jours leurs cargaisons et leurs voyageurs jusqu'à Southampton. C'est là qu'ils prennent les passagers arrivés d'Angleterre. Saint-Thomas n'est cependant pas une possession britannique : elle appartient au Danemark; mais elle doit son importance à son port franc, à sa rade

---

A. G. Pendleton, un volume intitulé : *Exploration of the Gulf-Stream*, qui fait partie des documents de la grande entreprise dite Coast Survey, pour laquelle le gouvernement a dépensé, depuis 1832 jusqu'à 1857, la somme d'environ quatre millions de dollars!

excellente, et à sa position. Son grand inconvénient est l'insalubrité. L'air se renouvelle difficilement dans la ville, située au fond d'un entonnoir et exposée au midi. Les campagnes sont moins malsaines; mais elles sont peu peuplées, et ne le seront jamais à cause de l'infertilité. L'île, du reste, est très-petite. C'est à Saint-Thomas que demeure Santa-Anna, l'ex-président du Mexique. Il charme ses loisirs forcés par des combats de coqs, et conspire, dit-on, avec l'Espagne.

Nous avions appris à Panama la chute de Soulouque, ce burlesque Napoléon de Saint-Domingue, et nous espérions trouver Sa Majesté noire à bord du bateau à vapeur de Southampton; mais il paraît qu'elle craint les climats froids, et qu'elle s'est décidée à rester à la Jamaïque. Nous aurons à nous contenter de la présence de son grand chambellan et premier ministre, qui se rend en France avec toute sa famille.

Nous ne sommes pas disposés à nous plaindre. Notre bonne chance nous fait tomber sur le splendide steamship *Atrato*, le rival du *Persia*, et le plus rapide des bateaux à vapeur de cette ligne. Nous partons dès demain, sans regretter cet affreux climat des Antilles, chaud, humide, énervant, et malsain.

Sur *l'Atrato*, 26 février 1859.

Le 18 février, à onze heures du matin, *l'Atrato*
sortait majestueusement du port de Saint-Thomas
et tournait l'île pour entrer dans l'Atlantique. Nous
apercevions à gauche un rocher blanc, isolé sur la
mer, et qui de loin ressemble à un trois-mâts-bar-
que marchant à toutes voiles. Les matelots anglais
racontent qu'il fut canonné comme tel par un vaisseau de guerre français. Le même conte existe aussi
dans notre marine ; mais, bien entendu, l'ânerie
est mise sur le compte d'un équipage britannique. Ceci me rappelle l'histoire que racontait le
poëte Rogers. Un Anglais et un Français s'étant in-
sultés, un duel au pistolet dut avoir lieu , mais pour
éviter autant que possible des suites sanglantes,
les témoins résolurent qu'il aurait lieu dans une
chambre entièrement noire. Les combattants prennent leurs armes ; on les laisse dans l'obscurité. L'Anglais arrive à tâtons jusqu'à la cheminée, décharge
son pistolet, et fait tomber le Français qui s'y était
caché. « Mais, lorsque c'est à des Français que vous
racontez cette anecdote? lui demandait-on. — Bien

entendu alors, disait Rogers, c'est l'Anglais qui monte dans la cheminée. »

Pendant la journée du 18, nous avons encore souffert de la chaleur ; mais le deuxième et le troisième jour après notre départ de Saint-Thomas, nous avons joui d'une température semblable au climat enchanté de la région idéale des amours. Un incomparable azur ; quelque chose de velouté sur la mer et dans le ciel. Nous traversions ces immenses bancs d'algues marines (*sargassum natans*) qui effrayèrent si fort les équipages de Christophe Colomb. Que de fois n'avons-nous pas songé à la grande figure du vieil amiral génois, debout à l'avant de sa caravelle, et sondant l'horizon avec des regards de conquérant !

Maintenant nous sommes à la hauteur des Açores, et par un de ces contrastes qui donnent de l'originalité à ces immenses et rapides traversées du sud au nord, nous nous trouvons au milieu de l'hiver. Les grands vents qui descendent de la mer d'Hudson envahissent l'atmosphère. Mais quelle jouissance d'éprouver de nouveau la sensation du froid, que je n'avais pas sentie depuis que j'avais mis les pieds dans la Havane maudite !

La mer est très-mauvaise, et *l'Atrato* nous désappointe un peu en ne faisant environ que deux cent quatre-vingts milles par jour, ce qui est déjà marcher assez bien. Heureusement, peu de passagers sont atteints du mal de mer, et de longues discussions nous aident à passer le temps. Heureux lorsqu'elles ne tournent pas à l'aigre, ce qui ne manque pas d'arriver, lorsque les commis voyageurs bordelais s'en mêlent.

Parmi mes compagnons de voyage, il y en a plusieurs qui reviennent de la Jamaïque. Ils me donnent une triste description de l'aspect actuel de la colonie. Dans la Barbade (Barbadoes), dans les autres petites îles, où les nègres ont dû travailler parce qu'il n'y avait pas de terrains vacants, l'émancipation a parfaitement réussi. Mais à la Jamaïque beaucoup de noirs se sont retirés dans les montatagnes de l'intérieur, et vivent là sous des abris de branchages, auprès de quelques bananiers. Ceux qui sont restés dans les villes ne sont guère meilleurs ou plus éclairés ; la superstition de l'*obiah* remplit de terreur même les blancs. Lorsqu'un nègre prend quelqu'un en haine, il se rend chez un sorcier (*obiah*) et lui demande de faire une statuette en cire de son ennemi ; il la fait fondre au soleil, et lorsque la figurine est fondue, l'homme qu'elle représente doit mourir : s'il a connaissance du fait, il peut s'en préserver, en faisant faire par les sorciers certaines cérémonies nommées *mweelisms*.

On est tenté de dire assurément qu'aucun être sensé ne peut attacher d'importance à ces puérilités. Cependant les esprits ne laissent pas d'être

frappés, en voyant combien de fois l'intervention
de l'*obiah* a des conséquences funestes. Le fait
est que les sorciers nègres ont une connaissance
profonde des poisons végétaux, les plus dangereux
de tous. Des empoisonnements fréquents ont lieu,
et la justice découvre rarement les coupables.
N'importe, l'Angleterre a eu mille fois raison de
supprimer l'esclavage, sans s'arrêter à des considérations peu importantes, en présence d'une injustice si horrible et si sanglante ; sa conduite dans
cette affaire, conduite grande, généreuse, sans vues
étroites et mesquines, l'honorera plus que bien des
victoires.

Sur l'Atrato, jeudi 3 mars 1859.

Hier nous avons passé à travers une flotte nombreuse de bâtiments à voiles, qui profitaient d'un
vent de nord-est pour sortir de la Manche. Le soir,
de grands goëlands, venus des rivages de l'Irlande, ont suivi le sillage écumeux du navire. Avec
quel plaisir ai-je revu ces oiseaux qui se sont reposés peut-être sur les rochers aimés de Duras, ces
oiseaux qui m'annoncent le voisinage de la terre
d'Europe, après une traversée orageuse de l'Atlanti-

que au mois de février. Pendant la nuit nous avons
aperçu le phare de Sainte-Agnès, l'un des feux des
Sorlingues, et les caps de la Cornouaille. Nous avançons rapidement sur une mer paisible, au milieu
de la brume vaporeuse d'une de ces matinées prin-
tanières du Nord, qui paraissent si douces à ceux
qui viennent des tropiques brûlants !... Mais voici
les dunes blanches de la côte; voici le bec de Portland; voici le château de Hurst, où fut emprisonné
Charles Ier; voici ce grand pays qui, malgré les
Cromwell et les Guillaume d'Orange, sut récolter
le fruit de ses luttes sanglantes; qui dédaigna les
éblouissements du despotisme, et les petitesses de
la démocratie envieuse; ce pays où l'âme active et
courageuse peut jouir sans péril de la liberté.

FIN.

TABLE DES MATIÈRES.

FIN DE LA TABLE.

PARIS. — IMPRIMERIE DE CH. LAHURE ET Cie
Rues de Fleurus, 9, et de l'Ouest, 21